매트릭스로 철학하기

WELCOME TO THE DESERT

OF THE REAL

I know you're out there. I can feel you now.
  I know that you're afraid. You're afraid of us. You're afraid of change.
I don't know the future.
    I didn't come to tell you how this is going to end.
I came to tell you how it's going to begin.
  I'm going to show these people what you don't want them to see.

It's the question that drives us

It's all around us

Splinter in mind driving us mad

THE MATRIX & PHILOSOPHY

매트릭스로 철학하기

슬라보예 지젝 외 지음 | 이운경 옮김

한문화

지은이 | 슬라보예 지젝Slavoj Žižek 외 17명의 철학자. 가장 많은 분량의 원고를 쓴 슬라보예 지젝은 류블랴나 대학의 철학과 교수이자 서유럽 학자들이 '동유럽의 기적'으로 지칭한 세계적인 석학이다. 현실정치에도 적극적인 관심을 보여 1990년 슬로베니아 공화국 대통령 후보로 출마하기도 했다. 그의 대표적인 저서 가운데 우리나라에서 출간된 것은 〈믿음에 대하여〉〈향락의 전이〉〈당신의 징후를 즐겨라〉〈삐딱하게 보기〉 등이다. 많은 사람들은 그를 남자라고 생각한다. **엮은이** | 윌리엄 어윈Willim Irwin 킹스 대학 철학과 교수. 주요 저서로 〈의도주의적 해석 : 철학적 설명과 옹호〉〈비판적 사고 : 입문〉이 있으며, 이 책 〈매트릭스로 철학하기〉를 포함하여 〈자인필드와 철학〉〈심슨 가족과 철학〉 등 '대중문화와 철학' 시리즈를 기획하고 편집했다. 이상이 그의 공개된 삶이다. 그는 사이버 세계에서 또 다른 삶을 살고 있으며 '쿠키몬즈터'라는 해커명으로 통한다. 그리고 (네오처럼) 온갖 컴퓨터 범죄는 다 저지르고 다닌다. **옮긴이** | 이운경 연세대학교 대학원 영문학과 석사 과정을 마치고 같은 대학원 국문학과 박사 과정을 수료했다. 다년간 다큐멘터리 잡지인 〈GEO〉에서 번역가로 활동했으며, 역서로 〈참여군중〉이 있다. 그녀는 최근에 파란 약을 먹은 적이 있으며 '빨간 옷을 입은 여자'를 보았다고 한다.

감사의 말

이 책을 위해 글을 보내 준 저자들에게 우선 감사의 인사를 전한다. 그들의 노고와 놀라운 통찰력, 기한 내에 원고를 넘겨 준 투철한 책임감에 진심으로 감사한다. 나의 조교 트리샤 앨런과 제니퍼 오닐 역시 고마운 조력자들이다. 그들이 원고 전체의 교정을 맡아 준 덕분에 나는 큰 실수를 면할 수 있었다. 실수가 여전히 남아 있다면 그것은 나의 잘못이다. 마지막으로 영화 〈매트릭스〉가 담고 있는 철학적 문제들에 대해 함께 토론해 주었던 친구들, 동료들 그리고 학생들에게 특히 감사한다. 그들의 귀중한 의견 덕분에 이 책이 태어날 수 있었다. 이 책을 만들면서 빚을 진 사람들을 이 자리에서 모두 열거하는 것은 불가능하다. 그러나 그들 가운데 몇몇만이라도 언급하자면 다음의 사람들을 들 수 있을 것 같다. 리치 아그넬로, 아담 앨버트, 마크 코나드, 빌 드루민, 로버트 굴드너, 페그 호간, 메건 로이드, 헨리 나돈, 킹스 대학의 소크라테스 학회, 아이온 스코블, 닉 틸렌다 그리고 조 제카르디……. 이들 모두에게 다시 한 번 고마움을 전한다.

서문

마음속의 가시를 지녀본 적 있는
우리 모두를 위한 책

당신이라면 어떤 약을 선택하겠는가? 빨간 약인가, 파란 약인가? 어떤 경우라도 진실은 알 가치가 있는 것일까, 아니면 차라리 아무것도 모르는 게 행복일까? 〈매트릭스〉를 보면서 우리는 액션과 특수 효과에 감탄하는 동시에 다음과 같은 질문에 사로잡힌다. 우리도 혹시 매트릭스에 갇혀 있는 것은 아닐까? 이것은 기독교 영화인가, 아니면 불교 영화인가? 과연 숟가락은 없는 것일까?

내가 〈매트릭스〉에 처음 관심을 갖게 된 것은 킹스 대학에서 나의 강의를 들었던 어느 학생 덕분이었다. 그는 이 영화가, 철학자 데카르트가 그랬듯이, 인간이 꿈이나 사악한 사기꾼에 의해 기만당하고 있을지도 모른다는 가능성을 고찰하고 있다는 점을 간파했다. 나 역시 그의 생각에 동의했으며 이런 의견은 전세계 철학과 교수와 학생들의 생각이기도 했다. 〈현대 철학 Philosophy Now〉이라는 잡지는 다음과 같은 주제로 대학생들의 논문을 공모하기도 했다. '당신이라면 어떤 약을 선택하겠는가? 그리고 그 이유는 무엇인가?'

교수들은 학생들이 제시한 의문들을 발전시키기 시작했고, 각 저자들은 이 영화의 철학적 의미에 관해 서로 질문하고 답했다. 문화 비평가 슬라보예 지젝의 말처럼, 〈매트릭스〉는 철학자들의 로르샤흐 검사 Rorschach test : 잉크 얼룩이 어떻게 보이는지 해석하게 하여 사람의 심리 상태를 진단하는 것-옮긴이가 되었다. 철학자들은 실존주의, 마르크스주의, 여성주의, 불교, 허무주의, 포스트모더니즘 등 각자의 관심 분야의 틀을 가지고 이 영화를 읽는다. 당신이 어떤 철학적 '주의'를 가졌건 〈매트릭스〉에서 그것을 발견할 수 있을 것이다. 하지만 이 영화는 그저 아무렇게나 떨어뜨려 만든 잉크 얼룩이 아니다. 그 이면에는 명확한 계획이 존재하며 다양한 철학적 논의들이 의도적으로 통합되어 있다.

대학 중퇴자이자 만화가인 워쇼스키 형제는 이러한 문제에 커다란 흥미를 느꼈고, 이 영화의 피륙에 많은 철학적 주제와 인유들을 짜 넣었다는 사실을 기꺼이 인정한다. 하지만 〈매트릭스로 철학하기〉는 단순히 영화 〈매트릭스〉를 탄생시킨 작가와 예술가들이 의도한 의미들을 그저 그렇게 전달하려는 의도로 쓰여진 것은 결코 아니다. 이 책이 부각시키고자 하는 것은 이 영화에 담겨 있는 철학적인 의미이다.

영화 속 여주인공 트리니티의 말을 인용하자면, "우리를 움직이는 것은 바로 그 의문들이다." 이 책에 글을 실은 저자들은 그 의문들에 대한 답을 얻기 위해 플라톤, 아리스토텔레스, 아퀴나스, 데카르트, 칸트, 니체, 사르트르, 셀라스, 노지크, 보드리야르 그리고 콰인을 이용한다. 내가 무엇을 알 수 있는가? 내가 무엇을 해야 하는가? 나는 무엇을 바랄 수 있는가? 실재란 무엇인가? 행복이란 무엇인가? 마음이란 무엇인가? 자유란 무엇이며 과연 우리는 그것을 가지고 있는가? 인공 지능이 가능한가? 이러한 질문에 대답하기 위해서는 형이상학, 인식론, 윤리학, 미학, 마음의 철학, 종교 철학 그리고 정치 철학 등 철학의 다양한 주요 분야를 탐구해야 한다. 이 과정에서 여러 다양한 질문들이 제기된다. 그러나 이러한 질문들은 결국 단 하나의 요구만을 남긴다. 바로 '깨어나라!' 는 것이다.

   사람들은 대중 문화를 좋아한다. 대중 문화는 우리 시대의 공통 언어이기 때문이다. 〈매트릭스〉의 속편이 완성되기 전에 알리야^{미국의 팝 스타로 매트릭스 속편에 조연으로 캐스팅 되었다가 불의의 교통사고로 사망했다. - 편집자}가 사망한 사실을 알고 있는가? 그렇다면 콰인^{W.V.Quine : 분석 철학계에서 독보적인 지위를 구축한 논리학자이자 철학자 - 편집자}이 그보다 몇 개월 전에 사망한 사실은 알고 있는가? 많은 사람들이 대중적인 스타 알리야에 대해서는 잘 알고 있다. 하지만 대부분의 사람들이 위대한 철학자 콰인에 대해서는 들어 본 적이 없을 것이다. 이 책에 글을 실은 저자들은 이런 독자들을 대중 문화에서 철학으로 안내하고자 한다. 전설적인 마피아인 윌리 서튼은 범죄 방면에서는 그야말로 천재적인 대가라고 할 수 있는데, 어느 날 다음과 같은 질문을 받았다. "윌리, 너는 왜 은행을 털지?" 그의 대답은 솔직하고도 간단했다. "그곳에 돈이 있으니까." 어째서 〈매트릭스〉 같은 대중 문화에 대해 글을 쓰는가? 그곳에 사람들이 있으니까!

   호메로스, 단테, 셰익스피어의 작품들을 거론하며 철학적인 질문들을 제기한다면 아무도 반대하지 않을 것이다. 〈매트릭스〉는 이러한 서구 고전들과는 전혀 상관이 없어 보이는 대중 영화다. 그러나 그럼에도 불구하고 우리는 이 영화를 통해 위대한 문학 작품들과 마찬가지로 여러 가지 철학적 의문들을 제기한다. 만약 철학이 오직 철학자들의 저서에서만 발견되고 오직 교수들의 삶에서만 의미가 있다면 그것만큼 지루하고 메마른 학문도 없을 것이다. 너무나도 많은 사람들이 그렇게 잘못 믿고 있다. 그러나 철학은 어디에나 있다. 철학은 모든 사람들의 삶과 연관되어 있고 모든 사람들의 삶을 조명한다. 매트릭스처럼 "그것은 사방에 있다."

   이 책은 철학자들만을 위한 것이 아니라 "우리를 미치게 만드는 마음속의 가시〈매트릭스〉에 나오는 대사 중 한 부분. "Splinter in the mind, driving us mad"를 지녀 본 적 있는 우리 모두를 위한 책이다. 이 책이 당신의 철학 공부의 끝이 아니라 시작이 되었으면 한다.

엮은이 윌리엄 어윈 William Irwin

| 일러두기 |

1. 이 책에서 꺾인 괄호 속에 표기한 〈매트릭스〉는 영화 전체를 의미하는 것이고, 괄호 없이 표기한 '매트릭스'는 영화 속에 등장하는 인공지능 시스템을 가리키는 의미로 한정된다.

2. 영화 〈매트릭스〉의 한글판 자막이 '오러클oracle'의 발음을 취해 그의 이름처럼 사용하는 것과는 달리, 이 책은 '오러클'의 뜻을 취해 '예언자'로 번역했다. 그 이유는 우리나라에서 '오러클'이 널리 쓰이는 외래어가 아니라는 점과, 몇몇 장(특히 1장)에서 '오러클'이 〈매트릭스〉의 오러클만을 지칭하는 것이 아니라 일반적인 예언과 예언자를 동시에 지칭하고 있어 원문의 중의적인 느낌을 살리는 데 그 편이 더 적절하다고 보았기 때문이다.

3. 전문 용어 등 널리 알려진 역어가 이미 있는 경우는 가급적 대표성이 강한 단어를 선택하여 옮기는 것을 원칙으로 했으나, 기존의 번역에 이견이 있는 경우는 제한적으로 새롭게 번역했다. 가령 'The unexamined life is not worth living'의 경우, '음미되지 않는 삶은 살 가치가 없다'는 기존 번역 대신 '시험하지 않는 삶은 살 가치가 없다'를 택했다.

4. 본문 중에 인용된 성서는 공동번역성서를 따르려 했으나 일반에 생소한 감이 있어 비교적 직역에 가까운 개신교의 관주 성경을 따랐다. 그 밖에 인용된 작품은 기성의 번역을 따르지 않고 역자가 새롭게 번역한 것이다.

5. 본문 중에 나오는 책, 영화, 논문 등의 작품명은 장르에 관계없이 모두 '〈 〉'로 표기했다. 다만 본문 뒤에 나오는 미주에서만 예외적으로 혼동을 피하기 위해 책은 '《 》'로 논문은 '「 」'로 표기했다.

차 례

서문_ 마음속의 가시를 지녀본 적 있는 우리 모두를 위한 책　　　　　　8

SCENE 1
마음의 감옥 – 당신은 아무것도 모른다

01 네오와 소크라테스 그리고 그들을 곤경에 빠뜨린 의문들　　24

윌리엄 어윈 | 네오의 임무는 거짓 현실에 취해 있는 인류를 구하는 일이다. 소크라테스의 임무는 아테네 사람들을 일깨우는 것이다. '매트릭스는 무엇인가' 라는 의문을 갖고 있었던 네오와 마찬가지로 소크라테스 역시 자신을 움직이는 의문을 가지고 있었다. 그것은 '올바른 삶이란 무엇인가' 라는 의문이다. 이러한 의문으로 인해 우리의 두 주인공은 곤경에 처한다. 소크라테스는 신성 모독죄로 재판정에 선다.
네오는 "온갖 사이버 범죄는 다 저질렀다"는 추궁을 받는다. 두 사람의 삶이 만나는 지점에 플라톤의 '동굴의 알레고리' 가 자리한다. 동굴을 탈출한 수인(囚人)처럼, 네오와 소크라테스는 둘 다 보다 높은 수준의 실재로 사람들의 관심을 유도한 죄로 곤란에 처한다. 보다 높은 수준의 실재. 플라톤에게 그것은 '이데아' 라는 개념이다. 네오와 소크라테스가 찾던 이데아는 무엇인가? 우리는 어떻게 그것을 발견할 수 있는가? 그리하여 철학은 깊이를 헤아릴 수 없는 "토끼 구멍" 으로 우리를 유혹한다.

02 〈매트릭스〉는 데카르트를 반복한다 : 삶은 악령의 기만　　43

제럴드 J. 에리온 & 배리 스미스 | 당신은 지금 자신이 책을 읽고 있다고 생각하는가? 정말 그렇게 믿고 있는가? 하지만 네오와 데카

르트의 생각은 다르다. 데카르트는 우리 삶이 악령이 만들어 낸 커다란 기만에 불과할지 모른다고 의심한다. 그는 말한다. "하늘, 공기, 빛깔, 형태, 소리 모든 외부적인 것들이 단지 우리의 정확한 판단을 흐리기 위해 고안된 꿈의 미혹에 불과할지 모른다." 데카르트의 악령은 〈매트릭스〉에서 인공지능 시스템으로 구체화된다. 영화는 데카르트의 회의론을 본받아, 우리 삶이 지능적인 컴퓨터 시스템이 뇌 속에 심어 놓은 거대한 환상에 불과할지 모른다고 의심한다.

하지만 우리는 데카르트에서 〈매트릭스〉로 이어지는 다양한 회의론을 반박하는 주장에도 귀를 기울여야 한다. 꿈을 설명할 수 있다는 것 자체가 우리가 깨어 있다는 증거일 지도 모른다.

03 보기, 만지기, 믿기 …… 진실은 어디에?

캐롤린 코스마이어 | 흔히 "지각되는 것은 존재하는 것"이라고 가정한다. 하지만 매트릭스는 인간의 감각 기관을 체계적으로 기만하는 세계다. 그 세계에서라면 우리는 지각된다고 해서 그것이 존재한다고 확신할 수 없다. 그렇다면 우리는 어떤 감각을 활용해 그 세계의 본질을 파악할 수 있을까? 인식론적으로 우위를 점해온 시각과 청각, 보다 육체적인 감각으로 취급되어온 미각, 후각 그리고 촉각 가운데, 우리가 신뢰할 만한 것은 시각의 통찰력인가, 촉각의 물질성인가?

그 질문은 다음 질문으로 이어진다. "진실하면서 동시에 가치 있는 지각 경험은 무엇인가? 사이퍼는 쾌락을 선택한다. 하지만 네오는 동의하는 것 같지 않다. 당신의 생각은 어떠한가? 감정 이론의 전문가인 저자는 이 글을 통해 〈매트릭스〉가 오감을 다루는 방식을 주목하고 있다.

SCENE 2
가상의 스테이크

04 인공 낙원 대신 진실의 사막을 걷겠다 : 네오와 도스토예프스키의 '지하 생활자' 80

토마스 S. 힙스 | 지하 생활자는 계몽주의자들의 유토피아 사상을 비난한다. 그는 '합리적으로' 고안된 행복 대신 지저분한 지하 독방의 삶을 선택한다. 네오는 안락한 인공 낙원을 거부한다. 그는 어두컴컴한 네브카드네자르에서 조악한 음식을 먹는다. 〈매트릭스〉는 계몽주의자들에 대한 오래된 논의를 재연한다. 그에 따르면 '매트릭스'와 계몽주의자들은 똑같은 오류에 빠져 있다. 그들은 인간에게 단순한 행복 이상의 고차원적인 욕망, 즉 전적으로 자유롭고자 하는 욕망을 가지고 있다는 사실을 간과했다.
네오와 도스토예프스키의 '지하 생활자'는 강요된 행복 대신에 주체적인 고통을 선택한다. 그리고 진정한 자유는 불안감과 내부의 분열로부터 성장한다는 대목에서, 네오와 '지하 생활자'는 감격적으로 조우한다.

05 예기치 않게 삼켜 버린 쓴 약 : 〈매트릭스〉와 사르트르의 〈구토〉가 보여주는 실존적 본래성 97

제니퍼 L. 맥마흔 | 빨간 약인가, 파란 약인가? 그것은 참된 본질을 알고 사는 것과 무지 속에 사는 것 사이의 '실존적인 선택' 이다. 실존주의자들의 용어로 그것은 본래성과 비본래성이다. 실존주의자들은 비본래성을 '거짓 믿음', '지적인 자살' 이라는 말로 비하하는 한편, 본래성을 '용기 있고 위엄 있는 삶의 양식' 으로 옹호한다.
그들은 "본래성을 유지하는 데는 많은 시련이 따르지만, 본래성의 장점은 그것의 부담을 능가하며, 특별한 종류의 평온을 느끼게 해준다"고 말한다. 본래성을 회복할 때 우리는 존재의 본질을 왜곡하지 않고 사물을 있는 그대로 볼 수 있다. 사르트르에 의하면, 그때 존재는 "완전한 공짜 선물"이 된다. 비로소 우리는 매일매일 존재한다는, 어렵고도 매력 없는 임무에 헌신할 수 있게 된다.

06 영화에 열중할수록 우리는 빨간 약을 선택하게 된다 : 허구에 대한 진실한 반응의 역설 116

사라 E. 워드 | 영화는 빨간 약을 옹호하는 듯하다. 자연히 관객인 우리는 자기도 모르는 사이에 그 주장에 심정적으로 동조하게 된다. 하지만 그 순간 우리는 자기모순에 빠진다. 영화가 창조한 허구적인 공간에 관객으로서 열중할수록, 우리는 아이러니컬하게도 빨간 약으로 상징되는 세계를 스스로 선택하고 있는 셈이기 때문이다.

어째서 우리는 눈앞에서 벌어지는 일들이 진짜가 아니라는 것을 알면서도 그런 허구에 감정적인 반응을 보이는가. 이야기 속으로 들어가는 순간, 우리는 불신을 자발적으로 중단하는 것인가, 아니면 오히려 허구에 대한 믿음을 창조하는 것인가. 우리는 관객으로서 영화와 어떻게 상호 작용 하는가. 현실과 허구 그리고 내러티브는 어떻게 연결되어 있는가?

SCENE 3
윤리학과 종교의 토끼 구멍 아래로

07 숟가락은 없다 : 불교의 거울에 비춰 본 〈매트릭스〉 132

마이클 브래니건 | 거울의 비유는 불교의 가르침에서 널리 쓰인다. 붓다는 거울 같이 자유로우면서 비어 있으라고 우리에게 촉구한다. 〈매트릭스〉는 불교의 거울 이미지를 차용한다. 거울 이

미지를 통해 영화는 "보고 만지는 세계는 실제로 존재하지 않는다" 는 진리를 감각적으로 재연한다. 그러므로 보이는 세계는, 매트릭스는 거짓이다. 즉 숟가락은 없다, 네오는 없다, 존재하는 것은 오직 마음뿐.

만물이 공空하므로 우리 마음은 모든 것에 얽매일 필요가 없다. 자기 영상에 집착하지 않는 거울처럼 우리는 무심해져야 한다. 흐르는 환상에 집착할 때, 우리는 (우리가 지금 살고 있는 이 세계라는) 매트릭스를 진짜 세계라고 확신하게 된다. '마음의 감옥'에 갇힌다. 그렇다면 〈매트릭스〉는 불교 영화인가? 영화는 불교의 거울 이미지를 어떤 방식으로 보여주는가?

08 모든 종교는 참되다 : 〈매트릭스〉가 보여 주는 종교적 다원주의 147

그레고리 바샴 | 〈매트릭스〉는 다양한 종교적 전통을 짜깁기한다. 네오는 처녀 잉태로 태어나 303호실에서 부활한다. 그를 각성시키는 인물인 모피어스의 이름은 그리스 신화에 등장하는 꿈의 신에서 따온 것이다. 네오는 또한 티베트불교의 전통인 붓다의 환생을 재연한다. 그런가 하면 시간은 뉴에이지 사이언스의 방식으로 흐른다.

그러므로 궁극적으로 볼 때 이 영화는, 특정 종교의 진리를 대변한다기보다는 다원주의적 종교관을 보여준다고 할 수 있다. 그 전망은 카페테리아식 다원주의이다. 그것은 카페테리아를 방문한 고객처럼, 많은 종교적 전통 가운데 그때그때 마음에 맞는 신앙을 고르고 선택함으로써 진리를 발견할 수 있다는 관점이다. 거기에는 '모든 종교가 동등하게 참되다' 는 전제조건이 따른다. 하지만 그 전제조건은 과연 옳은가. 그리고 일견 불량해 보이는, 그런 신앙 태도를 가지고서도 '영적 열매' 를 성취할 수 있을까. 나아가 다원주의적 관점이 과연 종교적 배타주의보다 정당하다고 말할 수 있을까.

09 우리가 '그'다! : 칸트가 설명하는 매트릭스 작동법   167

제임스 롤러 | 칸트는 우리 자신 말고는 어느 누구도 우리를 구원할 수 없다고 주장한다. 자신의 노력 없이 자유가 주어진다면 우리는 노예 상태로 다시 전락할 것이기 때문이다.

인간의 자기 해방은 그런 점에서 우리 스스로 발견해야 할 운명이다. 칸트는 예수를, 무기력한 인류를 구원하는 예외적 존재가 아니라 스스로를 구원할 수 있는 우리 내부의 신인神人적 잠재력의 모범이라고 설명한다. 하지만 안타깝게도 그 잠재력은 과학으로 입증될 수 있는 영역이 아니다. 그것은 믿음의 영역이다. 스스로를 구원하기 위해, 우리는 우리의 자유와 신성과 불멸성을 믿어야 한다. 그때야 비로소 우리는 도덕적 이상으로 나아갈 수 있다. 네오와 네브카드네자르 대원들처럼. 그러므로 네오는 최초일 뿐이다. 마지막은 아니다. 그는 구세주가 아니라 교사教師이다. 우리도 '그'다!

SCENE 4
진실의 사막

10 인공적인 마음은 가능한가 : 기계가 만들어 낸 영혼   192

제이슨 홀트 | 다음의 거짓된 이분법을 고려해 보라. 첫째, 컴퓨터는 우리가 할 수 있는 일을 할 수 없다. 그런데 마음을 갖는다는 것은 우리가 하는 일을 할 수 있다는 것이므로 인공 마음은 불가능하다. 둘째, 컴퓨터는 우리가 할 수 있는 일을 할 수 있다. 그런데 그들은 마음을 가지고 있지 않으므로, 우리 역시 마음을 갖고 있지 않거나, 적어도 우리가 마음에 대해서 갖고 있는 생각의 많은 부분은 거짓이다. 전자는 극단적인 배타주의고, 후자는 제 정신이 아니다. 그러나 빠져나갈 길은 있다.

컴퓨터는 우리가 할 수 있는 일을 할 수 있는가? 그렇다. 인공 마음은 가능한가? 그렇다. 그것이 출구이다. 하지만 인공 마음과 진짜 마음 사이에는 여전히 개념적인 틈새가 있다. 빨간색을 실제로 본 적 없이, 빨간색을 보는 '경험' 이 어떤 것인지 상상할 수 있을까? 이것은 그런 문제다.

11 매트릭스는 부도덕하지 않다 : 신유물론과 주체의 죽음   208

대니얼 버윅 | 우리는 책상을 생각할 수는 있지만 책상을 생각하는 주체를 생각할 수는 없다. 즉, 의식의 대상은 발견하지만 의식하는 주체는 발견하지 못한다. 말하자면 의식은 투명한 그림 같다. 의식의 대상으로부터 의식 자체를 분리해 내려고 하면 우리는 의식의 대상에 도달하는 데 실패한다. 나아가 비트겐슈타인은 "어떤 발상들을 고려하거나 생각하는 주체 같은 것은 없다"고 단언한다.

그렇다면 우리가 그동안 의식의 주체라고 가정해 온, 전통적인 의미의 자아는 없다는 말인가? 자아가 없다면 우리는 매트릭스의 선악을 판단할 수 없게 된다. 매트릭스는 환상의 세계를 생산할 뿐이다. 부도덕의 세계를 생산하는 것이 아니다. 이로써 네브카드네자르 대원들은 충분히 영웅적이지만, 충분히 도덕적이지는 않다.

12 네오는 자유로운가 : 자유의지와 운명론의 불가사의한 통합   226

테오도어 시크 주니어 | 운명이 지배하는 세계에서 미래는 정해져 있고 바뀔 수 없다. 예언자의 예언이 진실이라면, 그것은 실재 세계 사람들도 자유롭게 행동할 수 없다는 것을 암시한다. 그런 경우라면 아무리 '그' 라고 해도 자신의 삶을 통제할 수 없다. 그렇다면 네오는 왜 자유를 위해 싸우는가? 실재 세계에서도 운명을 자유롭게 선택하지 못하면서 그는 왜 사람들을 매트릭스에서 해방시키려고 애쓰는가? 어차피 노예가 될 수밖에 없다면 행복한 노예가 되는 편이 그나마 낫지 않은가. 테오도어 시크 주니어는 이 글을 통해, 신의 전지함과 인간의 자유의지

사이의 명백한 갈등과, 나아가 신의 전지전능함이 일으키는 논리적 모순에 대해 철학자들이 어떻게 공격하고 해명해 왔는지 보여준다. '미래는 과연 열려 있는가?'

SCENE 5
출구를 찾아서 – 매트릭스 해체하기

13 매트릭스, 마르크스 그리고 건전지의 생애　　　　246

마틴 A. 대녀헤이 & 데이비드 리더 | 자본주의체제 하의 노동자들은 그들의 노동력을 상품으로 판다. 〈매트릭스〉는 인간 발전소 장면에서 이 현실을 명백하게 극화한다: 끝없이 늘어서 있는 관처럼 생긴 용기 안에, 수없이 많은 벌거벗은 인간들이 무방비 상태로 갇혀 발전소에 연결되어 있다. 이 발전소는, 칸막이 책상들이 촘촘히 들어 앉은 사무실에서 꼼짝없이 일만 하고 있는 직원들을 연상시킨다.

이렇게 본다면, 〈매트릭스〉의 인류는 노동자 계급이 될 것이고 요원들은 자본의 수호자가 될 것이다. 이 영화는 칼 마르크스의 저작으로 거슬러 올라갈 수 있는 수많은 주제들에 대한 인유들로 가득 차 있다. 그렇다면 〈매트릭스〉는 착취와 민중의 저항에 대한 영화인가? 그것은 자본주의의 '상품'이라는 자신의 태생적 한계를 뛰어넘을 수 있는가.

14 〈매트릭스〉, 현실과 시뮬레이션의 사라지는 경계　　　260

데이비드 웨버먼 | 지금 우리는 '포스트모더니티'로 지칭되는 새로운 환경에 살고 있다. 그 주요한 특징 가운데 하나는 현실과 모사의 경계가 사라진다는 점이다. 〈매트릭스〉는 이러한 '사라지는 경계'를 다룬 영화다. 나는 이 글에서 현실과 시뮬레이션의 차이에 대해 몇 가지 해석을 보여줄 것이다. 우리는 그 사라지는 경계를 주의 깊게 바라볼 것이고, "토끼 구멍" 주변을 살

펴볼 것이며, 우리에게 어떤 변화가 일어나는지 지켜볼 것이다. 그것은 이런 질문을 포함한다. "그랜드캐니언을 실제로 방문하는 것보다, 끝내 주게 멋진 아이맥스 영화를 통해 그것을 감상하는 편이 더 나을 수도 있지 않은가?" 나아가 형이상학적으로도, 시뮬레이션은 현실보다 더 실제적일지 모른다. 만약 그럴 수 있다면 그 근거는 무엇인가?

15 〈매트릭스〉, 가해자의 히스테리 또는 새도매저키즘의 징후   282

슬라보예 지젝ㅣ이 영화가 주는 독특한 충격은 가상현실이라는 중심 주제에서라기보다는, 그것의 중심 이미지, 즉 수백 만의 인간들이 매트릭스에 공급할 에너지를 생산하기 위해 정체 모를 액체가 가득 찬 고치 안에 산 채로 갇혀 있는 모습에서 비롯된다.

왜 우리는 이런 도착적 환상에 매혹되는가. 이것은 일종의 방어 기제, 인간이 지나치게 능동적으로 세계에 개입했다는 죄의식에서 비롯된 공상의 각본이 아닐까. 〈매트릭스〉는 인간이 자신의 진정한 상황에 눈뜨는 장면을 그리고 있지만 사실은 그 정반대일 지도 모른다. 즉 인간은 자기 존재를 지탱하는 환상의 버팀목으로서 매트릭스가 필요했던 것이다. 슬라보예 지젝은 라캉과 프로이드, 레비-스트로스, 아도르노를 자유자재로 인용하며 '현대인의 기이한 징후' 라는 대단원으로 나아간다.

역자 후기_	324
주_	327
찾아보기_	336

SCENE 07

마음의 감옥 – 당신은 아무것도 모른다

1

네오와 소크라테스
그리고 그들을
곤경에 빠뜨린 의문들

윌리엄 어윈 WILLIAM IRWIN

> 나는 잘 지내고 있다고 말하네,
> 벽 위의 그림자들을 바라보며.
> – 존 레논

> 우리는 종종 사슬에 묶인 채 살아가곤 하지.
> 그런데 우리는 우리가 열쇠를 가지고 있다는 사실조차 모르고 있거든.
> – 이글스

〈매트릭스〉를 본 많은 사람들은 이 영화가 '일찍이 존재했던 가장 위대한 이야기', 즉 성서를 되풀이하고 있다는 것을 쉽게 알아차렸다. 성서적인 비유는 명백하다. 1999년 부활절 주말에 영화를 개봉한 것 역시 그 같은 의도를 뒷받침한다. 그러나 〈매트릭스〉를 '그 이전까지는 한 번도 이야기된 적 없었던 가장 위대한 이야기', 즉 소크라테스의 이야기를 개작한 것으로 인식하는 사람은 극히 드물다. 소크라테스는 반대 세력의 핍박 속에서도 자신의 탐구를 계속했고, 결국 목숨을 바치면서까지 저항한 지적인 영웅이다.

어째서 대부분의 사람들은 문화가 제시하는 '가장 위대한 이야기'를 알지 못하고 있는 것일까? 주된 이유는 이것을 화두로 하여 논의하고 해석하는 모든 임무를 대학 철학과 교수들에게만 맡긴다는 데 있다.

모든 사람들이 대학에 다니는 것은 아니며, 안타까운 일이지만 대학에 다닌다고 해서 모든 사람들이 철학 강좌를 수강하는 것은 아니다. 철학 아카데미는 소크라테스의 삶을 자세히 연구하고 열정적으로 토론할 수 있는 이상적인 환경을 제공해 주지만 그 문이 모든 사람들에게 열려 있는 것은 아니다.

하지만 결코 오지 않을지도 모르는 기회를 기다릴 필요는 없다. 소크라테스의 이야기도 예수의 이야기처럼 아이들의 이야기 책, 가족 간의 대화, 교실에서의 토론 그리고 텔레비전 특별 프로그램의 주제가 되어야 한다. 그것을 다루는 영화도 있어야 한다.

워쇼스키 형제는 키아누 리브스를 기용하여 그 이야기를 암시적으로 담아 냈다. 〈매트릭스〉는 많은 이야기를 하고 있다. 소크라테스의 이야기는 그들 가운데 하나일 뿐이다. 소크라테스에 대한 사전 지식이 없다면 이 영화 속에서 그러한 요소를 놓칠 것이 분명하다. 만약 소크라테스가 당신에게 영 낯설다면, 이 글을 입문서로 이용하는 것은 어떨까.

소크라테스를 움직이는 의문
"올바른 삶이란 무엇인가?"

"우리는 신이 내린 임무를 수행 중"이라고 블루스 형제 영화 〈블루스 브러더스The Blues Brothers〉에 등장하는 제이크와 에드워드 블루스 형제를 가리킴 - 옮긴이 는 말했다. 자동차 탱크에는 연료가 가득 차 있었고 담배는 반 갑이 남아 있었으며 시카고까지 아직 106마일을 더 가야 했다. 날은 어두웠지만 그들은 선글라스를 쓰고 있었다. 그들의 임무? 자신들이 성장했던 고아원을 살리는 일이다. 펭귄이라는 애칭으로 불리던 수녀로부터 고아원이 문을 닫게 되었다는 소식을 들은 블루스 형제는 고아원을 살릴 자금을 마련하기 위해 음악회를 개최하려 한다.

네오의 임무는 무의식 상태에서 인공 지능의 노예가 되어 있는 인류를 구원하는 것이다.

소크라테스 역시 임무를 띠고 있다. 델피의 예언자, 즉 오러클Oracle이 그의 친구 캐레폰에게 전해 준 아폴론 신이 내린 사명이다. 물론 그가 받아들이는 것을 선택할 경우에 말이다. 소크라테스의 임무는 아테네 사람들을 '일깨우는' 것이다.

지옥 같은 분위기의 록 클럽에서 연주되는 롭 좀비Rob Zombie의 강렬한 음악을 뚫고, 트리니티는 네오에게 속삭인다, "우리를 움직이는 것은 바로 그 **의문들**이야."* '매트릭스는 무엇인가?' 라는 의문을 갖고 있었던 네오와 마찬가지로 소크라테스 역시 "마음속의 가시"이자 자신을 움직이는 의문, 즉 '올바른 삶이란 무엇인가' 라는 의문을 가지고 있었다. 이러한 의문으로 인해 우리의 두 주인공은 곤경에 처한

---

* 〈매트릭스〉에 나오는 대사 중 한 부분. "It's the question that drives us."

다. 소크라테스는 신성을 모독하고 젊은이들을 타락시켰다는 죄목으로 재판정에 선다. 네오는 요원들로부터 "온갖 사이버 범죄는 죄다 저질렀다"는 추궁을 받는다.

소크라테스는 동료 시민들에게 습관적으로 질문들을 던졌다. 그것들은 언뜻 보기에는 직설적이고 단순한 질문이었지만 대답하기에 여간 까다로운 것이 아니었다. 게다가 마치 숙련된 인터뷰어처럼 소크라테스는 갈수록 더욱 어렵고 깊은 탐색을 요하는 질문들을 잇따라 던져서 결국 사람들의 무지를 폭로하곤 했다.

플라톤의 대화편 〈유티프로Euthyphro〉에 기술된 대화들을 살펴보면, 예를 들어 소크라테스는 그의 친구 유티프로에게 이렇게 묻는다. "신성하다는 게 무엇인가? 무엇이 사람들의 행동을 신성하게 만드는가?" 유티프로는 이렇게 답변한다. "신성함은 모든 신들이 사랑하는 것이고 그것의 반대는 모든 신들이 증오하는 것, 즉 부정함이네." 나름대로 괜찮은 답변이다. 소크라테스가 더욱 어려운 다음 질문을 던지기 전까지는.

"신성한 것은 신들이 그것을 좋아하기 때문에 신성하다는 것인가, 아니면 그것이 신성하기 때문에 신들이 좋아하는 것인가?" 쉽게 상상할 수 있듯이, 이쯤 되면 유티프로는 소크라테스의 질문에 제대로 답하는 것이 그리 만만치 않음을 깨닫게 되고 점차 짜증스러워진다.

상대방이 스스로 모순된 말을 하거나 실수를 저지를 때까지 질문을 하는 이런 방식은 오늘날 소크라테스식 문답법으로 널리 알려져 있다. 이렇듯 집요하게 질문을 하는 방법은 학생들을 위협하고(〈하버드 대학의 공부벌레들The Paper Chase〉에서처럼), 정치가들을 당혹스럽게 한다 (이들 가운데 당신은 어느 경우에 해당되는가). 소크라테스는 이러한 문답

법으로 사회적으로 의식 있는 젊은이들로부터 인기를 얻었고, 동시에 자신의 이익만을 챙기는 소인배들로부터는 경멸의 대상이 되었다.

  소크라테스의 이러한 대화 방식이 때로는 상대방에게 거만하게 여겨졌을지도 모르지만, 사실 소크라테스 자신은 스스로의 지식에 관해 겸손하기 그지없었다. 그는 자신의 지식을 내세우기보다는 언제나 자신의 무지를 기꺼이 인정했다. "나는 아무 것도 모른다"는 그가 습관적으로 반복하던 말이었다. 아무 것도 모른다는 이 남자는 다른 모든 사람들에게 왜 그토록 열정적으로 질문하는가?

  네오와 마찬가지로 소크라테스의 남다른 여정에 불을 당기는 것은 예언자의 예언, 그리고 지식과 지혜의 본질에 관한 통찰력이다.

신은 나에게
말파리와 같은 존재가 될 것을 요구했다

예언자 원어 표현으로는 'oracle'이다. 〈매트릭스〉의 한글 자막은 '오러클'의 뜻 대신 발음을 취해 그의 이름처럼 사용한다 - 편집자 가 모피어스에게 한 말은 모피어스가 매트릭스에 감금된 인류를 진실의 힘으로 구원할 '그'를 찾아내리라는 것이었다. 모피어스는 네오의 몸에 꽂혀 있던 플러그를 뽑고 그를 어느 정도 회복시킨 후 쿵푸 대련 등을 통해 훈련시킨다. 그런 다음 확신을 얻기 위해 그를 예언자에게 데려간다. 네오는 이러한 거창한 가능성을 섣불리 받아들이려 하지 않는다. 그는 모피어스에게 운명을 믿지 않는다고 말하며, 자신의 삶이 어떤 방식으로 미리 운명지어져 있다는 생각을 거부한다. 네오는 자신의 삶을 스스로 통제할 수 있다고 믿고 싶어 한다.

소크라테스도 그와 비슷하게 자신의 운명에 저항한다. 재판정에 섰을 때 그는 적어도 그렇게 말했다. 플라톤이 기록하고 후에 〈변명 Apology〉이라는 제목이 붙은 책에는 다음과 같은 내용이 실려 있다.

어느 날 내 친구(캐레폰)가 델피에 가서 예언자에게 신탁神託을 청했다. (……) 그는 나소크라테스를 말함-옮긴이보다 더 현명한 사람이 있는지 물었다. 그러자 아폴론의 예언자는 이렇게 대답했다. "그보다 더 현명한 사람은 없다."
예언자의 대답을 전해 들었을 때 나의 반응은 이러했다. "도대체 신이 무슨 말을 하고 있는 거지? 그 말의 숨겨진 의미가 뭘까? 나는 크건 작건 간에 내게는 지혜가 없다는 것을 잘 알고 있다. 그런데 그는 내가 그렇듯 지혜롭다고 말하니, 그의 말은 도대체 무슨 뜻일까?"

정말이지, 어떻게 아무 것도 모른다고 공언하는 사람보다 더 현명한 사람이 아무도 없다는 것일까? 소크라테스는 아폴론의 예언자가 한 예언이 그릇되었음을 증명하기로 결심했다고 말한다.

나는 나보다 현명해 보이는 사람에게 다가가 말을 붙여 보기로 했다. 나보다 더 현명한 사람을 찾음으로써 그 예언이 틀렸다는 것을 혹시 증명할 수만 있다면, 예언자에게 "당신은 내가 가장 현명한 사람이라고 말했지만 이 사람은 나보다 더 현명합니다"라고 말할 수 있을 것이라고 생각했기 때문이었다.

이렇게 해서 소크라테스는 사람들에게 질문을 던지기 시작했다. 우선 자신보다 현명해 보이는 한 정치가에게 질문을 해보았다. 하지만 소크라테스는 곧 실망하고 말았다. 그 남자는 자신이 박식하다고 생각하고 있었지만 실상 아는 것이 아무 것도 없었다. 천성적으로 집요한 데가 있는 소크라테스는 포기하지 않고 질문하는 일을 계속했다. 명망 있는 극작가에게도 질문했고 아테네의 숙련된 장인에게도 질문했다. 그러나 역시 그에게 돌아오는 것은 실망뿐이었다. 뜻밖에도 자신의 무지를 인식한 소크라테스야말로 사실상 아테네에서 가장 현명한 사람이었다.

결국 소크라테스는 동료 시민들에게 질문을 하여 그들 스스로 자신의 무지를 깨닫게 하고 그럼으로써 그들을 각성시키는 한편 지식을 추구하는 일에 동참하도록 유도하는 일을 자신의 신성한 책임으로 떠맡게 되었다. 역시 〈변명〉에 나오는 그의 이야기이다.

약간 우스꽝스러운 직유를 사용하자면 이 도시는 마치 말과 같다. 이 말은 아주 커다랗고 혈기 왕성하지만 비대한 몸집 때문에 다소 둔하고, 말파리 같은 것에라도 찔리지 않고서는 좀처럼 움직이려 하지 않는다. 나는 신이 나에게 이 도시에서 말파리와 같은 존재가 될 것을 요구했다고 생각한다. 하루 종일 멈추지 않고 사람들 사이를 옮겨 다니며 그들을 찔러 행동하게 만들고 그들 각각을 설득하고 비판하는 말파리 말이다.

해충처럼 혹은 말파리처럼, 사람들에게 성가신 질문을 끊임없이 던짐으로써 소크라테스가 목표한 것은 도시 전체를 진실에 눈뜨게 하는 일이었다. 즉 무지에 안주하는 것은 지복至福이 아니라 노예 생활이라는 것을 깨닫게 하려는 것이었다.

소크라테스의 이야기 속에 등장하는 예언자의 본거지와 영화 속 예언자의 거주지는 분위기부터 상당히 다르다. 소크라테스 이야기에 등장하는 신탁소는 아폴론의 신전이며, 그 곳은 피나수스 산기슭의 웅장하고 아름다운 도시인 델피에 위치해 있다. 델피는, 옴팔로스 omphalos, 즉 세계의 중심 혹은 배꼽으로 선언된 의미심장한 장소다. 그리스 신화에 따르면, 제우스가 세계의 중심을 찾기 위해 독수리를 동쪽에서 한 마리, 서쪽에서 한 마리를 풀어놓았는데, 그들이 각자 날아가다가 서로 충돌한 지점이 델피라는 것이다. 아폴론은 델피의 신탁소에 거주하는 그의 예언자, 피티아 Pythia를 통해 자신의 뜻을 전한다.

모피어스가 네오를 데려간 곳은 세계의 중심이 아닌 매트릭스의 심장부로 파나수스 산과는 대조적인 도시 빈민가의 아파트다. 그리고 그 곳에서 그들을 기다리는 인물은 전혀 예언자 같지 않은 예언자이다.

네오는 스스로에 대한 확신을 갖지 못한 채 모피어스에게 묻는다. "그녀는 모든 것을 알고 있나요?" 모피어스는 대답한다. "그녀는 충분히 알고 있다고 말할 거야." 네오는 여전히 회의적인 어조로 묻는다. "그녀가 틀린 적은 한 번도 없나요?" 모피어스는 무관심한 듯, 그러나 자신 있게 대답한다. "이것은 틀리고 맞고의 문제가 아냐. 그녀는 안내자야, 네오. 자네가 길을 찾도록 도와 줄 수 있어."

델피의 아폴론 신탁소를 찾는 방문객(여성은 출입이 허락되지 않는다)은 적절한 산 제물과 금액을 지불한 후 자신이 알고 싶은 것을 묻곤 했다. 방문객이 예언자의 조수들 가운데 한 사람에게 질문을 제출하면 그 조수는 그것을 예언자에게 대신 물어 주었다. 질문을 전해 들은 예언자는 삼각대 위에 앉아 아폴론의 호흡, 즉 지구의 갈라진 틈에서 뿜어져 나오는 김을 들이마셨다. 그러고는 마치 우드스톡 woodstock 에서 한밤중에 마리화나를 피우는 사람처럼 웅얼거리며 예언했다.

그러면 조수는 조리가 맞지 않는 그 웅얼거림을 해석하여 그것을 보통 6보격^{步格}의 시로 표현한다. 예언자의 예언은 대개 모호하고 여러 가지 해석이 가능하다. 따라서 소크라테스는 '자신보다 더 현명한 사람은 없다'는 신탁을 그대로 받아들이기는 곤란하다고 생각하게 된다. 그는 아폴론의 예언자가 수수께끼 같은 예언을 하는 것으로 유명하다는 것을 알고 있었고 예언의 그릇됨을 증명하는 데 착수한다. 하지만 결국 그는 신탁의 역설적인 의미를 깨닫게 된다.

크로수스 왕은 그다지 현명한 편은 아니었다. 그는 신탁을 통해 지금 페르시아가 전쟁을 일으키면 어떻게 될 것인지 그 결과를 알고 싶어 했다. 그에 대한 예언자의 답변은 이러했다. "당신이 지금 전투에 나서면 위대한 왕국이 멸망할 것이다." 왕은 이것을 상서로운 소식으로 받아 들였다. 그는 군대를 전쟁터로 몰고 나갔고 군대는 전멸했다. 예언자는 자신이 지칭한 왕국이 어떤 왕국을 의미하는 것인지 왕이 착각했을 뿐이라고 지적했다. 크로수스 왕은 예언자에게 아무런 불평도 할 수 없었다.

〈매트릭스〉의 오러클, 즉 예언자는 가상 도시의 변변찮은 지역에서 살 뿐만 아니라 할머니 연배의 흑인 여자이다. 그녀는 말한다. "네가 기대했던 것과는 다르지?" 델피의 예언자 피티아처럼 확실히 많이 그렇다. 한동안 피티아는 미덕을 확신할 수 없는 처녀 대신 쉰이 넘은 여자들 가운데서 선택되었다. 델피의 예언자와는 달리 이 도시의 예언자는 그녀를 찾아온 사람과 직접 대면한다. 그녀는 삼각 의자에 앉아 오븐에서 나오는 과자 굽는 연기를 행복하게 호흡하고 자신이 피우는 담배 연기를 들이마시지만 웅얼거리며 말하지는 않는다. 그러나 그것에 속아서는 안 된다. 그녀의 메시지는 발음상으로는 명료하지만, 수수께끼 같다는 점에서는 피티아의 전언과 같다.

뜻밖에도 이 예언자는 질문을 받기보다는 질문을 한다. "너는 네가 여기 왜 와 있는지 알고 있니?" "넌 어때? 네가 '그' 라고 생각해?" 네오는 대답한다. "모르겠어요." 소크라테스 역시 언제나 모른다고 공언했지만, 네오는 정말로 모른다. 예언자가 놀리듯 말한 것처럼 그는 귀엽긴 하지만 그다지 총명하진 않다. 그녀는 네오가 자신은 '그'가 아니라고 스스로 단정하도록 내버려 둔다. 그리고 그에게 말한다. '그'가 되는 것은 사랑에 빠지는 것과 같다고. 아무도 대신 말해 줄 수 없다고. "너 자신만 알 수 있어. 온몸으로 체득하는 거지." 별로 위안이 되진 않겠지만, 그녀는 다음과 같이 덧붙인다. "너는 재능을 가지고 있어. 하지만 무언가를 기다리고 있는 것 같구나." 그러자 그는 묻는다. "무엇을요?" 이어지는 그녀의 예언적인 답변. "아마 너의 다음 생애겠지. 누가 알겠니? 다 그런 법이야."

그러나 예언자에게 악의는 없다. 심지어 약간의 공짜 충고까지 해 준다. 그녀는 부엌 문 위에 걸려 있는 현판을 가리키며 네오에게 묻는다. "뭐라고 쓰여 있는지 아니?" 그녀는 라틴어로 쓰여 있는 그 글이 '너 자신을 알라' 라는 뜻이라고 네오에게 가르쳐 준다.

이 격언이 예언자의 예언을 이해하는 열쇠다. 델피의 아폴론 신탁소에도 같은 문구가 그리스어로 새겨져 있다. 그것은 피티아의 예언을 해석할 때, 분명 신탁을 통해 주어진 그 어떤 실제적인 답변보다 더 중요하다. 소크라테스는 이것을 깨닫고 이와 관련된 격언, 즉 '시험하지 않는 삶은 살 가치가 없다 The unexamined life is not worth living' 는 것을 실천하며 살았다. 잘난 체하던 페르시아의 크로수스 왕은 그야말로 '너 자신을 알' 지 못했다. 그리고 그 대가는 엄청난 것이었다. 네오가 언젠가 자신을 알게 되고 그래서 자신을 믿게 된다면 그는 예언자가 들려준 예언의 깊이에 도달하게 될 것이다. 이것은 모피어스가 '그'를 찾게 된다는 예언과 트리니티가 '그'인 죽은 사람과 사랑에 빠지게 된다는 예언 모두를 포함한다.

자기 인식은 일종의 열쇠이다. 이 열쇠가 없으면 어떤 가치 있는 지식의 문도 열 수 없다. 이것은 소크라테스와 〈매트릭스〉에서만이 아니라 다른 뛰어난 영화에서도 중요한 주제로 등장한다. 영화 〈파이트 클럽Fight Club〉은 언뜻 보기에는 청소년들이나 함직한 유치한 질문을 던진다. "한 번도 싸워본 적 없다면 네 자신에 대해서 어떻게 알 수 있겠어?" 그러나 우리는 이야기가 전개되고 그에 따라 '싸움'이 격렬해질수록 이것이 단순 무식한 남성 호르몬에 관련된 질문이 아니라는 것을 알게 된다. 인간은 악전고투를 통해 자기 인식을 얻는다. 〈소년은 울지 않는다 Boys Don't Cry〉는 어떤가.

이 영화에서 브랜든은 자신과 다른 사람들을 기만함으로써 엄청난 불행을 초래한다. 마지막으로 〈메멘토 Memento〉 역시 골치 아픈 질문과 씨름한다. '스스로를 속이는 것이 어떻게 가능한가? 기억 상실이 그 답이 될 수 있는가?' 할리우드와 아테네는 '시험하지 않는 삶은 살 가치가 없다'는 데 동의한다.

예언자에 대한 검토를 마무리하기 위해, 델피에도 새겨져 있고 〈매트릭스〉에 나오는 예언자의 부엌에서도 실천되는 또 하나의 금언을 떠올려 보자. '**절제하라.**' 예언자는 (술인 듯한) 뭔가 이상한 것을 마시며 담배를 피우고 있다. 그녀는 아마도 중독되지 않고도 이러한 것들을 즐길 수 있을 것이다.

이 점에서 그녀는 스미스 요원이 바이러스로 묘사한 보통 사람들과 아주 대조적이다. 보통의 인간들은 욕망을 조절하지 못한다. 그들은 다른 곳으로 이동하기 전에 자신이 머물고 있던 지역의 모든 자원을 고갈시켜 버린다.

전설에 의하면 델피에서 예언자의 영감을 자극했던 연기를 모든 사람들이 마실 수 있었던 때가 있었다. 그러나 사람들은 그 특권을 남용했고 마침내 스스로에게 해를 입혔다. 그들은 연기가 뿜어져 나오는 구멍 속으로 마구 뛰어들어갔던 것이다. 결국 파티아만이 '아폴로의 숨결'을 들이마실 수 있는 권한을 갖게 되었고, 사제이자 해석자가 그녀의 예언을 듣고 그것을 시로 표현해서 추종자들에게 들려주었다.

사람들은 이렇게 해서 신으로부터 두 단계나 멀어졌다. 만약 누군가가 '너 자신을 알라'와 '절제하라'의 교훈을 충분히 체득할 수 있다면 그 선택된 사람은 많은 사람들에게 진실을 전할 수 있을 것이다. 아마도 그때 모든 사람들이 '예언자의 연기를 들이마실 수' 있게 될 것이고 그들 스스로 신과 교통할 수 있게 될 것이다.

동굴의 알레고리

모피어스는 네오에게 "너는 마음의 감옥에 태어났다"고 말한다. 노예나 전쟁 포로, 그리고 강제 수용소에 수감된 사람들조차 마음만은 자유로울 수 있다. '그들은 내 육체는 가질 수 있을지언정, 내 마음만은 결코 가질 수 없을 것이다.' 지금까지 수많은 영웅들이 이렇게 외치면서 구속에 대한 저항을 실천해 왔다. 넬슨 만델라, 존 매케인[미 공화당 상원의원으로 베트남전에서 5년 동안 포로로 잡혀 있었던 인물이다 - 편집자], 말콤 X, 루빈

'허리케인' 카터^{살인 누명을 쓰고 20년간 옥살이를 했던 미국의 흑인 권투 선수 - 편집자} 등이 모두 그러한 인물들이다. 그 중에서도 최악이라 할 수 있는 것은 "마음의 감옥"에 갇혀 있으면서도 그러한 사실을 인식하지 못하고, 그러므로 당연히 그 감옥으로부터 탈출하고자 하는 충동조차 느끼지 못하는 상황일 것이다. 하지만 그러한 마음의 감옥에 갇힌 사람이 어떻게 자신이 자유로운지 아닌지를 인식할 수 있겠는가?

그들 가운데 한 사람이 풀려났다고 하자. 그리고 갑자기 일어나서 고개를 돌려 걸어나와 불빛 쪽을 쳐다보도록 강요되었다고 하자. 이러한 움직임 하나하나가 그에게는 괴롭기 짝이 없는 일일 것이다. 그림자만 보는 데 익숙해져 있던 그는 아무리 실물을 보려고 해도 너무 눈이 부셔 제대로 볼 수가 없을 것이다. 그때 만약 누군가가 그에게 "이전에 네가 보았던 것은 의미 없는 환영에 불과하다. 하지만 지금 너는 실재에 접근하고 실물을 향하고 있으므로 사물에 대한 더욱 참된 시각을 얻을 수 있을 것이다"라고 말한다면 그가 무슨 말을 할 것 같은가? 그는 무척 혼란스러워하는 동시에 이전에 보았던 것이 오히려 지금 그의 눈에 비치는 것보다 더 진실하다고 믿지 않겠는가?

이것은 플라톤의 〈국가 Republic〉에서 인용한 것이다. 여기에서 플라톤이 하는 이야기는 흔히 '동굴의 알레고리(이외에도 동굴의 비유·신화 혹은 우화 등으로 다양하게 불린다)'로 알려져 있다. 이 이야기는 매트릭스에서 자유로워진 네오의 상황에도 더할 나위 없이 잘 들어맞는다. 동굴 안의 수인囚人들은 목과 손과 다리가 사슬로 묶여 있다. 태어날 때부터 이러했던 그들에게 이와 다른 삶의 방식에 대한 개념조차 있을 리 만무하다. 그들을 지키는 간수들이 꼭두각시놀음이라도 하듯 동물 모양의 형체를 불 앞으로 지나가게 하면 수인들의 앞에 놓인 벽면에는 그것의 그림자가 나타난다. 이러한 그림자를 만드는 것은 불빛이다. 그러나 자신들이 갇혀 있다는 사실을 인식하지 못하는 수인들은 자신들이 경험하는 현실 이외의 다른 현실이 존재할 수도 있다는 생각은 전혀 하지 못한다. 그러던 어느 날 그들 가운데 한 명이 속박에서 풀려나 세상 밖으로 끌려 나온다. 그리고 사물의 실제 모습을 태양 빛 아래에서 보게 된다. 그 수인은 자기 혼자만 동굴 밖에 남아 있는 대신, 다시 동굴로 돌아가 다른 사람에게 이 사실을 알린다. 하지만 사람들은 그가 완전히 미쳐 버렸다고 믿는다. 그가 베푼 친절은 결국 조소와 저항으로 되돌아온다.

   이 이야기는 플라톤의 스승인 소크라테스*의 삶과 유사하다. 사람들은 그를 미쳤다고 생각했고, 결국 더 높은 수준의 현실로 사람들의 관심을 유도한 죄로 그를 처형했다. 이것은 네오의 이야기와도 통한다. 그는 어느 날 매트릭스에서 풀려 나와 "진실의 사막"**을 목격한다. 플라톤의 수인들처럼, 네오는 자신이 사슬에 매여 있다는 것, 좀 더 정확히 말하자면 매트릭스의 검은 케이블 전선에 꽂혀 있다는 것을 발견한다. 이 케이블들은 매트릭스에서 눈을 현혹하는 그림자 극을 재현하는 역할을 한다.

   플라톤의 알레고리에서 누가 그 수인을 풀어 주었는지는 분명하지 않다. 그러나 〈매트릭스〉에서 네오를 해방시키는 인물은 모피어스(모피어스는 그리스 신화에 나오는 잠의 신으로 꿈을 통해 형태에 변화를 일으킨다)이다.

---

* 플라톤은 〈국가Republic〉에서 그의 스승 소크라테스를 동굴에서 빠져 나온 사람으로 비유하였으며 자신의 글에서 소크라테스를 하나의 등장 인물로 사용했다. 1)
** 〈매트릭스〉에 나오는 대사 중 한 부분. "The desert of the real."

사슬에 묶인 플라톤의 수인처럼, 온몸에 케이블을 꽂고 분홍색의 끈적끈적한 동굴 같은 고치 안에서 잠들어 있는 다른 인간들의 모습을 보고 네오는 경악한다. 하지만 네오는 아직 자신이 지금 보고 있는 것이 진짜 현실이고 예전에 그가 살았던 곳은 꿈의 세계에 불과하다는 사실을 받아들일 준비가 되어 있지 않다.

모피어스는 "이 사람들은 대부분 이곳을 떠날 준비가 되어 있지 않다"고 말한다. 플라톤의 수인이 동굴 밖의 세계에 적응하는 과정에서 고통을 겪듯이, 네오의 회복 또한 고통스럽다. "눈이 왜 이리 아픈 거죠?" 네오가 묻는다. "한 번도 사용한 적이 없으니까." 모피어스의 대답이다.

아리스토텔레스는 "교육의 뿌리는 쓰다. 그러나 그 열매는 달콤하다"고 말했다. 실제로 '교육'은 어원학적으로 '안내하여 나아가다'를 의미한다. 수인이 동굴 밖으로 이끌려 나가듯이, 그리고 네오가 매트릭스 밖으로 이끌려 나가듯이…….

다시 플라톤으로 돌아가자. 동굴을 탈출한 죄수는 태양, 빛 그리고 선善 goodness과 지식을 마음껏 향유하고 싶었을지도 모른다. 그러나 그는 다른 사람들을 돕기 위해 동굴로 되돌아갔다. 플라톤은 그의 행동을 이렇게 설명한다.

"그는 예전의 믿음으로 돌아가 옛날 방식으로 사느니 차라리 가난한 주인의 노예가 되어 흙을 파며 산다든가 또는 다른 끔찍한 일을 견디는 편이 훨씬 낫다고 생각한 것이 아닐까?"(《국가》중에서). 네오 역시 거짓 현실로 돌아가느니 어떤 일이라도 감수할 것이다.

우리는 왜 꽃이 아름답다는 걸
배울 필요가 없나

동굴의 알레고리는 소크라테스 이야기만을 암시하고 있는 것은 아니다. 또한 그것을 가장 중요하게 다루고 있는 것도 아니다. 플라톤이 동굴의 알레고리를 사용한 가장 중요한 이유는 더 나은 수준의 실재, 즉 이데아形象를 강조하고 독자들을 설득하여 이데아에 대해 마음이 향하도록 하기 위한 것이었다.

 우리 모두는 수인들과 다름없다. 왜냐하면 우리는 종종 우리가 살고 있는 현실이 가장 참되고 가장 높은 수준의 실재라고 착각하기 때문이다. 플라톤에 의하면 우리가 오감을 통해 지각하고 경험하는 모든 것들은 더욱 높은 수준의 실재, 즉 이데아의 빈약한 모방에 불과하다. 우리는 아름다운 일몰, 정의로운 행동, 정말로 맛있는 국수를 경험할지도 모른다. 그러나 이러한 것들은 단지 완벽한 이데아의 모방, 즉 미美 자체, 정의 그 자체, 선善 그 자체 등에 대한 흉내내기에 불과하다.

 어떤 사람으로 하여금 이데아를 찾고자 노력하게 만드는 것은 어떤 "마음의 가시"일까? 그리고 어떻게 이데아를 식별해낼 수 있는가?

 플라톤과 소크라테스는 감각을 통한 이해가 아닌 지성을 통한 이해의 중요성을 가르친다. 모피어스는 네오에게 아무도 매트릭스가 무엇인지 말해 주지 않는다고 말한다. 그것은 '스스로 보아야' 한다. 그러나 이데아의 경우와 마찬가지로 그것은 그저 '보는 것'이 아니라 말 그대로 '직접적인 앎 direct knowing'이며, 이를 통해 우리는 매트릭스에 대한 진정한 이해에 도달할 수 있을 것이다.

이 글은 당신에게 이데아가 무엇인지 가르쳐 줄 수는 없다. 플라톤을 읽는다고 해도 이데아를 직접 배울 수는 없을 것이다. 이것이 플라톤을 읽으며 사람들이 겪게 되는 도전이자 좌절이다. 그의 글을 읽으면 사람들은 이런 의문들을 갖게 된다. 정의가 뭐지? 사랑이 뭐지? 선이라는 게 뭐지? 도대체 이데아가 뭐지? 소크라테스가 곤경에 처하게 된 것은 바로 그런 질문들을 하고 다녔기 때문이었다. 그러니 신중하게 읽어 나가라.

네오도 역시 지성이 감각보다 중요하다는 것을 배운다. 정신이 물질보다 중요하다. 플라톤에게 물질은 이데아만큼 진실하지 않다. 마찬가지로 네오에게 "숟가락은 없다."*

네오는 최초의 인류를 해방시켰던 인물의 화신이다. 플라톤은 지성과 육체는 서로에게 너무 이질적인 것이라서, 태어날 때 그들의 결합이 정신적인 손상을 입혀 기억의 상실, 일종의 건망증을 낳는다고 생각했다. 이것은 영화 속 등장 인물의 하나인 사이퍼가 동료들을 배신하는 대가로 얻는 완전한 기억 상실이 아니라 도저가 직접 담근 술을 지나치게 많이 마셨을 때 겪는 종류의 기억 상실이다. 적당한 자극과 실마리만 있다면 세부적인 일들을 다시 기억해 낼 수 있다. 플라톤에게 있어 기시감 déjà vu: 실제로는 체험한 일이 없는 현재의 상황을 전에 체험한 것처럼 똑똑히 느끼는 현상 - 편집자 이란 매트릭스에서 일어나는 순간적인 오류의 증거가 아니라 이데아가 기억 anamnesis 나는 순간을 의미한다.

영혼이 육체를 입기 전, 즉 영혼이 육체로부터 자유로울 때, 우리는 이데아를 목격하게 된다. 현생現生의 단계에서 우리가 배우는 모든 것

* 〈매트릭스〉에 나오는 대사 중 한 부분. "There is no spoon."

들은 사실 우리가 이데아를 회고하는 기억의 과정이다. 예를 들어 아이는 꽃이 예쁘다는 것을 배울 필요가 없다. 아이는 이미 그것을 알고 있다. 아이는 '아름다움의 이데아'와, 꽃이 '아름다움의 이데아'를 모방한 그림자의 한 부분이라는 것을 기억한다.

철학, 그 깊디깊은 토끼 구멍

모피어스를 만나기 위해 이동하는 차 안에서 네오는 잠깐 되돌아갈 생각을 한다. 그러나 그 순간 트리니티는 그를 남아 있게 하는 결정적인 한마디를 내뱉는다. "다 겪어 봐서 알잖아, 네오. 너는 그 길을 알고 있어. 그 길이 정확히 어떻게 끝날 것인지 너는 뻔히 알아. 나는 네가 바라는 게 그것이 아니라는 것을 알고 있어."

이쯤 되면 로버트 프로스트의 유명한 시를 떠올리지 않을 수 없다. "나는 가지 않은 길을 선택했네 / 그리고 그것으로 모든 것이 변했지."

이 구절이 해마다 졸업식 때면 수없이 인용되는 것을 알고 있는가. 만약 모든 사람들이 이 구절을 실제로 자신의 삶의 지침으로 받아들였다면, 결국 그 길은 엄청나게 넓혀지고 교통 체증마저 생겼을 것이다.

빨간 알약은 용감한 선택의 새로운 상징이 되었다. 대부분의 사람들은 네오의 입장에 처한다면 자신도 빨간 약을 선택할 것이라고 자부한다. 그래서 나는 철학 입문 강의를 마무리하면서 학생들에게 종종 이런 요청을 할 때가 있다. 내가 작문 과제를 검토하면서 사용하는 빨간 표지와 파란 표지 가운데 하나를 선택하도록 제안하는 것이다.

빨간 표지를 선택한 사람은 새롭게 철학을 전공하게 될 것이고 '토

* 〈매트릭스〉에 나오는 대사 중 한 부분인 "how far down rabbit hole goes"를 인용하여 비유한 것.

끼 구멍이 얼마나 깊은지'* 알게 될 것이다. 그러나 파란 표지를 선택한다면 이전에 선택했던 전공으로 돌아가 그 동안 중요하게 생각했던 문제들과 우주의 신비에 대해 고민했었던 사실을 잊게 될 것이다. 학생들은 대부분 이런 선택을 즐기면서도 매우 곤혹스러워한다. 그들은 이런 선택은 있을 수 없다고 생각하고 싶어 한다. 실제로 철학으로 전공을 바꾸는 학생은 거의 없다. 그것은 정말 너무나도 비현실적이다. 그러나 선택된 소수의 사람들은 지식과 실재의 매혹에 저항하지 못한다.

윌리엄 어윈 William Irwin은 펜실베이니아 소재 킹스 대학의 철학과 교수이다. 〈의도주의적 해석 : 철학적 설명과 옹호Intentionalist Interpretation : A Philosophical Explanation and Defense〉(1999)의 저자이자, 〈비판적 사고 : 입문Critical Thinking : An Introduction〉(2001)의 공저자이다. 그는 또한 이 책 〈매트릭스로 철학하기〉를 포함하여 〈자인필드와 철학Seinfeld and Philosophy〉(2000) 〈심슨 가족과 철학The Simpsons and Philosophy〉(2001) 등 '대중문화와 철학' 시리즈를 기획하고 편집했다. 이상이 그의 공개된 삶이다. 그는 사이버 세계에서 또 다른 삶을 살고 있으며 '쿠키몬즈터'라는 해커명으로 통한다. 그리고 (네오처럼) 온갖 컴퓨터 범죄는 다 저지르고 다닌다.

〈매트릭스〉는 데카르트를 반복한다 :
삶은 악령의 기만

제럴드 J. 에리온 & 배리 스미스 GERALD J. ERION AND BARRY SMITH

대부분의 사람들은 자신에게 보이고 들리고 느껴지는 그대로 세계가 존재할 것이라고 생각한다. 이를테면 당신에게는 현재 자신이 의자에 앉아 이 책을 읽고 있는 것처럼 **보일 것이고**, 따라서 당신은 아마도 그렇게 **믿을 것이다**. 당신은 실제로 자신이 의자에 앉아서 책을 읽고 있다고 생각한다. 우리는 평소 이런 생각을 말로 표현할 이유도 거의 느끼지 못한다. 게다가 중요한 것은 일단 한 번쯤 짚어 보게 되면 그것이 명백하게, 그리고 별반 이견을 제기할 수도 없게 그것이 사실로 보인다는 것이다. 이런 일들에 누가 감히 이견을 제기하겠는가?

토마스 앤더슨 역시 자신이 명망 있는 소프트웨어 회사의 프로그래머로서, 꼬박꼬박 세금을 내고 가끔 주인집 아주머니를 도와 주기도 하는 모범 시민이라고 믿는다 (물론 그는 '네오' 라는 가명을 쓰는 해커로서 사이버 범죄를 저지르는 자신의 다른 삶도 믿는다. 이 삶은 당국에게는 감추어져 있지만 자신에게는 감추어져 있지 않다). 그런 의미에서 앤더슨이 가진 실재에 대한 믿음은 당신이나 내가 가진 믿음과 별반 다를 것이 없다. 그리고 그것만으로도 우리는 그가 자신이 살고 있다고 믿는 세계, 매일 그가 만나는 세계가 진실이 아니라는 것을 알게 되었을 때, 그토록 고통스러워하는 이유를 충분히 이해할 수 있다. 앤더슨이 일상적인 삶을 영위하는 듯 보이는 영역은, 사실 인간을 재생 가능한 에너지 자원으로 기르고, 재배하고, 수확하는 지능적인 컴퓨터 시스템이 그의 뇌 속에 주입해 놓은 광대하고 계획적인 속임수에 불과하다.

모피어스가 네오에게 다음과 같이 설명하듯이 이러한 거짓 세상, 매트릭스는 사방에 있다.

그것은 우리 주위를 온통 둘러싸고 있어. 바로 이 방 안에도 있지. 창 밖을 내다 봐도 있고 텔레비전 안에도 있단 말야. 출근을 할 때도 교회에 갈 때도 세금을 낼 때도 느껴지거든. 그것은 진실을 보지 못하도록 자네의 눈을 가리는 세계야……. 자네가 노예라는 진실 말야. 네오, 자네도 다른 모든 사람들과 마찬가지로 냄새를 맡거나 맛을 보거나 만져 볼 수 없는 감옥에 태어난 거야. 자네 마음의 감옥 말이야.

앤더슨을 비롯해 그의 동시대인들은 자기들이 책을 읽는다든지 축구 경기를 관람한다든지 그 외의 다양한 활동들을 하며 세상에 참여하고 있다고 믿도록 세뇌되어 있다. 하지만 사실 그들은 일생 동안 작은 용기 안에 갇혀 지낼 뿐이다. 그리고 그 용기는 인간의 생체 전자 에너지를 수집하여 그들의 주인인 컴퓨터로 보낸다.

네오가 이러한 진실을 처음 알게 되었을 때, 그는 고통스러워한다.

그리고 그는 (비록 인공적이지만) 매트릭스 안의 예전 삶으로 돌아가고 싶어한다. 네오의 동료인 사이퍼는 그가 받아들여야 하는 진실이 너무나 처참하다는 것을 깨닫고, 거짓 위에 구축된 매트릭스의 삶으로 돌아가 (역시 비록 인공적이지만) 풍요롭고 근사하게 살기 위해 모피어스를 배신하기로 결심한다. 스미스 요원과 거래를 마무리지으며, 사이퍼는 "무지가 바로 행복"이라고 잘라 말한다.

이러한 허구적인 각본들은 우리를 소름 끼치게 하는 동시에 심오한 철학적인 질문들을 제기한다. 몇몇 철학자들은 심지어 우리 자신도 매트릭스 같은 집요한 환상의 세계에 사로잡혀 있을지도 모른다고 주장해왔다.

이 글에서 우리의 목표는 그러한 주장을, 르네 데카르트를 비롯한 서구 철학자들의 입장에서 살펴보는 것이다. 다시 말해, 나는 우리가 현재 매트릭스 안에서 살고 있을지도 모른다는 가정을 검토할 것이다. 그리고 결국 이러한 발상이란 근본적인 오류에 기초하고 있고, 그것은 기껏해야 형이상학적인 반항의 태도를 대변한다는 것을 논증할 것이다. 또한 결론 부분에서 매트릭스로 돌아가려는 사이퍼의 선택이 갖는 그 도덕성의 문제를 검토할 것이다. 나는 그가 자신이 가지고 있던 잘못된 도덕 원칙 때문에 심각한 윤리적 사안에 대해 결함 있는 판단을 내리게 되었다고 주장하려고 한다.

당신이 지금 책을 읽고 있다고 확신할 수 있는가

우리가 보고 듣고 느끼는 세계가 환상일지도 모른다는 가정을 옹호하는 철학적 입장은 흔히 **회의론**으로 알려져 있다. 회의론자들은 우리가 경험하는 외부 세계(또는 현상現象 세계)가 실제로 존재한다는 것을 확신할 수 없다고 주장한다. 그러므로 외부 세계에 대한 우리의 지식을 의심해야 한다는 것이다. 〈매트릭스〉의 주요 등장 인물들이 자신들이 살고 있다고 받아들여 온 일상적인 세계를 의심하게 되는 것과 마찬가지이다.

이런 회의론적 가설에 매력을 느끼는 사람에는 두 부류가 있다. 첫번째 부류는 청소년들이다. 그들은 부모의 권위와 부모 세대가 내세우는 단순한 확실성에 대해 반항하며, 이러한 반항은 때때로 '모든 것이 겉보기와는 다르다!'라든지 '나 혼자만이 실재의 참모습을 알고 있다'는 등의 형이상학적인 선언으로 이어진다.

두번째 부류는 좀더 중요한 부류로서 철학자들이 이에 속한다. 그리고 이들 부류는 다시 두 집단으로 나뉜다. 첫 번째 집단에는 형이상학적으로 반항적인 단계를 벗어나지 못한 철학자들이 속하는데, 이들은 부조리하고 명백하게 잘못된 가설들을 탐구하는 것을 흥미롭거나 매력적이라고 생각한다. 이 범주에 드는 철학자들은 청소년 회의론자들의 슬로건이 일리가 있다고 공언하기조차 한다. 그러나 이들 집단은 우리의 관심 대상에서 제외된다. 우리가 주목하려는 것은 두 번째 철학자 집단이다. 이 두 번째 집단은 〈매트릭스〉 같은 영화를 지식과 실재에 대한 근본적인 의문들을 탐구하는 데 있어 유용한 도구로 본다. 이들 집단을 대표하는 철학자로 데카르트를 들 수 있다.

데카르트는 그의 고전 〈제1철학에 관한 성찰Meditations on First Philosophy〉에서 영향력 있는 회의론을 제시한다. 이것은 회의론이 진실임을 주장하기 위한 것이 아니라, 과학적 사고의 견고한 기초를 세우기 위해 고안된 것이다. 데카르트는 이러한 과제를 성취하기 위해, 자신이 가진 믿음 가운데 아주 조금이라도 의심할 여지가 있는 것이라면 모두 **보류**하겠다는 의도를 언명하는 것으로 〈제1철학에 관한 성찰〉을 시작한다.

데카르트는 오로지 **절대적으로** 확실한 믿음들만이 자신의 시험을 통과할 것이며, 그러한 믿음들만이 진정으로 신뢰할 만한 과학의 기초가 될 수 있다고 여겼다. 이렇듯 데카르트의 근본적인 의심은, 그것이 지적인 목적을 위해 고안되었다는 점에서 **방법론적**이다. 그러므로 데카르트가 사고의 기초 단계에서 잠시 보류한 믿음이라고 해서 그가 그것을 의심하고 있다고 받아들여서는 곤란하다. 그의 보류는 단지 일시적인 것이며, 그것은 발견의heuristic 수단일 뿐이다.

이와 같은 생각에서 데카르트가 믿음을 보류해야 마땅하다고 판단한 첫 번째 범주는 감각의 토대 위에 형성한 믿음들이다.[2] 우리는 시각, 청각, 후각, 미각을 통해 수집한 정보를 토대로 많은 지식을 정당화한다. 예를 들어 룸메이트인 존이 차도를 걸어 올라가는 것을 보면 우리는 그가 방과 후 집에 도착했다고 믿는다. 그리고 존이 잠긴 문을 무리하게 열려고 애쓰는 소리가 들리면 '그가 이번에도 열쇠를 방에 두고 문을 잠갔겠거니' 하고 믿는다.

그러나 나는 때때로, 감각이 자신을 속일 수도 있다는 것을 발견했다고 강조한 데카르트의 말을 상기하게 되는 경우가 있다. 특히 매우 작거나 멀리 있는 사물들을 지각할 때 그러하다. 또 여러 다양한 대상들의 경우에도 종종 비슷한 상황이 발생한다.

우리가 존으로 착각한 인물은 사실 강도였을 수도 있다. 문손잡이를 더듬는 소리는 강도가 방 안으로 침입하려고 애쓰는 소리였을 수도 있다. 우리의 감각은 종종 우리를 미혹한다. 때문에 감각적인 증거를 토대로 하여 정당화된 믿음들 가운데 많은 것들은 데카르트의 엄격한 기준을 만족시키지 못한다. 그러므로 데카르트는 감각을 과학의 기초로서 받아들일 수 없다고 판단한 것이다.

데카르트는 여기에서 더 나아가 당신이 현재 의자에 앉아서 책을 읽고 있다는 사실 같은 비교적 논쟁의 여지가 없는 듯이 보이는 믿음마저 의심의 대상이 될 수 있다고 주장한다. 물론 그러한 믿음은 존이 걸어간다든가 그가 현관문을 열려 한다는 믿음보다는 좀더 신뢰할 만한 것일지도 모른다. 그러나 데카르트는 우리가 **꿈을 꿀 때도** 이와 똑같은 종류의 착각을 한다는 점을 지적한다. 데카르트는 〈제1철학에 관한 성찰〉에서 이렇게 말한다. "꿈속에서 당신은 자신이 의자에 앉아 책을 보고 있다고 느낄지도 모른다. 하지만 사실 당신은 침대에서 깊은 잠에 빠져 있다."

모피어스의 다음과 같은 질문이 시사하듯이 꿈에서 깨어나기 전까지는 꿈인지 생시인지 구분할 방법이 없다.

너무도 현실같이 느껴지는 꿈을 꿔 본 적 있나, 네오? 꿈에서 깨어날 수 없다면 어찌 하겠나? 꿈의 세계와 현실 세계를 어떻게 구분하지?

데카르트는 꿈 논쟁을 토대로 감각 경험은 믿음을 정당화하는 데에 있어 신뢰가 가지 않는 메커니즘이라고 결론지었다. 그래서 그는 자신이 감각 증거를 토대로 형성한 모든 믿음들을 일체 보류하기로 한다.

데카르트는 자신의 믿음에 대한 공격을 계속해서 심화해 나간다. 꿈 논쟁은 물리적인 세계에 대한 우리의 믿음이 신뢰할 만한 것이 아님을 밝히는 근거로서 제시되었다. 그러나 숫자나 기하학적인 도형에 대한 믿음은 무사히 데카르트의 시험을 통과할 수 있을 것처럼 보인다. 데카르트의 말대로, "내가 깨어 있을 때도 잠들었을 때도 2 더하기 3은 5이고 장방형은 네 변을 가지고 있다."

그러나 데카르트는 훨씬 더 급진적인 사유의 실험을 고려하면서 그의 〈제1철학에 관한 성찰〉을 마무리짓는다. 그는 이렇게 말한다. "최고의 힘과 꾀를 가진 악령이 나를 속이기 위해 그의 모든 힘을 쏟아 붓고 있다고 가정해 보라."

데카르트에 의하면, 이러한 악령은 손쉽게 우리를 속여 2와 3의 합이나 장방형의 변의 수에 대해 잘못된 결론을 내리도록 유도할 수 있다. 또한 하늘, 공기, 땅, 색, 형태, 소리 그리고 모든 외부적인 것들이 단지 (우리의) 정확한 판단을 흐리기 위해 고안된 꿈의 미혹에 불과한데도 우리를 현혹하여 외부에 물리적인 세계가 존재한다고 생각하게 만들 수도 있다.

데카르트의 결론은 이렇다. 나는 내가 정말로 손이나 눈, 육체, 피, 혹은 감각들을 가지고 있는 것이 아니라 이 모든 것을 가지고 있다고 착각하고 있는 것으로 간주할 것이다. 데카르트의 〈제1철학에 관한 성찰〉을 읽어 본 사람은 우리의 삶이 단지 악령이 만들어 낸 커다란 기만에 불과하다는 주장에 반론을 제기하기 어려울 것이다. 우리가 어떻게 데카르트가 제시한 회의론을 반박할 수 있겠는가?

〈매트릭스〉를 본 사람이라면 분명히 이러한 배경에 비추어 다음과 같은 질문을 할 수 있다. 우리가 영위하는 삶이 실제로는 지능적인 컴퓨터 시스템이 우리 뇌 속에 심어 놓은 지대한 환상에 불과하다는 가능성을 과연 무시할 수 있을까?

악령, 사악한 과학자, 경험 기계

회의론에 관한 최근의 논쟁에서 회의론의 옹호자인 페터 웅거[Peter Unger]는 악령보다는 사악한 **과학자**[3)]에 의해 우리 모두가 속고 있다는 가능성을 제안한다. 1975년에 출간한 〈무지[Ignorance]〉에서 웅거는 우리 주변에 의자, 책 그리고 그와 비슷한 사물들이 있다는 공통적인 믿음은 한 사악한 과학자가 우리의 뇌를 자극하여 만들어 낸 정교한 기만일 뿐이라는 각본을 소개한다.

신경 전문가인 그는 컴퓨터를 사용하여 전자 충격을 산출한 다음 그것을 우리의 중앙 신경 체계의 적당한 곳들에 부착한 각 전극으로 전송하면 그 충격이 뇌를 자극하여 사실 세상엔 그런 것이 없는데도 의자와 책이 있다고 믿게 만들 수 있다고 말한다. 웅거의 주장에 의하면 이러한 각본은 다음과 같은 상황을 함축한다.

"전자극으로 사람들을 속여 바위가 있다고 착각하게 만드는 사악한 과학자가 **없다**고 (절대적으로 확실하게) 단언할 수 있는 사람은 아무도 없다"(〈무지〉 중에서). 그러므로 **아무도 바위의 존재 여부를 확실히 알 수는 없다.**

마찬가지로 당신은 자신이 의자에 앉아 이 책을 읽고 있다는 것을 확신할 수 없다. 왜냐하면 당신이 경험하고 있는 현실이 사악한 신경 전문의, 또는 사악한 매트릭스 같은 컴퓨터 시스템에 의해 조작된 게 아니라고 절대적으로 확신할 수 없기 때문이다.

힐러리 퍼트넘[Hilary Putnam]은 1981년 판 〈이성, 진실 그리고 역사 Reason, Truth and History〉에서 회의론에 관한 공상 과학 소설류의 각본을 한층 더 심화시킨다. 퍼트넘 식으로 해석하자면 한 사악한 과학자가 우리를 속이는 것은 단지 바위에 대해서만이 아니라, 우리가 감각을 통해 지각하는 **모든 것**에 대해서이다.[4]

퍼트넘은 우선 우리의 뇌가 외과 수술을 통해 나머지 신체로부터 분리되어 큰 통에 담겨 있는 광경을 그려 볼 것을 제안한다. 그 통에는 특정한 화학 물질이 가득 차 있어 우리의 뇌에 양분을 공급한다. 그리고 강력한 컴퓨터가 전자 충격을 뇌에 보내어 의자에 앉아서 책을 읽거나 테니스를 한다는 등의 환상을 불러일으킨다. 실상은 육체로부터 분리된 뇌가 사악한 과학자의 실험실에 있는 큰 통 안에서 둥둥 떠다니고 있을 뿐인데 말이다.

물론 퍼트넘의 각본은, 이 컴퓨터 프로그램이 우리의 뇌가 의도하는 행동들에 대한 적절한 반응을 산출할 수 있을 만큼 대단히 복잡하다는 것을 전제로 한다.

예를 들어 당신의 뇌가 의자에서 몸을 일으켜 과자를 집어 오게 하고자 한다면, 컴퓨터는 당신에게 적절한 물리적 충격을 전달하여 당신이 실제로 의자에서 일어나 부엌으로 이동한다고 스스로 믿게끔 만들 수 있다는 것이다. 이것이 사실이라면 어쩌면 우리는 과자를 먹는 게 아니라 과자를 먹고 있다고 믿는 것인지도 모른다. 이러한 경험을 하고 있는 내내 우리의 뇌는 육체에서 분리된 채 통 안에 담겨 있는데 말이다.

이처럼 영화 〈매트릭스〉의 상황과 놀라울 정도로 유사한 각본을 소개한 다음 퍼트넘은 이런 회의적인 질문을 제기한다. "당신도 이런 상황에 처해 있지 않다고 어떻게 장담할 수 있는가?" 이 질문에 대한 확실한 답변이 없다면 데카르트의 논쟁 이후 촉발하기 시작한 회의론은 항상 우리의 신변을 위협하며 따라다닐 것이다.

'의심할 수 없는 지식만이 참된 지식이다'
하지만 이 명제도 의심스럽다면?

다행스럽게도, 비회의론적 철학자들은 데카르트, 웅거, 퍼트넘 그리고 〈매트릭스〉가 제기하는 지각과 실재에 관한 골치 아픈 질문들에 대해 수많은 답변을 내놓았다. 우선 회의론자들의 각본은 **단순한 가능성**에 불과한데다, 그것도 매우 개연성이 없다는 점을 주목해야 한다는 것이다.

  우리가 데카르트의 체계적인 의심을 따라가는 수고를 마다하지 않는 것은 상당 부분 그것이 특별한 철학적 맥락context에서 제시되었기 때문이다. 그는 완전한 지식, 과학의 최고 이상에 부응하는 유형의 지식을 탐구하기 위해 모든 것을 의심했다. 데카르트에게 지식은 **절대적인 확실성**이 요구된다는 것을 기억하라. 우리는 어떤 악령 (혹은 사악한 컴퓨터 시스템) 이 우리의 감각 과정에서 우리를 속이고 있지 않다는 것을 절대적으로 확신할 수 없다. 그러므로 데카르트의 주장은 감각을 통해 얻어진 지식은 정당한 것으로 받아들일 수 없다는 것이다.

  이렇듯 지식에 대해 최대한 엄격한 기준을 적용하는 것은, 회의론을 옹호하거나 혹은 그것에 반박하는 논쟁을 검토하는 철학적인 상황 하에서는 매우 적절하게 들어맞는다. 그러나 그것을 일상적인 맥락에 적용하기에는 지나친 감이 있다. 예를 들어 당신 친구가 내일의 날씨에 대해 물어보았을 때, 당신이 "날씨가 실제로 존재하긴 해?"라거나 시간이 정말로 존재할까? 라는 식으로 반문한다면 그는 당연히 당신이 미쳤다고 생각할 것이다. 이것은 각 맥락에 따라 타당한 지식으로 간주되는 기준이 달라지기 때문이다.[5]

철학적 맥락에서는 지식에 대해 매우 엄격한 기준이 적용된다. 그러나 일상 생활에서라면 모두가 익숙하게 느끼고 공유하는 상식적인 기준들이 적용된다. 물론 두 경우 모두 정당하다.

일상의 맥락에서 보자면 우리는, 우리가 어디에 앉아 있는지, 우리가 무엇을 하고 있는지, 현재 날씨가 어떤지 그리고 야구 경기 결과가 어떻게 나왔는지 등에 대한 지식을 가지고 있는 것이 분명하다. 그러므로 우리는 스스로에 관해 그리고 자신을 둘러싼 세계에 관해 많은 것들을 **알고 있는 셈**이다. 이러한 지식들에 대한 믿음은 진실이며 일상의 경험을 통해 철저하게 정당화된다. 예를 들어 우리는 지금 이 순간 꿈을 꾸고 있지 않다는 것을 알고 있다. 또한 (엘비스 프레슬리와 마찬가지로) 데카르트가 이미 죽은 사람이라는 것도 알고 있다. 그리고 우리는 〈매트릭스〉가 단지 영화에 지나지 않는다는 것도 알고 있다. 뿐만 아니라 현대 과학 덕분에 전자는 소행성보다 작고, 물고기는 포유류가 아니며, 달이 녹색의 치즈로 만들어진 것이 아니라는 등의 엄청난 양의 보조 지식을 가지고 있다.*

이렇듯 실로 엄청난 양의, 그리고 계속해서 불어나는 상식적이고 과학적인 지식들을 소유하고 저장하다 보면 우리는 결국 지식이란 언제나 (철학적) 확실성을 필요로 한다는 데카르트의 주장을 거부해야 한다는 결론에 이르게 된다.

또, 의심할 수 없는 명백한 지식만이 참된 지식이라는 데카르트의 기본적인 인식론적 원칙은 그 자체로도 문제점을 안고 있다. 바로,

---

* 이것은 과학의 진보에서 오류주의doctrine of fallibilism, 즉 과학적 이론이 실재 그 자체에 대비하여 끊임없이 시험되어야 한다는 관점의 중요한 역할을 부인하려는 것은 아니다. 진화 생물학자들조차 진화론이 잘못되었다는 것을 증명하는 새로운 증거가 수집될 가능성을 전혀 배제하지 않는다. 창조론 같은 다른 이론을 열정적으로 공격할 때는, 그들은 반종교적인 편협함이 아닌 진화를 뒷받침하는 엄청난 양의 고급 증거에 근거하고 있다. 6)

'그렇다면 데카르트의 인식론적 원칙이 진리라는 것은 어떻게 확신할 수 있느냐' 하는 점이다. 이것이 데카르트의 자가당착이다. 테오도어 시크 주니어Theodore Schick, Jr.와 루이스 본Lewis Vaughn은 조롱하듯이 지적하기도 한다.

"(회의론자들이) 지식이 확실성을 필요로 한다고 **확신**하지 않는 한, 그들은 지식이 확실성을 필요로 한다는 것을 확신할 수 없다."[7]

앞서 설명한, 데카르트의 회의론에 비추어 볼 때, 우리는 데카르트의 인식론적 원칙 역시 확신할 수 없는 듯하다. 사실 우리의 상식적이고 과학적인 믿음들은 데카르트의 원칙보다 더 확실하지는 않다 하더라도 적어도 그만큼 믿을 만하다. 데카르트의 글을 읽으면서 우리의 감각의 증거를 신뢰할 수 있었던 것은 결국 이러한 믿음들을 받아들였기 때문이었다. 그러므로 우리는 지식은 확실성을 필요로 한다는 그의 주장을 의심할 만한 훌륭한 근거를 가지고 있는 셈이다.

이와 더불어 우리는 철학자 버나드 윌리엄스Bernard Williams가 제기한 반회의론적 주장에 주목할 필요가 있다.[8] 윌리엄스는 꿈과 생시의 경험을 구별할 수 있다는 사실 자체가, 우리가 양쪽의 경험과 둘 사이의 차이를 인지하고 있다는 것을 전제한다는 사실을 지적한다. 따라서 우리는 매트릭스 같은 영원한 꿈의 감옥에 갇힐까 봐 두려워하지 않아도 된다. 우리가 꿈과 생시의 차이점을 논리적으로 제시할 수 있는 것은 순전히 그 둘 사이에 우리가 인식할 수 있는 차이가 **존재**하기 때문이다. 윌리엄스가 그의 저서 〈데카르트〉에서 언급했듯이 오직 "깨어 있는 상황에서만 꿈을 설명할 수 있다." 그러므로 우리는 **깨어 있는 때가 있어야만** 꿈과 생시의 구분 자체를 이해할 수 있다. 따라서 이 두 종류의 경험을 구분할 수 있다면, 우리의 삶이 끝없이 지속되는 꿈에 의해 전적으로 조작되고 있다고 걱정할 필요가 전혀 없을지도 모른다는 결론에 자연히 도달하게 된다.

철학은 〈매트릭스〉에 관한 진지한 검토가 처음에 유발할 수 있는 형이상학적 불확실성을 경감시켜 줄 수많은 도구들을 제공한다. 우리가 어디에 앉아 있고 우리가 무엇을 하고 있고 우리가 살고 있는 세상은 어떤 곳인지에 대한 우리의 지식은 철학적인 확실성을 필요로 하지 않는다. 그저 우리가 일상적이고 과학적인 목적을 위해 사용하는 것과 같은 종류의 적절한 정당화를 필요로 할 뿐이다. 그러므로 우리가 외부 세계를 믿듯이, 이 세계의 존재와 그것의 본질과 구성에 대한 우리의 지식 또한 정당화할 수 있는 것이다. 저명한 수학자 마틴 가드너Martin Gardner는 이것을 다음과 같이 표현한다.

외부 세계가 존재한다는 가설은 분명히 유용하고 수세대에 걸친 경험에 의해 강력하게 입증된 것이기 때문에 우리는 그것이 다른 어떤 경험적 가설보다 더욱 잘 확립되어 있다고 과장 없이 말할 수 있다. 그 가정은 너무도 유용해서 미친 사람이나 형이상학자를 제외하고는 누구라도 그것을 의심할 수 없을 것이다.[9]

실재와 결합하고자 하는 욕망이 매트릭스를 거부하도록 한다

데카르트와 〈매트릭스〉가 제기하는 회의론적인 의심에 영향을 받는다면, 우리는 스미스 요원과 비열한 거래를 하는 사이퍼에 대해서도 어느 정도 공감할 수 있다. 실재 세계의 고통에 신물이 난 사이퍼는 매트릭스 안에서 부유한 유명 배우로서 새로운 삶을 영위하는 대가로 모피어스를 스미스에게 넘기기로 합의한다. 사이퍼는 매트릭스가 진짜가 아니라는 것을 알고 있다. 그러나 그는 이러한 사실에 눈감을 수만 있다면 착각과 환상의 즐거운 세계로 퇴행하는 것이 오히려 더 나은 삶이 될 수 있다고 믿는다.

그러나 사이퍼는 여기에서 커다란 오류를 저지르고 있다. 쾌락만을 위한 삶을 선택한 그는, 쾌락이야말로 자신의 삶을 가치 있게 만들어 주는 유일한 것이라고 전제한다. 쾌락이 그 자체로서 가치 있는 유일한 것이라고 간주하는 학설은 철학자들에게 쾌락주의로 알려져 있다.*

쾌락주의는 나름대로 직관적인 호소력을 가지고 있는 듯 보인다. 그러나 철학자 로버트 노지크Robert Nozick는 〈무정부, 국가 그리고 유토피아Anarchy, State and Utopia〉에서 그것에 대한 강력한 반론을 제기한다. 노지크 역시 통 안에 담겨 있는 뇌 유형의 사고 실험을 언급한다. 그의 논의가 우리에게 특히 흥미로운 것은 바로 그 때문이다.[10]

이 책에서 노지크는 먼저 우리의 실재가 단순히 양분을 공급하는 화학 물질이 가득 찬 통 안에서 둥둥 떠다니는 무의식적인 육체일지도 모른다고 가정한다. 그는 경험 기계라 불리는 것을 상정하는데, 이 것은 전극을 사용하여 우리의 중앙 신경 체계를 자극하는 복잡한 컴퓨터 장비이다. 신경 생리학자들은 이러한 경험 기계를 이용하여 우리가 책을 읽고 친구들을 만나고 맥주를 마시고 그리고 다른 즐거운 일들을 하는 것처럼 느끼게 만들 수 있다. 그런 다양한 경험을 하는 동안 사실 우리의 육체는 그 기계 안에서 얌전히 잠자고 있는데 말이다. 노지크는 만약 이 경험 기계를 우리가 가치 있다고 생각하는 모든

---

* 쾌락주의는 공리주의를 구성하는 하나의 요소이다. 공리주의는 어떤 행위의 도덕적 가치는 그것이 산출하는 행복의 총량이 좌우한다고 여기는 도덕 철학이다. 공리주의의 두 창시자로 제러미 벤담Jeremy Bentham과 존 스튜어트 밀John Wtuart Mill을 들 수 있다. [11]

경험을 산출하도록 조작할 수 있고, 그래서 우리가 마치 대단히 성공적이고 부유하고 행복하고 아름다운 삶을 살고 있다고 느끼게 만들도록 이 기계의 프로그램을 짤 수 있다면, "당신은 평생 이 기계에 접속된 채 살아가겠는가?"라고 묻는다.

사이퍼라면 물론 "그렇다"라고 대답할 것이다. 그러나 우리 대부분은 그보다는 훨씬 신중하다. 왜냐하면 우리의 삶을 이런 식으로 전극이 야기하는 자극에 맡긴다고 생각하면 왠지 편치 않기 때문이다.*

노지크는 어째서 이것이 사이퍼와 같이 경험 기계에 굴복하는 것을 선택하는 사람들을 반박하는 논쟁과 연계되는지를 설명한다. 그는 같은 책에서 다음과 같이 말한다. "우리는 어떤 특정한 일들을 직접 하고 싶어한다. 단순히 그들에 관한 경험을 갖는 것이 아니라." 경험 기계나 매트릭스를 통해서는 참되고 의미 있는 행위를 하는 것이 불가능하다. 그들은 그저 의미 있는 행동의 **외양**만을 제공할 뿐이다. 덧붙여 그는 이렇게 말한다.

우리는 모두 개성 있는 인간이 되기를 원한다. (그러나) 물통 안에서 떠다니는 존재란 불분명한 얼룩과도 같다. 오랫동안 물통 안에 담겨 있었던 사람의 인상이나 성격에 대해 질문을 한다면 대답할 길이 없다. 그는 용감한가? 친절한가? 지적인가? 재치 있나? 사랑스러운가? 이것은 단순히 말하기가 어렵다는 것이 아니다. 그가 어떤 사람인지를 설명할 방법이 없다는 것이다.**

---

* 심지어 위대한 공리주의자 존 스튜어트 밀도 쾌락주의에 대한 이런 종류의 반대에 직면하여 상당히 고민했던 것으로 보인다. 자신(그리고 벤담)을 겨냥하는 비평에 답변하면서 밀은 쾌락의 유형을 높은 수준의 쾌락과 저질의 쾌락으로 구분하고자 했다.

** 노지크는 계속해서 이렇게 지적한다. "이것은 정신을 활성시키는 약물에 관해 이루어지는 첨예한 갈등을 명백히 설명한다. 일부는 정신 활성 약물을 단순히 국부적 경험 기계로 본다. 하지만 다른 사람들은 그것을 더 깊이 있는 현실과 접촉하는 수단으로 본다. 어떤 사람들은 경험 기계에 굴복하는 것과 다름없다고 보는 것을, 다른 사람들은 그것에 굴복하지 않을 이유들 가운데 하나를 따르는 것으로 본다!" 12)

마지막으로 지적할 수 있는 것은 우리 대부분은 실질적인 방식으로 실재와 결합하고자 하는 강력한 욕망을 갖게 마련이지만 "경험 기계는 그것을 용납하지 않는다"[13]는 점이다. 그러므로 노지크는 우리가 "경험 기계를 상상하면서도 곧이어 그것을 사용하지 않으리라는 것을 깨달음으로써, 경험말고도 우리에게 중요한 무언가가 있다는 것을 배운다"[14]라고 결론짓는다.

마찬가지로, 우리는 사이퍼의 결정을 충분히 고려하면서도 우리가 그러한 결정을 내리지 않으리라는 것을 깨달음으로써 쾌락(혹은 명성, 부, 아름다움) 외에도 우리에게 중요한 무언가가 있다는 것을 배운다. 사이퍼의 결정은 사실상 부도덕하다. 반면 '진실의 사막'을 대면하기로 결심한 네오에게는 참된 행동과, 삶에 의미를 부여하는 참된 경험이 허락된다. 그러므로 그의 결심은 도덕적 가치를 지닌다.

도덕 철학자 존 스튜어트 밀의 말처럼, "배부른 돼지보다는 배고픈 인간이 되는 게 나으며 만족한 바보가 되느니 불만족스러운 소크라테스가 되는 게 낫다."

인간은 삶의 쾌락을 원하지 않는다
인간은 삶의 의미를 원한다

〈매트릭스〉는 철학적 회의론이라는 불안에 우리를 노출시킨다. 그것도 아주 외면하기 힘든 방식으로 말이다. 그러나 좀더 숙고해 보면 왜 우리가 세계의 존재 여부에 대해 회의론적인 의심을 가질 필요가 없는지 곧 알 수 있을 것이다. 그러한 의심은 철학적 토론이라는 매우 특수한 맥락에서만 타당하다. 정상적인 삶으로 돌아가면 그들이 근거가 없다는 것을 알게 된다.

더 나아가 우리는 사이퍼가 실재로부터 등을 돌려 매트릭스로 다시 들어가면서 저지르는 끔찍한 실수를 목격한다. 그에게는 도덕적 이성이 결여되어 있었다. 이성은 우리로 하여금 외부 세계의 존재를 받아들이도록 강요할 뿐만 아니라, 우리가 이 세상을 인정하고 그 안에서 스스로 의미 있는 삶을 건설하고, 그리고 성숙한 인간으로서 세상사에 참여할 것을 요구한다.

제럴드 J. 에리온 Gerald J. Erion 미데일 대학의 철학과 교수로 마음의 철학과 윤리학에 대해 여러 논문들을 발표했다. 그는 "무지가 행복"이라는 사이퍼의 주장을 따르려 하는 학생들을 설득하기 위해 매 학기마다 고심하고 있다.

배리 스미스 Barry Smith는 버펄로 소재 뉴욕 주립대학의 철학과 교수이자, 〈일원론자The Monist〉의 편집자이다. 그의 주요 저서로는 〈진정한 격자True Grid〉 〈부동산의 형이상학The Metaphysics of Real Estate〉 〈중국의 문자 논쟁Chinese Rune Argument〉 〈전쟁의 인식론적 기하학The Cognitive Geometry of War〉 〈인류 최후의 날들The Last Days of Human Race〉 그리고 〈역사상 최악의 인식론적 실천The Worst Cognitive Performance in History〉 등이 있다. 2001년 독일의 알렉산더 폰 훔볼트 재단으로부터 2백만 달러 상금의 '볼프강 폴 어워드'를 받았다. 이것은 지금까지 철학자에게 수여된 단일 상 가운데 가장 큰 상이다. 배리는 〈매트릭스〉를 본 후, 난생 처음 자기 이름을 바꾸고 싶었다고 한다.

3
보기, 만지기, 믿기
…… 진실은 어디에?

캐롤린 코스마이어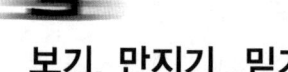

1981년부터 1990년까지, 120건이 넘는 의문사가 애틀랜타의 질병 통제 센터에 보고되었다. 건장한 성인 남성들이 잠을 자다가 급사한 것이었는데, 특이한 것은 라오스의 고지대에서 이민 온 몽 Hmong 종족이 그들 중 대부분을 차지한다는 것이었다. 당국은 이들의 죽음에 대한 어떤 의학적 사인도 밝혀 낼 수 없었다. 그러나 몽 종족은 자체적인 해석을 내놓았다. 밤의 망령이 잠자는 사람을 방문하여 목을 조르는 바람에 그들이 목숨을 잃었다는 것이다.[15]

이 망령의 방문을 받고도 살아남을 수 있었던 극소수의 사람들은 어떤 알 수 없는 형체가 자신들의 가슴에 걸터앉는 듯했고 온몸이 마비되는 것 같은 공포를 느꼈다고 증언했다. 현장에는 희생자가 죽기 전에 격렬하게 저항했던 흔적이 분명히 남아 있었다. 학계에서는 이 사건에 대해 납득할 만한 과학적인 근거를 제시하지 못했고 의견만

분분했다. 이 사건은 갑작스럽고 원인 모를 야간사夜間死 신드롬으로 알려지게 되었고, 꿈이 사람을 죽일 수도 있다는 두려운 가능성을 제기했다.

일반적으로 꿈은 주로 기억과 상상력을 바탕으로 자유롭고 독창적으로 만들어진 시각적 현상이다. 따라서 꿈이라는 길들여지지 않은 영역에서는 어떤 종류의 감각적 경험이라도 일어날 수 있다.16) 꿈은 익숙할 수도 이상할 수도 진부할 수도 지루할 수도 우스꽝스러울 수도 그리고 공포스러울 수도 있다.

스스로를 안심시키기 위해 중얼거리는 "이건 꿈일 뿐이야"라는 말은 그저 보기만 하는 것은 결국 자신을 해치지 못한다는 것을 암묵적으로 전세한다. 꿈속에서 등장하는 어떤 것도 실제로 당신을 **건드리지** 못하기 때문이다. 누군가를 상처 입히거나 죽이려면 반드시 그의 생체 조직과의 직·간접적인 접촉이 필요하다. 분명히 꿈은 그러한 힘을 발휘하지 못한다. 아니면 우리가 그저 그렇게 희망하고 있을 뿐일까?

지각되는 것은 존재하는 것인가

〈매트릭스〉는 인간이 평생을 두뇌 자극이 야기하는 환상 속에서 살고 있을지도 모른다고 가정한다. 매트릭스 안에 갇힌 인간은 수동적이며 움직이지 못하는 존재이다. 잠을 자는 듯한 이들의 마비 상태는 영원히 지속된다. 모피어스의 표현에 의하면 매트릭스는 컴퓨터가 만든 꿈의 나라이다. 이곳에 갇혀 있는 개인들은 자신이 풍요롭고 안락한 삶을 향유하고 있다고 믿는다. 그들의 감각 기관은 매트릭스에 접속되어 있기 때문에 맛 냄새 감촉 시각 그리고 청각은 '**존재하는 것은 지각되는 것** esse est percipi' 이라는 가정 아래 조작된다. 이러한 플롯상의 전제 덕분에 이 영화를 본 관객들은 마음과 육체의 관계며 지식의 불확실성에 대한 오래된 철학적 문제들뿐만 아니라, 컴퓨터의 영향력이 곳곳에 미치는 세계의 정치 권력에 대한 현 시대의 의심들을 제기하게 된다. 이 글은 이러한 사안들의 특정한 측면, 즉 감각 경험과 그 감각에 대한 회의론 그리고 이 영화가 그 개념들을 다루는 방식 등을 주목할 것이다.

이 영화는 인간의 지각과 관련하여 제기되어 왔던 일련의 고전적인 문제들을 건드린다. 이러한 문제들을 다루고 있는 저서로서 대표적인 것이 데카르트의 〈제1철학에 관한 성찰〉이다. 그는 이 책에서 감각 경험은 외부 세계의 모습을 정확히 기록하므로 지식의 토대가 될 수 있다는 일반적인 믿음에 대해 의심을 갖도록 유도한다. 그리고 우리에게 꿈과 생시를 구분할 수 있는 확실한 기준을 제시해 볼 것을 요구한다. 이것은 지각의 진실성에 대해 회의를 불러일으키는 데 꽤 성공적인 방법이다. 꿈속에서 일어나는 일은 간혹 너무도 생생해서 사람들은 순간적으로 그것이 진짜라고 확신하기 때문이다.*

〈매트릭스〉의 도입부에는 꿈과 생시가 교차되는 모습이 심심찮게 등장한다. 우리는 매트릭스와의 끔찍한 조우에서 깨어난 네오가 침대 위에서 가쁜 숨을 몰아쉬며 식은땀을 흘리는 모습을 여러 번 목격한다. 이러한 순간들은 아주 손쉬운 장면 전환 장치로 사용되기도 한다. 그러나 이런 장면들은 그와 동시에, 꿈 논쟁과 마찬가지로 지각

---

* 플래너건은 잠들어 있는지 아닌지를 결정하는 문제는 깨어 있는지 아닌지를 결정하는 문제의 역뿐이 아니라고 말하며 이렇게 주장한다. "우리는 깨어 있을 때 우리가 깨어 있다는 사실을 안다. 하지만 우리는 보통 꿈을 꾸면서도 꿈을 꾸고 있다는 사실을 인식하지 못한다." 17)

경험에 근거해 확실한 추론을 발전시킬 수 있는지에 대한 의문을 제기한다.

데카르트는 꿈 논쟁과 더불어 사악한 사기꾼 혹은 악령 등이 존재할 가능성을 제기한다. 이것은 우리가 경험하는 현실이 꿈일지도 모른다는 가정보다는 덜 그럴 듯하지만, 그는 이를 통해 감각적 지각만이 아니라 우리가 믿고 추정하는 모든 것들이 확실성을 요구하는 의심에 의해 얼마든지 체계적으로 붕괴될 수 있음을 보여 주고자 한다.

사악한 사기꾼의 현대적인 변형은 물론 사악한 컴퓨터이다. 컴퓨터는 프로그램의 대상과 주체의 역할을 바꾸고 인간의 삶에 인공적인 경험을 주입하는, 마치 악몽과도 같은 역할을 하는 사이버 지능이다. 〈매트릭스〉에서 이러한 상황을 가장 잘 묘사한 부분이 바로 네오가 인간 유기체들에게 삶 같은 꿈을 공급하는 고치를 찢고 나오는 장면이다.

나는 이 부분을 이 영화에서 가장 무서운 장면으로 꼽는다. 네오는 그 곳에서 자기 외에도 셀 수 없이 많은 인간들이 분홍색 고치 안에 갇혀 꿈을 꾸고 있는 광경을 목격한다. 이 장면은 내가 알고 있는 가장 두려운 철학적 문제를 반영한다. 우리가 커다란 통 속에 담긴 뇌에 불과하며, 그저 전자 신호를 통해 가상의 삶을 체험한다고 가정하는 사유 실험이 그것이다.

이런 종류의 의심을 좀더 넓은 범위까지 적용시켜 볼 수 있을까? 우리는 줄곧 감각을 정신과 육체의 유기적인 접촉점이자, 세상에 관한 지식을 형성하기 위한 자료를 수집하는 수단으로 여겨 왔다. 하지만 누구나 그런 경험이 있겠지만 어떤 종류의 감각적 지각이든 그것은 이따금 환영에 영향을 받게 마련이다. 그렇게 보자면 우리의 모든 감각적 지각은, 외부 대상과의 실제적인 접촉이 아니라 우리의 뇌에 개입하는 자극이 야기하는 것이고, 그렇다면 우리는 그러한 환영의 철저한 희생자일 수도 있다는 것 아닌가?

몇몇 학자들은 이러한 가설이 궁극적으로 논리에 맞지 않으며, 심지어 자가당착에 빠진다고 주장한다. 이 영화는 회의론자들의 문헌에 자주 등장하던 '큰 통 속의 뇌' 이야기가 가진 문제점을 반복한다.

만약 어떤 사람이 인간의 감각 기관을 체계적으로 기만하는 세계에서 살고 있다면, 그는 어떻게 그 세계의 본질을 파악할 수 있는 능력을 얻는다는 말인가? 그 사람은 과연 자신이 큰 통 안에 담겨 있는 뇌에 불과하다거나 혹은 매트릭스의 희생자일 것이라고 상상이나 할 수 있을까? 그렇게 생각할 수 있으려면 이 사람은 자신이 큰 통 속의 뇌가 아니라는 것을 분명히 깨달을 수 있는 위치에 있어야만 한다.[18]

이 점에서 이 영화는 칼데론 Calderon : 17세기 스페인의 극작가 - 옮긴이 에서 〈X-파일〉에 이르는 모든 꿈 플롯의 한계에 부딪힌다. 즉 서술 관점은 필수적으로 매트릭스 **외부**에 있어야 한다는 것이다. 이를테면 〈매트릭스〉의 플롯은 네브카드네자르호와 같은 매트릭스 외부의 안정된 지점을 확보해야만이 지탱된다. 우리는 이 네브카드네자르호에서 등장 인물들이 의자에 고정되어 뇌 속으로 프로그램을 주입 받는 것을 볼 수 있다. 이들은 매트릭스 안에 마음대로 들어갈 수 있지만 체계적인 환상의 예속에서는 벗어나 있다. 이들 외의 대부분의 사람들이 전적으로 프로그램 안에서 살고 있다는 것이 이 영화의 기본적인 가정이다. 결국 그러한 사람들은 그저 풍경 같은 역할을 할 뿐 진정한 주동 인물은 아니다.

대화 중간 중간에 조롱조의 자기 비판을 끼워 넣은 것으로 보아, 영화 제작진은 아마도 이 이야기 속에 잠재되어 있는 골치 아픈 문제들을 충분히 알고 있었던 것 같다. 선상의 음식에 대해 마우스와 네오가 나누는 대화를 살펴보자.

네오는 대원들과의 첫 식사에서, 매트릭스 외부의 22세기 사람들은 먹는 즐거움을 잃었다는 것을 발견한다. 네브카드네자르의 대원들이 먹는 음식은 수도꼭지 비슷한 것에서 뿜어져 나오는 영양가 높은 단백질 합성 물질이다. 그 때문에 대원들은 그 음식을 날계란이나 콧물에 비유한다. 마우스는 그 음식의 맛에서 아득하게 기억나는 테이스티 휘트의 맛을 떠올린다. 그러나 그 순간 마우스는 다음과 같은 의문을 제기한다.

"이 물질을 생산하는 기계들은 테이스티 휘트가 어떤 맛인지 어떻게 알았을까? 우리가 실제로 테이스티 휘트를 먹어 본 적이 없고, 그러므로 다른 어떤 맛과 비교한다는 것도 불가능할 텐데, 우리는 어떻게 이것에서 테이스티 휘트의 맛이 난다는 것을 알 수 있을까? 이것을 다른 것에 비교할 만한 참고 자료가 전혀 없는데, 어떻게 애초에 이것이 다른 무언가와 **비슷한** 맛이 난다고 말할 수 있는 거지?"

**진실하면서 동시에
가치 있는 지각 경험은 …… 쾌락이다**

아주 좋은 질문들이다. 그러나 이런 의문은 잠깐 제기되고 말 뿐 영화 내에서는 이에 대한 어떠한 답변도 제시되지 않는다. 한 영화에서 환상의 논리에 대한 광범위한 논증을 요구하는 것은 아마도 부당한 일일 것이다.

그래도 이 영화는 그 외에도 다른 중요한 부가적인 질문을 제기하며 이것에 관해서는 비교적 철저하게 탐구하고 있다. 즉 '진실하면서 동시에 가치 있는 지각 경험이란 무엇인가?' 하는 질문이다.

두 가지의 경쟁적인 답변이 제시된다. 우선, 진실하며 동시에 가치 있다는 것은 매트릭스가 만들어 내는 환상의 간섭으로부터 자유롭다는 것을 의미한다. 이러한 시각이 영화를 지배하며 관객들도 역시 그것을 수용하게 된다. 그러나 우리는 또 다른 시각도 간과해서는 안 된다. 즉 가장 생생하고 즐거운 경험을 제공하는 것이야말로 진실하며 가치 있다는 것이다. 모피어스와 그의 대원들은 전자를 추구한다. 후자는 배신자 사이퍼의 비밀 협의 사항이다.

그러나 충실하고 인정 있는 모피어스의 대원 마우스 역시 후자에 대한 지지를 표명한다. 마우스는 그 콧물 같은 음식에 몸이 필요로 하는 모든 것이 담겨 있다는 도저의 주장에 반대한다. 그가 도저의 말을 반박하는 근거는 그것이 쾌감을 주지 못한다는 사실이다. 그는 쾌락을 인간으로서의 본질적인 반응과 연결시키는 듯하다. 우리가 가지고 있는 충동을 부인하는 것은 우리를 인간이게 만드는 바로 그것을 부인하는 것이다. 도저는 별로 승복하는 것 같지 않다. 그는 미각적인 즐거움을 매트릭스에 대항하여 싸우는 사람들이 빠져서는 안 되는 방종으로 여긴다.

대원들 간의 이러한 대화는 〈매트릭스〉가 사용하는 개념적인 틀을 드러낸다. 이 개념적인 틀은 시나리오상의 자의식적인 장치이자 감각에 대한 너무나 명백한 관념의 산물이다. 이 영화는 오감과 오감에 부여하는 가치들을, 극 전개상으로는 흥미롭지만, 영화의 줄거리가 시도하는 급진적인 회의론에 비추어 볼 때는 놀라울 정도로 전통적인 방식으로 다루고 있다.

고대의 철학에서 현대의 심리학적 연구들에 이르기까지 오감은 육체에 대한 정신의 우위, 감정에 대한 지성의 우위 그리고 쾌락에 대한 지식의 우위를 반영하는 우열 관계 속에 자리잡아 왔다.[19]

시각과 청각은 원심遠心 혹은 거리 감각이다. 왜냐하면 그들은 대상물에서 거리를 두고 작용하며 그것과의 물리적인 접촉을 필요로 하지 않기 때문이다. 이러한 거리가 인식론적인 이점을 부여하여, 시각과 청각은 으레 이 우열 관계에서 상위에 놓이게 된다. 세상에 관한 지식을 얻고, 다른 사람들에게 그 지식을 전달할 때 시각과 청각은 중요한 역할을 담당한다. 시각과 청각이 작용하려면 지각자의 육체와 지각 대상 사이의 분리가 전제되어야 하기 때문에 이 두 감각은 물질적인 감각과는 관련성이 덜하다(사실 사람들은 시각을 으레 일종의 지각 perception으로 여기지 감각sensation으로 여기지는 않는 편이다).

소위 육체적인 감각이라 할 수 있는 미각 후각 그리고 촉각은 대상과 어느 정도의 물질적인 **접촉**을 필요로 한다. 물론 후각의 작용에는 약간의 거리 두기가 필요하긴 하지만 전체적으로 볼 때 세 가지의 육체적 감각들은 모두 근접성, 심지어 접촉성을 요구한다. 또 이 세 가지의 경험들은 모두 독특한 감각적 특성들을 가지고 있다. 이 세 가지 감각은 모두, 대상에 대해 객관적이기보다는 주관적인 상태에서 더 쉽게 발현된다. 이것은 그들이 전달하는 정보의 범위가 제한되어 있기 때문이기도 하지만 그들이 제공하는 쾌락에 우리의 주의가 산만해지기 쉽기 때문이기도 하다.

촉각 후각 그리고 미각과 관련된 물질성은, 육체적 감각들의 지위를 다른 감각들에 비해 상대적으로 낮게 만든 원인이기도 하다. 그것들은 인간 본성의 보다 동물적인 측면과 관련된다.

〈매트릭스〉가 인간의 오감을 다루는 방식

시각과 청각은 어떤 영화에서든 광범위하게 조작되게 마련이다. 우리는 스크린에 등장하는 어떤 것도 직접 만지거나 냄새 맡거나 맛볼 수 없다. 그러나 우리는 그것을 실제로 보거나 들을 수 있고, 스크린에 등장하는 인물들도 우리와 마찬가지로 보고 들을 수 있다. 우리는 그들의 시각과 청각 경험에 동참하는 셈이다. 언제나 그렇듯 대화에서는 모호한 의미로 시각과 눈이 언급된다. 사람들이 보는 것은 단지 프로그램의 조작에서 비롯된 것일지도 모른다. 그러나 보는 것은 또한 통찰력과 지식의 동의어이고, 시각^{vision}은 서양 철학에서 줄곧 이해력$_{understanding}$에 대한 비유로 사용되었다.

이 영화 속에서 현명한 지도자인 모피어스는 네오에게 그가 냄새 맡거나 맛보거나 만질 수 없는 감옥, 즉 "마음의 감옥"*에서 태어났다는 사실을 알려 준다. 그러나 그는 창 밖에서든 어디에서든 마음의 감옥을 볼 수 있다. 매트릭스에 대한 모피어스의 표현은 이렇다. "그것은 진실을 보지 못하도록 자네의 눈을 가리는 세계야······. 자네가 노예라는 진실 말야."

그러나 매트릭스 곳곳에 침투해 있는 시각적인 기만에도 불구하고, 모피어스는 네오에게 보다 높은 인식적 소명을 완수하기 위해 그의 눈을 사용할 것을 촉구한다. 즉 진실을 가리는 환영 너머를 **보라**는 것, **이해하라**는 것이다.

* 〈매트릭스〉에 나오는 대사 중 한 부분. "Prison for the mind."

일례로 매트릭스의 고치 안에서 분홍색의 끈적이는 물질을 온몸으로 느끼는 소름 끼치는 경험을 한 후, 네오는 깨어나 묻는다. "내 눈이 왜 이리 아프죠?" 모피어스는 대답한다. "이전에 한 번도 사용한 적이 없으니까."

플라톤의 동굴에서 처음 밖으로 나온 수인처럼 네오는 불빛이 오히려 부담스럽다. 진실은 보기에 쉽지도 편안하지도 않기 때문이다. 모피어스는 매트릭스의 인공 지능 기계에게 에너지를 제공하기 위해 인간 유기체가 길러진다는 사실을 발견했을 때의 자신의 심정을 이렇게 말한다. "오랫동안 나는 믿으려 하지 않았지. 그러다 내 눈으로 현장을 봤어."

시각은 예부터 마음과 연결되어 있다고 믿어졌기에 다른 어떤 감각보다 높이 찬양되어 왔다. 옛 속담에도 있듯이 "보면 믿게 된다". 하지만 동시에 보는 것은 환영에 영향을 받기 쉬우며 그러므로 의심받기도 쉽다. 그리고 우리는 이 속담이 다음과 같이 완성된다는 것을 기억해 두는 게 좋겠다. "보면 믿게 되지만, **만져지는 것이 진실이다.**"

하지만 이것이 촉각이 기만에서 자유롭다는 것을 의미하지는 않는다. 촉각은 기만에서 자유롭지 못하다. 하지만 우리는 눈앞의 형체를 보고 환영이나 신기루인지 혹은 아닌지를 가늠할 때 촉각을 사용한다. 아무런 접촉의 느낌 없이 사람의 손을 통과하면 그것은 환영이나 신기루이다.

그러므로 심리학과 〈매트릭스〉에서, 촉각의 물질성은 종종 시각 작용의 거리 두기보다 더욱 신뢰할 만한 것으로 간주된다. 하지만 공교롭게도 그러한 가치 표현은 영화 매체와는 모순된다. 영화라는 매체는 다른 감각에 대해서는 거의 배타적이다시피, 원심遠心 감각, 즉 시각과 청각만을 다루기 때문이다.

  시각과 청각은 거리를 두고 작용하기 때문에 감시에 이용되곤 한다. 영화 초반부에 트리니티는 요원들이 그들의 움직임을 추적하기 위해 네오의 몸 속에 넣어 둔 벌레 모양의 도청장치를 제거한다.

  음악은 영화 제작자의 의도를 표현할 수 있는 장치이다. 〈매트릭스〉역시 복잡한 양식으로 청각을 이용하는데 이 영화가 다소 특이한 점은 청각을 촉각과 연결시킨다는 점이다. 음악 자체가 촉각적인 성질을 띠고 음악과 노랫말의 존재감은 피부에 와 닿을 정도로 강렬하다 (영화의 마지막 부분에 사용되는 노래에서 들리는 "깨어나라!"는 외침은 초반부에 제기되었던 꿈의 문제를 다시 한 번 환기시킨다).*

  이러한 강렬한 음악은 실제로 듣는 이들의 물리적인 신체 공간을 침투하는 것처럼 느껴진다. 주위를 둘러싸는 소리들 또한 저마다 메시지를 전달한다. 폐기처분된 낡은 장치들이 내는 덜컥대고 삐걱대는 소리가 컴퓨터들이 내는 조용한 '윙' 하는 소리보다 더 신뢰할 만하기 때문이다. 네브카드네자르의 대원들에게 없어서는 안 될 다이얼 전화선은 이들의 목소리뿐만 아니라 몸까지 안전한 배로 돌려보낸다. 가상의 육체지만 그들이 이동하기 위해선 마치 물리적인 실체가 있는 도관導管을 필요로 하는 듯하다.

  특히 민감한 정보를 전달해야 할 경우 서로가 거의 접촉할 정도로 가까이 다가가 속삭이게 마련이다. 영화 초반부에서 네오와 트리니티가 클럽에서 처음 만났을 때도 그렇다. 클럽에서 연주되는 음악 소

---

* 이 음악을 알아듣은 관객에게 사운드 트랙의 이 부분은 영화의 경험으로부터 다시 현실로 돌아가는 일종의 다리 역할을 한다. 이 음악은 레이지 어겐스트 더 머신Rage Against the Machine이 연주한 것으로 이들의 정치적인 메시지를 표현하는 것으로 유명한 그룹이다. 이들의 노랫말은 이 영화의 배경 음악인 동시에 관객에게 전하는 메시지이기도 하다.

리는 너무 커서 사람들은 그것을 들을 뿐만 아니라 몸으로 느낄 지경이다. 그들은 아주 가까이 다가가야 한다. 그래서 트리니티가 그의 귀에 속삭일 때, 그녀의 입술은 그의 목을 스친다.

육체적인 감각은 이 영화에서 매우 흥미로운 역할을 한다. 사물들은 저마다 독특한 냄새를 가지고 있다. 영화 〈매트릭스〉에서도 냄새에 대한 언급이 나오는데 특히 인간의 몸에서 나는 냄새가 긍정적인 방식과 부정적인 방식으로 모두 강조된다.

네오가 매트릭스의 세계를 탈출한 후 트리니티는 잠든 네오를 지켜보다가 천천히, 그리고 조용히 그의 체취를 맡는다. 이것은 호기심에서 비롯된 행동이기도 하고 애정과 친밀함을 나타내는 몸짓이기도 하다.

이러한 행동은 복잡한 최첨단 장비를 사용하는 정보 수집 방식과는 전혀 어울리지 않는다. 코를 킁킁대며 냄새를 맡는 것은 원시적이고 동물적인 발견 방식이기 때문이다. 우리는 그의 체취가 그녀를 기분 좋게 했으리라고 상상한다.

그러나 스미스 요원의 경우는 사뭇 대조적이다. 인간의 몸에서 나는 냄새는 그를 거의 미치게 만든다. 그는 규칙을 깨고 이어폰을 뺀 후 모피어스에게 장광설을 쏟아 붓는다. 그로 인해 스미스 요원은 근처에서 벌어지는 상황을 놓치고 만다.

나는 이 곳이 싫어. 이 동물원, 이 감옥, 이 현실. 네가 그걸 뭐라고 부르건 간에 말야. 나는 더 이상 참을 수가 없어. 냄새 때문이야. 뭐, 그런 게 있다면 말이지. 온몸이 냄새로 절어 있는 느낌이야. 나는 늘 너희들의 고약한 냄새를 느껴. 내게 어쩌다 옮겨지기라도 했을까 봐 두려울 정도라고.

스미스는 인류를 바이러스에 비유한다. 나쁜 냄새의 전염성을 강조하는 끔찍한 등식이다.[20]

매혹적인 **향기**와 혐오감을 일으키는 불쾌한 **악취**를 모두 포함하여, 후각은 물질성을 강조하는 데 사용된다. 스미스 요원 앞에 앉아 있는 것은 인간의 가상 신체에 불과하지만, 그것이 가지고 있는 냄새는 그 가상 신체의 동물적 인간성을 고스란히 전달하는 듯하다. 우리는 자연히 인간이 아닌 요원들, 즉 지각하는 프로그램들에겐 체취가 없을 것이라는 것을 추측할 수 있다. 그들이 가지고 있는 후각 기능은 단지 적의 악취를 탐지할 때만 작동된다.

미각은 유혹한다

〈매트릭스〉에서 미각은 금욕적인 가치와 더불어 언급된다. 음식이 주는 쾌락은 매트릭스에 대한 저항을 무력화시키는 가장 위험한 유혹을 구현하기 때문이다.

시온을 보호하기 위한 레지스탕스 노릇에 지친 사이퍼는 동료들을 배반하고 모피어스를 스미스 요원에게 넘겨주기로 결심한다. 자신의 과거를 모두 잊고, 지금까지 자신에게 허용되지 않았던 안락함을 제공하는 가상 현실 속에서 살아가는 것이 그가 원하는 전부다.

우리는 이미 사이퍼가 네오에게 밀주를 권할 때 그의 감각적인 성향을 목격한 바 있다. 그는 겉으로는 우정을 가장하고 있지만, 사실은 네오가 매트릭스로부터 세상을 구원할 '그'라고 확신하는 모피어스와 당사자인 네오를 조롱하며 부인했던 것이다. 사이퍼의 감각적인 성향은 그의 도덕적인 취약성을 대변하는 것이기도 하다.

그의 더욱 심각한 기만은 그가 매트릭스의 한 고급 식당에서 스미스 요원과 식사를 하는 장면에서 드러난다. 사이퍼는 완벽하게 요리된 스테이크를 맛본다. 그는 먹고 마시고 담배를 피우면서 자신은 다시 매트릭스로 돌아가 이전에 있던 일들을 죄다 잊어버리고 싶다고 말한다.

난 말이지, 이 스테이크가 존재하지 않는다는 것을 알고 있어. 내가 이걸 입 속에 넣으면 매트릭스가 뇌에 이렇게 말하는 거지. 아주 부드럽고 맛있다고 말야. 9년 동안 살면서 내가 깨달은 게 뭔지 알아? 모르는 게 행복이라는 거야.

영화 속에서 사이퍼의 선택은 명백히 틀린 관점으로 제시된다. 그러나 이 영화에서 사용된 색채는 오히려 사이퍼의 선택을 지지하고 있는 듯하다. 사이퍼의 생각처럼, 그의 동료들이 여전히 헌신하고 있는 진짜 세계는 점점 활기를 잃어 가고 있는 듯이 보인다.

〈매트릭스〉를 지배하는 주된 색깔은 검정, 회색, 갈색 등 황량한 분위기를 연출하는 것들이다. 그러나 스크린 전체가 다양한 색깔들로 뒤덮일 때 그들의 색조는 놀랄 만큼 선명하다. 영화 전체에서 밝은 색깔을 가진 유일한 대상들은 거의 과거의 경험들을 연상시키는 감각적 삶을 가리키는 것들이다. 밝은 색 과일들로 가득 찬 수레, 성욕을 불러일으키는 가상 현실 속의 빨간 옷의 여인 그리고 피. 모두 살아 있는 유기적 형태의 상징들이다. 이들 가운데 오로지 피만이 죽음의 상징이며 유일하게 가공의 것이 아니다.

사이퍼는 음식에 유혹되었다. 하지만 그가 싸움을 포기한 데에는 다른 이유도 있었다. 그는 매트릭스 안의 세계가 매트릭스 밖의 세계보다 더 진짜 같다고 믿게 되었던 것이다.

  그가 이러한 결론에 도달하게 된 것은 그 자신의 쾌락적 감각 경험에서 비롯된 것이기도 하지만 모피어스의 다음과 같은 말이 드러내는 관점에서도 유래한다. 즉 모든 감각 경험은 그저 신경 기관이 해석한 자극에 불과하다는 것이다.

  진짜가 뭐지? 진짜를 어떻게 정의 내리지? 촉각 후각 미각 시각 뭐 이런 걸 말하는 거라면, 진짜라는 건 그저 너의 뇌가 해석하는 전자 신호일 뿐이야.

결연한 의지력을 지닌 인물인 모피어스는 그러한 두뇌 신호를 만들어 내는 야만적인 실재 세계를 보호하기 위해 헌신한다. 그러나 사이퍼는 합리적인 방향으로 돌아선다.

  만약 실재가 정말로 그저 감각적인 경험들에 불과하다면 그것들이 어디에서 비롯되었든 무슨 상관인가? 만약 실재가 사람들의 감각 경험들에 국한된다면, 감각 자체를 추구하는 것이 부도덕할 이유는 없다. 인간의 도덕성을 요구하는 이유가 그것 외에는 달리 없기 때문이다.

  그래서 사이퍼는 줄곧 유혹과 죄를 연상시켰던 육체적 감각의 쾌락을 추구한다. 이 과정에서 그는 도덕적인 오류뿐만 아니라 인식상의 계산 착오까지 저지르고 만다. 왜냐하면 그는 실재보다 환상에 거주하기 때문이다. 하지만 여기에는 한 가지 반박의 여지가 남는다. 만약 사이퍼가 그르다면 모피어스도 그르다는 것이다. 감각은 두뇌 자극의 해석일 수도 있지만 외부 세계의 현실을 가늠하는 척도이기도 하며, 따라서 그것 나름의 중요성을 갖기 때문이다.

  또 예언자가 등장하는 장면에서 알 수 있듯이 미각의 즐거움이 반드시 사람들의 도덕성을 허물어뜨리는 것은 아니다. 네오가 예언자를 방문했을 때 그녀는 과자를 굽고 있는 중이었다. 과자의 맛있는 냄새가 온 부엌 안에 진동하고, 그녀 자신은 술을 홀짝이며 담배를 피우고 있었다. 예언자라면 감각적인 쾌락을 (탐닉하는 게 아니라) 즐길 수도 있을 것이다. 왜냐하면 그녀는 사이퍼가 포기한 더 중요한 가치를 포기하지 않았기 때문이다. 네오는 과자를 먹는다. 그러나 의미심장하게도 그는 그것을 그다지 즐기는 것처럼 보이지 않는다.

사이퍼가 등장하는 장면은 미각이 가진 또 하나의 전통적인 의미, 즉 먹는 행위와 성욕의 상관성을 드러낸다. 그는 동료들을 주저 없이 죽인 후 꿈꾸고 있는 트리니티의 몸에 다가가 위협적으로 중얼거린다. 사이퍼는 트리니티에게 자신이 한때 그녀를 사랑했으며, 계속되는 전투에 지치고 매일 똑같은 죽만 먹는 것에 넌더리가 난다고 말한다. 그의 말과 몸짓은 위협하는 것 같기도 하고 애무하는 것 같기도 하다. 그는 매트릭스가 진짜 삶보다 더 진짜 같다고 단언한다. 매트릭스가 제공하는 경험이 보다 더 완벽하기 때문이다.

다음 순간 우리는 매트릭스에서 죽음을 본다. 사이퍼는 에이팍과 스위치의 몸에서 플러그를 뽑으며 다음과 같이 말한다. "너희들은 여기에서 그저 죽는 거야." 다시 한 번 그는 모피어스의 말을 아주 약간만 변형하여 되풀이한다. "내가 보는 것이 진짜이다. 보면 믿게 된다."

**보면 믿을 수 있나? 만진다면……
우리는 무엇을 믿을 수 있나?**

진실을 알기 위해 우리는 만지게 된다. 〈매트릭스〉는 물리적인 폭력으로 가득 찬 액션 영화이다. 그리고 죽음을 피하는 것이 플롯의 상당 부분을 차지하고 있다. 대부분의 전투 장면(화려한 특수 효과를 자랑하지만 지루한 감이 있는)은 매트릭스 프로그램 안에서 일어나지만 네브카드네자르호 안에 고정되어 있는 육체에도 물리적인 영향을 준다.

프로그램 안에서 건물 건너뛰기에 실패한 후 깨어났을 때 네오는 입가에 피가 흐르는 것을 느낀다. 그는 가상의 경험이 신체에 직접적인 상해를 입힐 수 있다는 것을 알고 놀란다. 그는 묻는다. "매트릭스에서 죽으면 여기서도 죽나요?" 모피어스는 냉정하게 답한다. "육체는 정신이 없으면 살 수 없어……. 정신이 그것을 진짜로 만들지."

솔직히 말해서 처음에 나는 이러한 장면들이 무척이나 짜증스러웠다. 마음과 육체에 대해 언급하는 다른 몇몇 장면들도 마찬가지였다(손대지 않고도 숟가락을 구부리는 데 명수인 한 어린 후보가 "구부러지는 것은 숟가락이 아니라, 나 자신일 뿐이에요"라며 네오에게 충고하는 장면 같은 것이 그렇다).

격분한 관객은 '선문답 하듯이 애매하게 말하면 야단스러운 헛소리가 통찰력으로 통하나 보다' 하고 조롱하고 싶어질지도 모른다. 매트릭스의 가상 세계에서 죽으면 현실에서도 죽는다고 말하는 것이 플롯상의 값싼 기교가 아니고 무엇이겠는가?

그러나 그 순간 나는 몽 종족과 그들의 치명적인 꿈이 떠올랐다. 심장 박동수가 증가하고 호흡이 가빠지며 아드레날린이 생성되는 것은 정신의 이미지가 야기할 수 있는 눈에 띄는 신체적 변화들이다. 꿈이(혹은 가상 경험이) 피를 흘리게 할 수 있다는 가정은 단지 여기에서 약간 더 나아간 것뿐이다. 피는 여기에서 단순히 보여지는 것과, 만질 수 있고 느낄 수 있는 것 사이를 잇는 다리, 즉 시각과 촉각을 잇는 다리이다.

그러나 모든 접촉이 폭력적인 것은 아니다. 이 영화는 애정, 신뢰 그리고 우정을 나타내기 위해, 흔히 그렇듯 좀더 부드러운 손길을 사용한다. 헬리콥터의 구명 줄 끝에 매달린 네오는 모피어스의 손을 움켜잡은 결과 그를 구할 수 있었다. 트리니티는 형의 죽음을 위로하기 위해 탱크를 안아 준다. 탱크는 모피어스의 몸에서 플러그를 뽑기 전 작별을 고하듯이 그의 이마를 슬프게 쓰다듬는다.

누구보다도 트리니티가 보여 주는 접촉은 신뢰의 친밀한 측면을 구현한다. 이 역할이 여성에게 주어진 것은 우연이 아니다. 접촉의 부드러운 측면은 성욕과 모성에 연결되어 있기 때문이다. 또한 각본상 트리니티는 이 영화에서 유일하게 성적인 존재이기 때문에 이 역할들이 당연히 그녀에게 맡겨진 듯하다(영화 제작진은 감각 경험의 진위에 대한 의심을 불러일으키는 데 집중한 나머지, 상투적인 성 역할을 의심할 여력이 없었나 보다).

가장 극적인 것은 마지막 장면이다. 트리니티는 네오에게 잠자는 숲 속의 공주 식의 키스를 하고 네오를 소생시킨다. 그들이 처음부터 서로에게 끌렸다는 것은 곧 알 수 있지만 그들은 오직 매트릭스 밖에서만 키스한다.

이 각본의 초판에서는 이 점이 명시되어 있다. 초판에서 트리니티는 네오에게 자신은 매트릭스 안에서는 그에게 키스하지 않을 것이며 그 이유는 그것이 진짜이기를 바라기 때문이라고 말한다.[21] 최종 각본에서 이 대사는 누락되지만 행동은 그대로 유지된다. 네오가 요원들과의 격투에서 패한 후 죽음의 문턱에 이르렀을 때, 트리니티는 네브카드네자르호의 황량한 분위기 속에서 그에게 키스한다. 그녀는 육체적으로 그리고 감정적으로 네오에게 다가간다. 그리고 미동도 하지 않는 그의 몸을 어루만지며 속삭인다.

> 예언자는 내게 말했어. 내가 사랑에 빠질 거라고. 그리고 내가 사랑하는 남자가 바로 '그'일 거라고 했어. 그러니 넌 죽을 수 없어, 알아? 죽을 수 없어. 내가 널 사랑하니까. 내 말 들려? 사랑해.

트리니티는 부드럽게 네오의 어깨를 감싸고 그에게 키스한다. 이것은 생명을 주는 키스이다. 네오의 심장은 다시 뛰기 시작하고 그는 숨을 들이마신다. 그녀는 손을 거두고 단호하게 말한다. "자, 이제 일어나!" 네오는 일어나 세계를 구원한다.

만져지는 것이 진실이다.

캐롤린 코스마이어 Carolyn Korsmeyer는 버펄로 소재 뉴욕 주립대학의 철학과 교수이다. 미학과 예술 철학, 페미니즘 철학 그리고 감정 이론 등의 분야에서 활발한 저술 활동을 하고 있다. 현재 그녀는 특히 혐오에 대해 흥미를 갖고 있다. 그녀의 가장 최근의 책은 〈맛을 이해하기 : 음식과 철학Making Sense of Taste : Food and Philosophy〉(코넬 대학 출판부, 1999)이다. 그녀는 트리니티의 멋진 의상을 보고, 왜 네오가 세계를 구원하기 전에 트리니티를 먼저 구했는지 이해할 수 있었다고 한다.

scene 02
가상의 스테이크

4

인공 낙원 대신 진실의 사막을 걷겠다 : 네오와 도스토예프스키의 '지하 생활자'

토마스 S. 힙스 THOMAS S. HIBBS

〈터미네이터〉에서 〈A. I.〉에 이르기까지, 그리고 '영혼'이니 '의식' 이니 하는 용어들을 '상식적 심리학 folk psychology'의 수준으로 내려보 내야 하는지 여부에 대한 철학적 논쟁에서 복제의 윤리성에 대한 정 치적인 논쟁에 이르기까지, 기술의 본질과 함의에 대한 열렬한 관심 이 현대 미국의 하위 문화와 고급 문화의 외형을 만들어 가고 있다.

1999년에 개봉한 영화 〈매트릭스〉에는 하위 문화에 대한 흥미와 고 급 문화에 대한 관심들이 효과적으로 융합되어 있다. 〈매트릭스〉는 지적인 의욕으로 넘치는 매력적인 줄거리, 고전 동화의 포스트모던한 재해석, 공상 과학 영화의 새로운 표준을 제시한 특수 효과 그리고 기 술적으로 정교하게 잘 짜인 격투 장면 등 모든 것을 가지고 있다.

그러나 스토리와 주제 의식에 있어서, 〈매트릭스〉는 무엇보다도 기술과 인공 지능에 대한 현재적인 관심들과 아울러 앞으로 논의될 쟁점들에 힘을 기울이는 것처럼 보인다. 〈매트릭스〉는 계몽주의에 관한 오래된 논의들을 다양한 방식으로 재연한다.*

자유에 대한 무분별한 찬양이 역설적으로 모든 인류의 평준화를 초래했듯이, 계몽은 기술적 진보를 통해 자연을 지배하고자 했고 이것은 인간성의 타락이라는 부작용을 초래했다. 여러 면에서 자유주의로부터 허무주의가 시작되었다고 여겨진다. 허무주의란 어떤 궁극적인 목적이나 근본적인 의미를 결여한 인간 존재를 의미하는데, 그런 속성 때문에 허무주의는 이전 시대에 인류에게 영감을 주었던 위대한 질문들과 활발한 탐색들이 더 이상 인간의 영혼에 자리잡지 못하게 만든다.

비합리적인 자유의 이름으로
이성과 건강과 과학을 부정한다

계몽주의와 허무주의 사이의 포착하기 어려운 연관성을 감지했던 주요 사상가들 (예를 들어 니체, 프랑스의 정치 학자이자 역사가인 토크빌 그리고 미국의 정치 학자이자 역사가인 아렌트 등) 가운데 가장 소홀하게 다뤄진 사람 가운데 하나가 바로 도스토예프스키다.[1]

나는 〈매트릭스〉가 다루는 많은 논점들과, 니체가 "피의 목소리"를 들을 수 있었다고 주장했던 작품인 도스토예프스키의 〈지하 생활자의 수기 Note from Underground〉 (1864년) 사이에 놀랄 만한 유사성이 있다고 생각한다. 〈지하 생활자의 수기〉는 러시아에 침투하기 시작한 서

---

* 일반적으로 인정하듯이, '계몽주의'는 18세기에 등장한 일군의 사상들을 부르는 복잡한 현상이다. 이 장에서 도스토예프스키가 훌륭하게 분석했던 특정한 계통의 계몽주의 사고를 집중적으로 다룰 것이다.

구 계몽주의 사고를 비판하는 풍자적인 소설로 볼 수 있다. 도스토예프스키가 논쟁의 표적으로 삼은 것은 인도주의적 사회주의, 낭만주의 그리고 합리적 이기주의의 혼합물이라 할 수 있는 체르니셰프스키[N.G.Chernyshevsky]의 〈무엇을 할 것인가?[What is Be Done]〉이다. 체르니셰프스키는 그의 책에서 프랑스 사회학자 샤를르 푸리에[Charles Fourier]의 유토피아적 발상을 전개하고 있으며, 레닌은 바로 이 책을 통해 자신의 혁명적인 성향을 다졌다고 평가한 바 있다.[2)]

도스토예프스키의 지하 생활자는 현대의 계몽 이론가들이 전개하는 유토피아주의를 비난한다. 그들은 응용 사회 과학을 이용하여 모든 인간의 욕망을 도표로 정리하고 규제하고 만족시킬 수 있다고 주장한다. 지하 생활자는 사회를 '합리적으로' 재구성하는 데 대한 항의의 표시로 지저분한 지하 독방에서의 삶을 선택한다.

지하에서 생활하는 남자는 병적인 의식 과다로 괴로워한다. '건강한 활동가'는 별다른 어려움 없이 자연의 법칙을 인간의 삶에 적용하는 반면(사실 그는 오히려 자연의 법칙들에서 위안을 찾는다), 의식 과다인 개인은 자연 과학의 기계적 결정론과 인간의 성찰과 선택이 결코 양립할 수 없다는 것을 깨닫는다. 결국 의식 과다인 개인은 자연 과학의 법칙들이라는 "넘을 수 없는 큰 장벽"에 부딪히고, 그 결과 정신적인 "무기력" 상태에 빠지게 된다.[3)]

그는 이 상황을 다음과 같이 설명한다.

과학 자체가 인간을 교화하여 (……) 인간은 사실 자유 의지도 변덕도 가지고 있지 않은 (……) 일종의 피아노 건반 같은 것이 되어 버릴 것이고 (……) 뿐만 아니라 이 세상에는 자연의 법칙이라는 것이 엄존하므로, 인간이 무엇을 하건

간에, 그것은 자신의 의지로 실행할 수는 없는 일이며, 자연의 법칙에 의해 스스로 이루어지는 것이라고 보아야 한다.[4]

사회 과학의 목표는, 인간의 욕망과 선택을 수학적인 법칙으로 정리하여 삶의 미래를 예측하는 것이다. 그리하여 "세상에는 더 이상 어떤 행위도 모험도 없게 되는 것이다."[5] 이러한 개념들을 과학적이고 합리적인 것으로 간주할 때, 지하 생활자의 항의는 비합리적인 자유의 이름으로 이성과 건강과 과학을 부정하는 것밖에 안 된다. 그래서 그는 행동보다 무기력을, 공동체보다 고립을, 그리고 합리적인 행복의 추구보다 반항을 선택한다. 그러나 이조차 자기 파괴적이다. 그는 이렇게 말한다. "내 안의 반항은 (자연의 법칙에 의해) 화학적인 붕괴를 겪는다."

그러나 주의 깊은 독자라면 지하 생활자에게서 계몽 사회 과학에 대한 무지몽매한 부정 이상의 것을 발견할 수 있을 것이다. 그는 계몽 이론에 내재하는 모순들을 지적한다. 지하 생활자의 마음을 온통 사로잡는 동시에, 그의 집요하고 압도적인 논리적 토론술의 원천이기도 한 주된 모순은 **자유**에 관한 것이다. 계몽 이론가들은 가족, 종교, 정치 권력 등 다양한 유형의 외부적 권위로부터의 해방을 약속한다. 그러나 계몽 이론들이 실행에 옮겨지자 뜻하지 않게 자유가 없어지는 결과가 발생한다. 도스토예프스키의 〈악령 Demons〉에 등장하는 이론가 시갈료프 Shigalyov가 바로 이러한 문제들을 간명하게 진술하고 있다. "나는 내가 수집한 자료에 휩쓸리고 말았어. 그리고 내가 내린 결론은 나의 의도와는 모순되지. 의도는 무제한의 자유였는데, 결론은 무제한의 독재 권력이 되고 말았거든."

어떻게 이런 일이 일어날 수 있는가. 자유를 제거하게 된 원천 가운데 하나는 초창기 '사회 과학의 방법론'에 있다. 이것은 수학적이고 기계적이며 자연 과학의 표준에 따라 실증할 수 있는 것만을 진실한 것으로 인정한다. 또 다른 원천은 이론이 실천으로 쉽게 번역될 수 있다고 여기는 '계몽의 순진성'이다. 이 이론을 이행하기 위해서는 인간의 본성을 수정해야 할 뿐만 아니라 사회를 급진적으로 재구성할 필요가 있다. 이쯤 되면 계몽 이론의 강제적이고 폭력적인 본질이 분명하게 드러난다.

계몽 이론의 더욱 심각한 문제는, 이론과 실천 사이의 괴리이다. 계몽 이론가들이 인간의 욕망을 탐지하고 규제하려 했을 때, 그리고 인간을 합리적 이기주의자로 취급했을 때 그들은 이미 계산상의 착오를 범한 것이다. 그들은 합리적으로 따져 보면 무엇이 인간에게 이득이 되는지 분명히 알 수 있고, 교육과 정치를 재조직하면 모든 악을 감소시킬 수 있을 것이라고 가정한다. 그러나 그들은 문명의 진보가 종종 폭력의 증가와 피에 대한 굶주림을 동반한다는 사실과, 인간이 좀더 고차원의 욕망, 즉 '진정으로 독립적'이고자 하는 욕망을 가지고 있다는 사실을 간과하고 있다.

지하 생활자는 인간이 자신의 자유를 과시하기 위해 의도적으로 해롭고 자기 파괴적인 길을 선택할 것이라고 주장한다. 여기서 지하 생활자는, 인간은 "바라지 않기보다는 무無를 바랄 것"이라는 니체의 주장을 예고한다. 니체의 경우 흔히 그러하고, 〈지하 생활자의 수기〉에서도 그렇지만, 허무주의는 본래 끝이 아니라 하나의 주장이거나 다른 무엇을 향해 가는 준비 기간이다. 희망 사항이라면, 부정이 긍정에게 자리를 내주리라는 것이다. 그래서 지하 생활자는 자신이 동시대인들의 이론들을 단순히 뒤집으려 하거나 거부하는 '반反영웅'으로 남고 싶지는 않다고 고백한다. "지하 생활이 더 낫다는 것이 결코 아니다. 내가 갈망하는 건 뭔가 전혀 다른 것이라는 이야기다. 하지만 알긴 하면서도 좀처럼 발견할 수가 없다. 지하 생활 같은 건 귀신에게나 줘 버려라!"[6]

지하 생활자가 구현하는 무기력, 반항 그리고 허무주의는 계몽 이론의 대안이 아니다. 반대로 그들은 계몽 이론의 결과물이다. 그는 말미에서 자신의 적들에게 다음과 같이 비아냥거린다. "나는 일생 동안 당신들이 절반도 추구할 엄두를 못 내던 것들을 극단까지 추구한 것뿐이다."[7] 도스토예프스키의 책은 그의 적들이 지지하는 이론들을 논증적인 부조리로, 혹은 허무로 되돌린다.

진정한 자유는 불안감과
내부의 분열로부터 성장한다

계몽·합리주의 이론은 실재라는 것은 무엇인가, 인간이란 무엇인가 그리고 어느 정도의 자유와 자기 인식이 여전히 가능한가에 대한 문제를 제기한다. 지하 생활자가 설명하듯이, 사회를 대상으로 한 계몽주의의 이론은 현대 수리 물리학의 확장이다. 이것은 실재적인 것이라면 무엇이건 양적인 분석이 가능하다는 환원적인 가정에 기초한다. 이러한 가정이 주어졌을 때, 인간의 자유와 자기 인식의 문제는 심화된다. 그리고 〈매트릭스〉의 도입부를 특징짓는 것은 바로 이와 관련된 문제이다. 모피어스와 네오가 처음 나누는 대화들 가운데 다음과 같은 내용이 있다. "우리는 컴퓨터 프로그램 내부에 있어. 그곳에서 자네는 오직 '자기의 잉여 이미지'를 가질 뿐이지." 그런 말을 한 다음 모피어스는 묻는다. "실재를 어떻게 정의하지? 그건 두뇌가 해석하는 전자 신호일 뿐이야." 매트릭스의 세계는 '신경 상호 작용 시뮬레이션'의 세계이다. 도스토예프스키의 지하 생활자는 그것을 "인간의 해부"라고 부르는데, 이것이 바로 인간의 자기 인식의 가능성을 해체시킨다.

그것이 실제로 지하에 있든 아니든, 갑갑한 네브카드네자르는 지하 생활자의 독방과 비슷한 느낌을 연출한다. 네브카드네자르에 있는 복잡한 기계들은 인간 의식에 인공적인 영향을 줄 수 있는 능력을 가지고 있으며, "매트릭스를 해킹하여 침투하는 해적 신호"로도 작동한다. 그것은 바로 매트릭스 자체의 저급한 변형이다. 그러나 이곳에는 매트릭스의 컨스트럭트를 즐기는 순진하고 무반성적인 확신도 없고, 매트릭스 요원들의 전능함이나 자율적인 통제의 느낌 또한 없다. 저항 대원들은 "진실의 사막"에 뿌리를 두고, 인류의 과거에 대한 실마리를 얻기 위해, 현재 그들의 임무가 무엇인지 더욱 분명히 이해하기 위해, 그리고 미래의 긍정적인 지향점을 회복하기 위해 투쟁한다.

인공적으로 구성된, 그러나 더욱 편안하고 질서 정연한 '현실' 대신 "진실의 사막"을 선택하는 데에는 대가가 따른다. 우선 진짜라고 생각했던 것이 사실은 허구에 불과하고 모피어스의 말대로 "세계는 진실을 보지 못하도록 당신의 눈을 가려 왔으며" 당신은 "자기 마음의 감옥"에 갇혀 있다는 충격적인 사실을 접해야 한다. 도스토예프스키에서와 마찬가지로 여기서도 거짓된 의미의 자유는 우리가 스스로 통일성과 자율 그리고 미래에 대한 지배력을 갖고 있다는 거짓된 느낌을 수반한다. 진정한 자유는 불안감과 내부의 분열로부터 성장하며 인간성에 대한 한층 섬세한 인식으로 우리를 이끈다. 모피어스는 네오에게 "세상이 뭔가 잘못되었다는" 느낌, "설명할 수는 없지만 느낄 수 있는" 기분이 들지 않았느냐고 묻는다. 우리는 무언가 잘못되어 있다는 느낌을 가지고 시작해야 한다. 이러한 느낌을 좀더 캐 들어가다 보면, 우리는 탐색을 시작하게 될 것이다. 모피어스의 표현대로라면 이렇다. "우리를 움직이는 것은 그 의문들이야(매트릭스란 무엇인가?). 대답은 어디엔가 있지. 그리고 그것은 자네를 찾아낼 거야. 자네가 그것을 원한다면 말야."

"대답은 어디엔가 있다"는 말은 "진실은 저 너머에 있다"를 연상시킨다. 이것은 인기리에 장기 방영된 텔레비전 연속극 〈X-파일〉의 표제다. 〈X-파일〉이 중점적으로 다루고 있는 것은 인공 지능보다는 외계인의 지구 통제지만 그것은 〈매트릭스〉와 많은 점을 공유한다. 두 이야기 모두 어떤 불가해하고 악의적인 힘(그것이 외계인이든 복잡한 기계이든 정부든 관료든 혹은 기술 자체든)이 비밀리에 실재 세계를 가공의 세계로 대체해 왔을지도 모른다는 두려운 가능성을 파고든다.

그러나 상황은 이보다 더 나쁘다. 왜냐하면 우리를 노예로 만드는 압제자는, 우리가 눈으로 확인할 수 있고, 확인해서 제거 방법을 찾아내기만 하면 되는 외부적인 힘이 아니기 때문이다. 오히려 그 힘은 우리 내부에서 우리의 정체성을 구성하면서 우리 스스로를 통해 발휘된다. 우리는 자칫 잘못하면 실재에 대한 감각을 잃어버리고 환상의 세계에서 영원히 허우적거릴 수도 있는 커다란 위험에 처해 있는 것이다.

이러한 위험은 자연스럽게 허무주의를 낳는다. 만약 이렇듯 인공적으로 구성된 세계에서 빠져 나올 수 있는 출구에 대한 충분한 실마리가 없다면 우리는 참담한 혼란을 겪게 될 것이며, 우리가 누구이며 무엇인지 그리고 우리가 어디를 향해 가고 있는지에 대한 감각을 상실하게 될 것이다. 그러한 상황에서는 우리가 처해 있는 딜레마의 뿌리를 조사하는 것조차 일종의 진실의 탐구에 대한 패러디가 될 뿐이다. (〈X-파일〉에서 "진실은 저 너머에 있다"가 "아무도 믿지 마라"와 "거짓말을 믿어라" 등의 다른 표어들과 짝을 이루어 대비되는 것은 의미심장하다.) 〈X-파일〉에 대해 예리한 논평을 한 평론가 애드리언 매클린 Adrienne MacLean 은 이것을 다음과 같이 표현한다.

> 텔레비전처럼, 그리고 이제는 컴퓨터처럼 사실상 우리 삶의 모든 부분을 침투해 들어온 전지전능한 힘들이 스컬리와 멀더를 문자 그대로, 그리고 비유적으로 소외시키고 간파하고 분자의 수준까지 면밀히 조사한다. 스컬리와 멀더는 서로를 신뢰한다. 그러나 그들이 스스로 알고 있다고 생각하는 모든 것은 거짓이다. 텔레비전은 그들에게 통찰력을 가르쳐 주었지만 관점을 형성하는 방법은 가르쳐 주지 않았다. 텔레비전은 그들을 파견하여 정체성을 탐색하게 했지만 동시에 그들에게 그들이 발견한 것을 절대로 신뢰하지 말라고 가르쳤다. 〈X-파일〉의 환경은 이제는 전세계가 같은 장소임을 암시한다. 모든 곳이 접근 가능하고, 모든 것이 익숙하면서도 위험하며, 모든 것이 제한적이면서도 해방적이다.[8]

〈X-파일〉의 탐색 모티프가 완전히 헛된 것이라는 매클린의 주장에는 논쟁의 여지가 있지만, 그럼에도 불구하고 그는 이 드라마 속 등장인물들의 성격을 꽤 정확하게 파악하고 있다. 〈X-파일〉과 〈매트릭스〉의 줄거리에 많은 유사성이 존재한다는 점에서, 영화 속 등장 인물들은 텔레비전 드라마 속의 등장 인물들이 처해 있는 운명에 노출되어 있는 듯이 보인다.

하지만 사실 이런 이야기들, 인간의 소외라든가 허구와 진실, 교묘한 인공물과 현실을 구별하는 문제에 직면했을 때 드러나는 우리의 무능력에 대해 그렇게 근본적인 주장으로 시작하는 이야기들에는, 두 개의 정반대 되는 위험 소지가 있다. 하나는 함정에서 빠져나가는 길을 결코 찾지 못하게 될 위험이고, 다른 하나는 피상적인 해결책을 제공할 위험이다. 이 두 번째 경우를 가리켜 문학 평론가이자 문화 비평가인 마크 에드먼슨 Mark Edmundson 은 "손쉬운 초월"의 양식들이라고 명명했다. 에드먼슨은 그의 책 〈메인 스트리트에서의 악몽 Nightmare on Main Street〉에서 현대 미국 문화는 두 가지 유형의 서사, 즉 타락한 고딕 양식과 "손쉬운 초월 전략" 사이에서 논증적인 전투를 벌이고 있다고 주장한다."[9] 물론 이 두 전략 모두 허무주의를 극복하지 못한다(전자는 우리를 허무주의에 완전히 몰입시킨다. 그리고 후자는 오직 탈출의 환상만을 제공할 뿐이다.) 〈매트릭스〉는 어느 쪽인가?

이 영화가 이 양 극단을 피하고자 한다는 것을 보여 주는 증거는 많다. 그리고 이 영화가 제시하는 대안은 인간의 자유 문제를 다룰 때 가장 명백해진다. 자신의 인생을 자율적으로 살아가고 싶어하는 사람들은 우리를 위한 삶이 이미 마련되어 있다는 관념에 특히 거부감을 느낀다. 네오는 운명을 믿느냐는 모피어스의 질문에 다음과 같이 대답한다. "아니오(……). 내 삶을 내가 통제할 수 없다는 생각이 마음에 들지 않거든요." 네오의 자유관이 그리 깊이가 없다는 것은 이 모피어스와의 대화에서뿐만 아니라 이 문제에 대해 예언자가 그를 가볍게 조롱하는 것에서도 분명히 알 수 있다. 네오가 예언자의 아파트를 나서기 전, 그녀는 자신이 가르쳐 준 힘든 진실을 잊어도 된다며 그에게 말한다. "너는 운명을 믿지 않는다던 네 말을 기억하겠지. 너는 네 삶의 주도권을 쥐고 있어."

그러나 모피어스가 운명이라고 부르는 것은 매트릭스에 의해 자행되는 자유의 제거 같은 것이 아니다. 운명에 대한 모피어스의 견해는 자기 삶에 대한 완벽한 통제로서의 피상적인 자유 개념과 철저한 운명론적 결정론이라는 모순을 불가사의하게 끌어안고 있다. 모피어스가 평생을 다 바쳐 찾았던 '그'가 네오라는 사실을 언급할 때마다, 이 영화는 '운명은 일종의 섭리'라는 암시에 빠져든다. 모피어스는 예언자의 예언이 "매트릭스로부터 자유로워질 한 남자의 귀환"을 예고한다고 설명한다. 그러나 효력을 발휘할 수 있는 운명이나 섭리의 어떤 힘들과 인간이 지닌 선택의 힘의 관계에 대해서는 신중하게 말을 아낀다. 이 영화가 이러한 사안에 대해 모호한 태도를 보이고 있다는 것을 잘 보여 주는 부분은 사이퍼가 네오의 목 뒤에 꽂힌 플러그를 뽑아 그를 죽이려고 하는 장면이다. 그는 네오가 만약 '그'라면 기적이 일어나 어떻게든 그를 살릴 것이라고 조롱하는 듯한 어투로 단언한다. 그러자 다음 순간, 죽은 줄 알았던 탱크가 일어나 사이퍼를 죽인다.

아마 자유의 역설에 대해 심각하게 생각해 본 적이 있는 사람은 극소수에 불과할 것이다. 도스토예프스키의 지하 생활자는 이상향에서 실현되는 자유라는 모순에 대해, 즉 〈매트릭스〉에서 사이퍼라는 인물이 구현하는 모순에 대해 숙고한다. 영화가 중반에 이르자 배신자로 변한 사이퍼는 동료들의 몸에 꽂힌 플러그를 뽑기 시작한다. 그는 매트릭스로 돌아가려는 자신의 음모를 만천하에 드러낸다. 그는 모피어스의 명령대로 움직이는 것에 질렸으며 자신에겐 매트릭스가

"더 진짜 같다"라고 말한다. 모피어스도 많은 사람들이 "시스템에 너무나 잘 길들여져 있어서 기를 쓰고 그것을 보호하려 한다"고 말한 바 있다. 사이퍼는 의식적으로 자신의 의지를 포기하며, 자유 대신 안락함과 안전과 안정을 선택한다.

모피어스는 매트릭스가 "컴퓨터가 만들어 낸 꿈의 세계"이고 그것의 목표는 인류를 끊임없이 "통제하는 것"이라고 설명한다. 매트릭스의 목표는 "인간을 전지로 바꾸는 것"이다. 여기에서 우리는 매트릭스와 도스토예프스키가 풍자하는 계몽 이론가들 사이에 놀라운 유사성을 발견한다. 계몽 이론가들은 인간을 "피아노의 건반"에 비유하는데 이러한 비유는 도스토예프스키가 프랑스의 유물론적 계몽 철학자인 데니스 디드로Denis Diderot의 글에서 빌려 온 것이다. 1769년에 디드로는 다음과 같은 글을 썼다. "우리는 감각과 기억을 부여받은 악기이다. 우리의 감각들은 피아노 건반과 같다. 주위의 자연이 그들을 연주하며 때로는 그들이 스스로를 연주하기도 한다."10)

후에 스미스 요원은 모피어스가 설명한 매트릭스의 의미를 확인하고 부연한다. 그는 "모든 것을 망각한 채 (……) 그저 살아가고 있는 수십 억의 사람들"에 대해 말한다. 스미스 요원이 고통 없는 인간의 세계를 구축하기 위해 시도한 첫 번째 매트릭스를 인류가 거부했다는 사실을 공개할 때, 그는 도스토예프스키의 지하 생활자가 가진 논점들 가운데 하나, 즉 자유로운 존재가 되기 위해서는 고통이 필수적이라는 사실을 인정하는 셈이다. 스미스 요원은 "인간이 고통을 통해서 현실을 인식한다"는 사실을 발견한다. 그러나 스미스 요원과 그의 일당은 자연스러운 인간의 삶을 고민 거리, 심지어 병으로 보는 유토피아 이론가들의 관점을 공유한다. 스미스 요원의 표현은 이렇다.

"인간은 바이러스처럼 퍼진다. (……) 우리가 그 치료제다."

이것은 이성의 독재를 실현하기 위해서는 인간 본성 자체를 반드시 교정해야 한다는 믿음을 반영한다. 지하 생활자가 비난하는 그의 적들이 바로 이러한 믿음을 양산하는 사람들이다. 모든 유토피아 이론가들과 마찬가지로 스미스 요원은 진보에 대한 '순진한 믿음'을 지니고 있다. 그는 말한다. "모피어스, 그것이 진보야. 진보. 미래는 바로 우리 것이지."

〈매트릭스〉와 〈지하 생활자의 수기〉에서 발견할 수 있는 또 다른 **유사성**은 **자의식과 자기 인식의 부재**에 관한 문제 제기다. 지하 생활자에 따르면 계몽 이론가들은 다른 사람들의 자기 인식만을 박탈하는 것이 아니라 스스로의 자기 인식도 박탈한다. 만약 그들이 자기 인식을 조금이라도 가지고 있다면 그들 또한 무력감으로 고통받을 수밖에 없을 것이기 때문이다. 모피어스는 네오에게 "자네가 누군지 매트릭스는 말해 주지 못한다"고 말한다. 모피어스의 이 말에는 '인공 지능을 창조한 인간의 오만함은 일정 부분 자기 인식의 결핍에서 비롯된 것'이라는 생각이 함축되어 있는 것은 아닐까? 모피어스가 매트릭스의 기원에 관해 설명할 때 그는 유토피아주의자의 어조를 띤다. 그는 21세기 초에 "모든 인류가 하나가 되어" 일제히 인공 지능을 창조했다고 말한다.

이 점에서, 〈매트릭스〉에 등장하는 인간에 대한 묘사와 그것의 창조는 〈프랑켄슈타인〉을 원형으로 하는 공포 장르의 고전적인 구조를 모방한다. 창조에 대한 과학적 야심은 결국 스스로도 통제할 수 없는 피조물을 만들어 내고 머지않아 피조물은 창조자에게 반항한다. 그러나 〈매트릭스〉의 피조물, 즉 인공 지능은 자신들의 창조자인 인간에 대해 우위를 점했지만 다시 동일한 오류를 반복할 운명에 처해 있는 것처럼 보인다. 매트릭스 자체가 이제는 사회의 재구성이라는 유토피아적 기획에 종사하고 있다. 이 순환의 고리에서 벗어나는 길은 무엇일까?

**매트릭스 탈출하기 :
인간성의 승리인가, 기술의 승리인가?**

그에 대한 답은, 네오라는 인물이 지향하는 자유의 복잡한 개념과 관련이 있는 듯 보인다. 그러나 정확히 바로 이 점에서 이 영화의 결론은 매우 모호하다. 여기서의 문제점은 〈매트릭스〉가 다양한 방식으로 전형적인 할리우드 액션 영화를 답습하고 있다는 것이다.

  초인적인 영웅이 다수의 악한과 대결하는 것은 할리우드가 지칠 줄 모르고 써먹는 공식이다. 물론 〈매트릭스〉의 세련된 기술 덕분에 그것의 대단원이 〈다이 하드〉나 〈터미네이터〉의 결말보다는 더욱 창조적이고 다층적으로 만들어진 것은 사실이다. 그렇다 해도 여전히 이 영화의 미덕은 줄거리와 등장 인물보다는 특수 효과에 있다는 것이 정당한 평가다. 네오가 매트릭스를 향해 전쟁을 선포할 정도로 거듭 태어날 수 있었던 것은 그가 발전시킨 자신의 본질적이고 인간적인 자질 때문이었다. 그러나 네오가 엄청난 특수 효과의 도움을 받아, 평범한 인간이 가지는 육체적 제약을 초월하여 만화 속 초인적인 영웅이 지닐 법한 괴력을 발휘하기 시작하자 이러한 귀중한 인간적인 본질들은 모두 무색해지고 만다.

  네오는 마지막 전투가 있기 전까지는 꽤 취약해 보인다. 그는 인류의 역사에서 자신의 역할을 거부하다가 뒤늦게야 받아들인다. 심지어 그가 떨쳐 일어나 매트릭스에 저항하는 전투에 목숨을 걸어야 할 때조차 그 결과는 미결인 채로 남아 있다. 스미스 요원과의 운명을 건 결투에서 그는 총에 맞아 (확실히) 죽는다.

하지만 트리니티는 자신이 '그'와 사랑에 빠지게 된다는 예언자의 예언을 밝히면서 이렇게 말한다. "넌 죽을 수 없어. 내가 널 사랑하니까." 그리고 나서 그녀가 네오에게 키스하자 네오는 다시 살아난다. 트리니티는 그를 다그친다. "자, 이제 일어나." 우리는 줄곧 네오와 트리니티가 서로 점차 가까워지고 있다는 암시를 받긴 했지만, 사실 그들의 관계가 이런 정도의 극적인 무게를 지닐 수 있을 만큼 충분히 발전되지는 않는다. 그리고 이 부분은 이 영화의 심각한 결함이다. 왜냐하면 〈매트릭스〉에서 허무주의의 위험을 극복하는 방법은, 인간적인 특성과 인간적인 삶의 방식을 통해서 이루어져야 하기 때문이다. 이러한 특성들 가운데 가장 핵심적인 것이 신의를 지키고, 사랑하고, 희생할 수 있는 **인간성**이다. 네오, 트리니티, 모피어스의 성격이 각기 복잡하고 다르며 서로를 보완하는 반면, 매트릭스의 요원들은 무개성적이고 일률적이며 서로 교환 가능하다. 요원들 가운데 스크린 위에서 가장 장시간 등장하는 요원의 이름이 '스미스'라는 사실이 의미심장하지 않은가.

인간적 요소들을 경시한 데서 비롯된 영화의 결함들이 거슬리긴 하지만, 네오를 소생시킬 뿐만 아니라 그에게서 초인적인 힘을 이끌어내는 것은 네오에 대한 트리니티의 사랑이다. 그는 총알을 멈추게 하고 중력의 규칙을 초월한다. 그는 육체의 고체성마저 가볍게 극복하면서 요원의 몸으로 곧장 뛰어든다. 그러자 요원의 몸은 곧 터지고 만다.

 매트릭스 요원들과의 결정적인 전투에서 승리한 후 네오는 그들에게 경고한다. 그는 사람들에게 모든 것을 폭로할 것이고, 요원들은 불확실하고 예측할 수 없는 세계로 들어서게 될 것이다. 그는 선언한다.

"나는 너희들이 거기에 있다는 것을 알고 있다. 나는 지금 너희를 느낄 수 있다. 나는 너희들이 두려워하고 있다는 것을, 우리를 두려워하고 있다는 것을 알고 있다. 너희들은 변화가 두려운 것이다. 나는 미래를 알지 못한다. 나는 너희에게 이것이 어떻게 끝날 것인지 말해 주려 온 것이 아니다. 나는 너희에게 이것이 어떻게 시작될 것인지 말해 주러 왔다. 나는 사람들에게 너희가 그들이 보기를 원치 않는 것을 보여 줄 것이다. 너희들이 없는 세계, 규칙과 통제가 없고 경계나 한계도 없는 세계…… 어느 것이든 가능한 세계……. 우리가 거기에서 출발해 어디로 갈 것인지는 내가 너희에게 남겨 주는 선택이다."

 여기서 네오는 모든 종류의 복잡한 문제들을 무시한다. 그는 매트릭스의 계속되는 방해뿐만 아니라 자기 만족적이고 노예적인 인간들이 지니고 있을 법한 저항도 과소 평가 한다. 사이퍼의 사례가 던져 주는 교훈은 이미 잊은 듯하다. 또한 사람들은, 이 영화가 많은 시간 공 들여 전개한 인간의 자유에 대한 보다 섬세하고 다층적인 문제 제기를, 이제 와서 자율적인 자기 창조로서의 자유라는 피상적인 해결책으로 마무리해 버린 것은 아닌지 의아해한다. 이 영화는 결국 에드먼슨이 비판한 바 있는 '손쉬운 초월'로 손을 내민 것은 아닐까. 사실 네오의 예언은 모피어스가 설명한 바 있는 20세기 말 인류의 상태를 반영한다. 인류의 창조성이 절정에 달했던 순간, 인공 지능을 낳았던 바로 그 순간 말이다. 네오는 자신도 모르게 또 다른 유토피아를 약속하고 있는 것일까?

물론 이것은 할리우드식 일관성과 명확성에 지나치게 많은 것을 요구하고 있는 건지도 모른다. 그러나 이 영화는 아마도 최근에 개봉한 그 어떤 영화보다 진지한 철학적 무게를 지니고 있다고 할 수 있다. 또, 이 영화는 우리에게 자기가 내보인 철학적인 고민들을 우리가 심각하게 받아들이기를 원한다. 이 영화의 대미를 장식하는 말들이 더욱 실망스럽게 느껴지는 것은 바로 이 때문이다. 진부하기 짝이 없는 그러한 말들은 〈매트릭스〉보다는 어떤 다른 영화, 아마도 〈네오의 멋진 모험〉이라고 불리는 영화에 더 잘 어울릴 것 같다. 안타까운 일이지만, 이러한 결말은 사실 할리우드가 결말 부분을 공들여 짤 때 으레 고려하는 점을 반영하고 있다. 즉 속편을 위한 포석을 깔아 놓는 일 말이다.

토마스 S. 힙스 Thomas S. Hibbs는 보스턴 대학의 철학과 교수이다. 그의 주요 저서로는 〈미덕의 광휘 : 지혜, 분별 그리고 선한 삶Virtue's Splendor : Wisdom, Prudence and the Good Life〉(포드햄 대학 출판부, 2001) 〈무無에 대한 극들 : 엑소시스트에서 자인필드에 이르는 대중 문화에서의 허무주의Shows About Nothing : Nihilism in Popular Culture form The Exorcist to Seinfeld〉 등이 있다. 힙스는 누군가가 자신의 몸에서 도청 장치를 제거해 주기를 간절히 바라고 있다.

예기치 않게 삼켜 버린
쓴 약 : 〈매트릭스〉와 사르트르의 〈구토〉가
보여주는 실존적 본래성

제니퍼 L. 맥마흔 JENNIFER L. MCMAHON

〈매트릭스〉의 초반부에 주인공 네오는 실존적 선택에 직면한다. 이 선택은 빨간 약과 파란 약 사이의 선택으로 요약된다. 네오는 모피어스라는 인물로부터 그가 세계라고 믿고 있는 것은 "진실을 보지 못하도록 (그의) 눈을 가려온" 위조된 세계라는 말을 듣는다. 그리고 그 약들을 건네 받는다. 모피어스는 만약 그가 빨간 약을 먹으면 사물의 진정한 본질이 드러날 것이고, 파란 약을 먹으면 사물들에 대한 그의 지각이 변하지 않을 것이라고 말한다. 그 약들이 가지고 있는 정반대의 효과를 있는 그대로 받아들인다면, 그 약들은 네오가 잠에서 깨어날 것인지, 계속해서 꿈을 꿀 것인지를 선택하는 수단이다. 그러므로 빨간 약과 파란 약 사이의 선택은 정직하게 사는 것과 무지 속에서 사는 것 사이의 **실존적인 선택**을 상징한다. 네오는 빨간 약을 삼키고 플롯은 전개된다.

사실상 모든 실존주의 철학자들이, 네오가 직면한 상황과 같은 정직과 무지, 또는 진실과 환상 사이의 선택에 대해 장황하게 설명한다. 혹자는 다른 용어를 사용하기도 하지만 대개의 실존주의 철학자들은 그것을 **본래성** authenticity 과 **비본래성** inauthenticity 사이의 선택으로 기술한다. 실존주의자들은 본래성을 '개인이 인간 조건의 참된 본질을 알고 있는 상태'로 정의한다. 반대로 비본래성은 개인이 현실의 참된 본질에 대해 알지 못하거나 그것에 대해서 부인하는 상태이다.

실존주의자들은 존재에 어떤 내재적인 목적이나 잠재된 의도가 없다고 본다. 그들은 세계에 질서와 의미를 부여하는 것은 바로 인간이라고 주장한다. 그들은 이러한 의미 부여로 인해 발생하는 불안과 더불어 그것이 함축하는 자유와 그것이 수반하는 책임을 강조한다. 실존주의 철학자들이 논의하는 공통적인 주제는 부조리, 소외, 고뇌, 본래성 등이다. 네오의 선택은 다른 많은 실존주의적 주제들을 함축하고 있지만 가장 분명한 것은 본래성과 비본래성 사이의 선택이다.

실존주의 철학자들은 본래성과 비본래성을 설명하면서 비본래성보다 본래성에 무게 중심을 두는 경향이 있다. 예를 들어 알베르 카뮈, 마르틴 하이데거* 그리고 장 폴 사르트르 등의 걸출한 실존주의자들은 분명히 본래성을 중시하고 비본래성을 경멸한다. 이들은 자신들의 철학적 저작들에서 비본래성을 한결같이 부정적인 용어로 기술한다. 사르트르는 비본래성을 거짓 믿음이라고 부른다.[11] 카뮈는 그

---

* 〈존재와 시간Being and Time〉에서 "현존재dasein의 비본래성은 존재의 더 낮은 또는 덜한 정도를 의미하지 않는다"(40쪽)는 하이데거의 주장은 비본래성 자체에 대한 의문보다는 하이데거가 본래성에 특권을 부여했는지에 대한 의문을 제기하게 했다. 그러나 이러한 주장은 본래성과 비본래성이 두 개의 존재가 다른 유형이라기보다 같은 존재의 양식이라는 것을 명시하기 위한 것이라는 점이 명백해 보인다. 본래성과 비본래성이 같은 존재의 서로 다른 양식들이라고 주장한다고 해서 그것이 그들 중 하나를 더 우월한 것으로 간주할 수 없다는 것을 의미하지는 않는다. 하이데거의 비본래성에 대한 부정적인 기술은 그가 비본래성을 열등한 것으로 본다는 점을 분명하게 한다.

것을 '지적인 자살'이라고 평한다.[12] 하이데거는 비본래적으로 살면 "모든 가능성들이 하향 조정될 뿐만 아니라" 결국 "그러한 가능성들조차 단계적으로 제거될것"이라고 단언한다. 반대로 이들은 본래적인 삶의 양식에 대해서는 용기 있고, "위엄"으로 가득 차 있으며*, "환상으로부터 자유로운 것"으로 묘사한다.[13]

이상한 것은, 실존주의자들이 본래성을 묘사하기 위해 사용하는 용어들은 모두 긍정적인 의미를 가지고 있음에도 불구하고, 그들의 문학 작품 속에서 본래성에 접근하거나 그것을 성취하는 인물들의 초상은 노골적으로 암울한 것까지는 아니더라도 상당히 낙담한 모습으로 그려진다는 점이다. 비본래적인 인물들은 아무 것도 모르는 상태에서 순탄한 삶을 살아가는 것으로 묘사되는 반면, 본래성에 접근하는 인물들은 하나같이 불안하고 소외되고 광기의 경계에 선 모습으로 그려진다. 그러한 묘사들이 대부분을 차지하기 때문에, 실존주의 문학은 독자에게 본래성을 향한 움직임은 고뇌, 사회적 이탈 그리고 때때로 광증을 수반하게 마련이라고 암시하는 듯 보인다.

따라서 이러한 결과들을 보면 '과연 본래성이 비본래성보다 선택할 만한 가치가 있는 것인가'라는 의문이 생길 수밖에 없다. 본래성이 인간이 처해 있는 상황에 대한 정직한 인식을 대변한다 하더라도, 이럴 바에야 차라리 모르는 게 약일 수도 있다. 이런 면에서 네오는 파란 약을 선택하는 편이 나았을지도 모른다.

나는 이 글에서 본래성과 비본래성 그리고 각각의 장점과 부담을 검토하려고 한다. 나는 〈매트릭스〉와 사르트르의 실존주의 소설 〈구토Nausea〉를 이용하여 나의 주장들을 뒷받침할 것이다. 이 두 작품 모

---

* 알베르 카뮈Albert Camus 〈부조리한 추리Absurd Reasoning〉에서 인용.

두 등장 인물들이 본래성과 비본래성에 대한 찬성과 반대를 증명하고 있기 때문이다. 이 글은 본래성의 매력에 대해 의문을 제기할 것이다. 그러나 결국에는 그것을 옹호하는 주장으로 결론을 맺을 것이다. 본래성을 유지하기 위해서는 많은 도전과 시련이 따르지만, 나는 본래성의 장점이 그것의 부담을 능가하며, 본래성의 상태를 통해 특별한 종류의 평온에 도달할 수 있다고 주장할 것이다. 나는 빨간 약을 옹호할 것이다.

본래성이냐, 비본래성이냐
네오냐, 사이퍼냐

실존 문학의 고전들과 마찬가지로, 대중 영화 〈매트릭스〉는 본래성의 불쾌한 결론과 비본래성의 매력을 함께 보여 준다. 이 영화는 미래의 상황을 이렇게 묘사한다.

장기간에 걸쳐 일어난 충돌이 세계를 황폐화시킨 후 컴퓨터들은 인류를 정복하여 인간을 자신들에게 에너지를 공급하는 노예로 삼는다. 매트릭스는 컴퓨터가 창조한 가상 현실이다. 컴퓨터들은 거대한 발전소에 포로가 되어 있는 인간 노예들을 어르고 달래어 그들로부터 최대한의 에너지를 끌어낸다. 매트릭스 내부에 있는 수십 억의 사람들은 그들의 진정한 처지(지구를 지배하는 인공 지능에게 고정적으로 봉사하는 소모성 에너지의 공급원으로서의 처지)에 대해 행복한 무지 속에서 존재하는 반면, 소수의 개인들은 매트릭스가 조작해 내는 디지털 환상으로부터 자유롭다. 포로로 잡혀 있는 사람들과 달리 이 개인들은 인간의 본래적 상태를 고통스럽게 인식하고 있다. 그들은 매트릭스라는 압제의 토대를 잠식하는 저항 세력을 구성한다. 그 결과 그들은 어떻게든 그들을 제거하려고 하는 컴퓨터들에게 쫓기는 신세가 된다.

〈매트릭스〉가 함축하는 철학적인 의미는 많지만, 네오라는 인물의 해방과 사이퍼라는 인물의 선택은 특히 여기에서 다루어지는 본래성에 관한 논점을 드러낸다. 네오라는 인물은 본래성을 향한 움직임, 그리고 본래성의 성취가 수반하는 고뇌를 보여준다. 태어날 때부터 매트릭스 속에서 살아온 네오는 자기가 살고 있는 세계가 환상이라는 사실을 까맣게 모른 채 살아간다. 그러나 그는 모피어스와 저항 대원들의 도움으로 "마음의 감옥" 상태에서 벗어난다. 분홍색 고치에서 빠져나온 네오는 플라톤의 동굴에서 막 나온 수인의 모습을 연상시킨다.*

수인이 동굴을 벗어났을 때와 마찬가지로, 네오는 무지에서 깨어나는 과정에서 고통을 경험한다. 그는 육체적인 고통과 정신적인 고통을 모두 느낀다. 혼수 상태에서 깨어난 네오는 눈에 통증을 느낀다. "지금껏 한 번도 두 눈을 사용한 적이 없기 때문"이다. 내내 미동도 않고 고치 속에 갇혀 있던 그의 몸은 근위축증 증세를 보인다. 사실 그의 사지는 너무도 허약해져서 사지를 움직일 만큼 충분한 힘을 주기 위해서는 광범위한 전자 자극이 필요하다.

하지만 네오가 경험하는 육체적인 고통보다 정신적인 고통은 훨씬 심각하다. 그는 일종의 인지적 충격을 경험한다. 그 때문에 모피어스는 네오가 겪고 있는 정신적 충격에 대해 사과한다. 그는 매트릭스에

---

* 네오와 플라톤의 수인을 꼼꼼히 비교한 내용이 이 책의 제1장 '네오와 소크라테스 그리고 그들을 곤경에 빠뜨린 의문들'에 실려 있다. 자세한 내용은 그곳을 참조할 것.

서 성인들을 구출하는 일이 드물다는 것을 인정한다. 대부분의 사람들은 견딜 수 없을 만큼 심리적인 외상이 크기 때문이다. 네오는 매트릭스의 가상 세계로부터 탈출하자마자 그동안 자신이 믿었던 모든 것을 부인해야 하는 상황에 직면한다. 그가 진짜라고 믿었던 모든 것이 환상이었다는 사실을 받아들여야 하는 것이다. 더욱 심각한 것은, 실재는 그가 상상했던 것보다 더 끔찍하다는 사실이다. 네오의 경험은 그의 머릿속을 뒤죽박죽으로 만든다. 그는 갈피를 못 잡고 고통스러워한다. 그는 그가 가졌던 것, 또는 그가 원했던 것보다 더욱 많은 부담(그리고 더욱 무거운 '진실')을 떠안게 된 것이다.

    네오는 매트릭스에서 늦게 탈출한 반면 사이퍼는 비교적 일찍 해방되었다. 그래서 그는 생애의 많은 부분을 인간 조건의 진정한 본질을 인식하며 살아간다. 그러나 이 영화에서 결국 사이퍼는 무지를 선택함으로써 비본래성의 매혹에 대한 좋은 증거를 보여 준다. 악조건 속에서, 죽음에 대한 지속적인 두려움 속에서 그리고 상황이 호전될 것이라는 희망은 조금도 없는 상태에서, 몇 년 간 지하 생활을 견딘 사이퍼는 자신이 더 이상 스스로의 존재를 견딜 수 없으리라는 것을 깨닫는다. 그는 모피어스와 나머지 동료들을 배신한다. 동료들을 배신한 대가로 그가 원하는 것은, 모든 것을 잊고 매트릭스로 돌아가는 것이다.

    사이퍼는 자신의 귀환을 주선하는 스미스 요원과 가상의 저녁 식사를 하면서 자신의 선택을 다음과 같이 설명한다. "나는 이 스테이크가 존재하지 않는다는 걸 알아. 이걸 내 입 속에 집어넣으면 매트릭스가 나의 뇌에다 이게 즙도 많고 맛있다고 말해 주는 걸 알고 있다고. 9년이 지나고 나서 내가 뭘 깨달았는지 알아? 무지가 곧 행복이라는 거야."

 우리는 사이퍼의 선택을 비웃으면서도 그에게 공감한다. 그가 처해 있는 계시적인 현실은 받아들이는 것은 고사하고 상상하기에도 비참하다. 우리 가운데 누가 평생 도피 생활의 위험을 감수하겠는가? 게다가 죽을 때까지 매 끼니마다 구역질나는 '꿀꿀이 죽' 같은 것으로 연명해야 한다면 말이다. 사이퍼는 매트릭스로 돌아가기 위해 자율성, 정직 그리고 진정한 경험의 기회를 대가로 지불해야겠지만, 대신에 그의 선택은 본래성이 수반하는 극단적인 불안과 불편을 (아주 많이) 경감시킬 것이다. 만일 그의 입장이라면 우리 역시 환상을 선택할지도 모른다.

존재의 본질은 그를 구역질나게 만든다

사르트르는 그의 소설 〈구토〉를 통해, 굳이 공상 과학 소설적인 상황을 동원하지 않고도 비본래성이 고통스러운 본래성의 피난처로 제시되는 상황을 보여 줄 수 있음을 증명한다. 〈매트릭스〉가 평범하지 않은 상황과 평범하지 않은 인물들을 등장시키는 것과는 달리, 사르트르는 존재가 자신이 추정했던 대로가 아니라는 것을 발견하는 한 평범한 사람의 삶을 그린다.

 〈구토〉의 주인공 로캉탱은 현실의 진정한 본질을 내키지 않은 마음으로 인식하게 된다. 네오가 초인적인 능력을 소유한, 본질적으로 구세주적인 인물로서 설정되어 있는 반면 사르트르는 로캉탱이 매우 평범한 인물이라는 것을 장황하게 설명하고 또 강조한다. 로캉탱은 아무도 인정해 주는 이 없는 역사 학자다. 그는 책을 쓰고 카페에 자주 드나든다. 그는 1930년대 프랑스의 평범한 도시에서 넉넉지 않은 수입에 의존하여 살아간다. 로캉텡에게 특이한 구석이 있다면, 그의 불타는 듯한 빨간 머리카락 정도가 고작이다. 그의 각성 역시, 끈적끈적한 고치나 기계 장치들과는 전혀 상관이 없는, 어떤 평범한 경험을 계기로 시작된다.

어느 날 해변에서 그는 자신의 손바닥 위에 놓여 있는 조약돌의 존재에서 혐오감과 뿌리칠 수 없는 공포를 느낀다. 이러한 경험 후 그는 내내 불안한 느낌을 지워 버리지 못하고 다음과 같이 말한다. "내게 무슨 일이 생겼다." 그는 조약돌에 대한 자신의 반응을 "잠깐 지나가는 광기의 순간"으로 치부하려고 노력한다. 하지만 로캉텡은 잇따라 기괴한 경험들을 하게 되고, 결국 그는 (그리고 독자들은) 자신이 미쳐 가고 있는 것이 아닌가 의심하기 시작한다.

조약돌과 관련된 로캉텡의 경험은 그저 시작일 뿐이다. 로캉텡의 상태는 나아지기는커녕 점점 더 나빠진다. 로캉텡의 눈에는 환각제를 복용했을 때처럼 습관적으로 기괴한 것들이 보이기 시작한다. 네오가 빨간 약을 삼켰을 때의 경험과 마찬가지로 로캉텡의 지각은 점차 왜곡되어 간다. 예를 들어 로캉텡은 악수를 하려고 친구의 손을 잡는데 그것이 마치 "뚱뚱한 벌레"처럼 느껴져 몸서리를 치며 손을 뿌리친다. 그가 문의 손잡이를 잡자, 손잡이 역시 "일종의 인격을 가진" 것처럼 그의 손을 잡으며 그의 관심을 끌려고 하고, 그의 몸은 공포로 마비된다.

이러한 경험들로 인해 로캉텡은 현실에 대한 확신을 점차 상실해 가고, "아무것도 증명된 것은 없다"고 생각하기 시작한다. 그는 자신의 환경에 익숙해지려고 거울을 들여다보지만 여전히 위안을 얻지 못한다. 거울 속을 들여다봐도 "(그의) 얼굴의 어떤 부분도 이해할 수 없기" 때문이다. 대신 그는 오직 "무기력한 세계의 가장자리에서 해파리의 수준으로 (……) 멋대로 고동치고 성장하는 무미 건조한 육체" 같은 것을 볼 뿐이다. 마찬가지로 로캉텡은 자신의 손이 있어야 할 곳에 정체 모를 갑각류 동물이 보이자 참다 못해 자신의 손을 칼로 찌르고 만다.

이러한 일련의 경험을 겪고 나자, 로캉텡의 삶은 이상하게 혼란스러워진다. 그것은 질서와 연속성을 잃는다. 로캉텡은 자신의 삶이 "변덕스럽고 일관성을 잃어 간다"고 말한다. 그는 불안해진다. "아무 것도 진실로 보이지 않는다. 나는 금방이라도 누가 치워 버릴 것 같은 모조지로 만든 무대 배경에 둘러싸여 있는 것처럼 느껴진다." 그의 지각이 계속해서 그의 관습적인 이해에 저항함에 따라 로캉텡의 세계는 그의 주위에서 녹아 내리기 시작한다. 예를 들어 전차를 타고 가는 동안 로캉텡은 침착해지려고 무진 애를 쓴다. 단순한 의자 쿠션이 그의 눈앞에서 죽은 동물의 부푼 배의 모습으로 변했기 때문이다. 그는 괴로워한다.

"사물들이 자기의 이름들로부터 이탈한다. 그들은 기괴하고 고집스럽고 거대하게 존재한다. 그리고 그들에 대해 무언가를 말하는 것은…… 우스꽝스러워 보인다. 나는 사물들, 이름 없는 사물들의 한가운데 있다. 무방비 상태로……."

로캉텡이 점차 고립되고 방향 감각을 상실하며 "고뇌로 가득 차게" 되리라는 것은 쉽게 예상할 수 있다. 로캉텡은 현실 감각을 잃어 가는 것처럼 보이지만, 〈구토〉의 결말 부분에 이르면 그가 사실은 현실의 진정한 본질을 인식하고 있다는 것이 명백하게 드러난다. 사르트르가 명시하듯이 로캉텡의 경험들은 "사물들의 다양성, 그들의 개성은 단지 겉모습이자 표면에 불과하다는 것"을 폭로한다. 로캉텡은 자신의 경험을 통해 "설명과 이성의 세계는 존재의 세계가 아니라는 것"을 알게 된다. 우리가 세계와 그곳에 있는 사물들에 내재하고 있다고 믿고 있는 질서와 가치들은, 사실 "(우리가) 세계와 사물들의 표면에서 발견하는 미약한 판단 기준들"에 불과하다는 것을 보여 준다. 〈구토〉에서 로캉텡은 인간이 존재하는 (그리고 갇혀 있는) 세계는 본질적인 질서와 의미를 결여한 곳이라는, 원치 않지만 압도적인 진실에 직면한다. 사르트르가 〈존재와 무 Being and Nothingness〉에서 설명했듯이, 세계를 창조한 것은 인간의 의식이 아니지만 세계에 질서와 목적을 부여하는 것은 인간의 의식이다. 의식의 구성 활동이 없다면 세계는 불확실한 정체성, 두려움을 불러일으키는 획일적인 전체로서 존재할 것이다.

그리고 어느 날 밤나무 뿌리 옆에서, 로캉텡에게 "(이) 세계, 벌거벗은 세계가 갑자기 그 자신을" 드러낸다. 이전의 경험들을 통해 존재의 진정한 본질에 점차 다가가던 로캉텡은 마침내 정식으로 그것을 인식하게 된다. 그는 자신이 현실이라고 여겼던 질서와 목적은 사실상 의식이 현실 위에 세운 구조물이라는 사실을 인정한다. 그러나 로캉텡은 밝혀진 진실을 즐기기보다 다음과 같이 말한다.

"나는 이 저열한 혼란을 증오한다. (존재가) 오르고 올라 하늘처럼 높게 올라간다. 모든 것을 그것의 아교질의 미끄러움으로 가득 채우며…… 나는 이러한 구역질나고 부조리한 존재에 대한 분노로 숨이 막힌다."

존재의 진정한 본질에 구역질이 난 로캉텡은 존재를 "뒤죽박죽의 고통"으로 묘사한다. 존재의 본질은 그를 구역질나게 만들고, 또 "두렵게도" 만드는 고통의 근원이다.[14]

비본래적인 삶은
끊임없이 본질로부터 도피하는 삶이다

〈매트릭스〉와 〈구토〉에서 주요 인물들은 인간 조건의 진정한 **본질을 인식**하게 된다. 그들이 보여 주듯이 이러한 인식은 불쾌한 것이고 저항에 부딪히게 마련이다. 그것이 드러내는 진실이 두려운 것이기 때문이다. 모피어스가 네오에게 "나는 그것이 쉬울 거라고 말하지는 않았어. 나는 그것이 진실이라고 말했을 뿐이야"라고 말할 때 그는 본래성이 주는 부담을 인정하고 있는 셈이다. 사이퍼가 변심하여 매트릭스로 돌아가기로 했다는 사실에서, 마우스가 빨간 옷을 입은 가상의 여인에 매혹되었다는 사실에서, 네오가 탈출 후 처음으로 매트릭스에 다시 들어갔을 때 국수 가게에 대한 향수를 토로한다는 사실에서 우리는 이러한 부담에서 벗어나고자 하는 욕망을 본다.

〈매트릭스〉에서도 〈구토〉에서도 본래성은 어렵다. 그것이 드러내는 진실을 받아들이기 어려워서가 아니라, 비본래성이 일반적인 표준이고 규범이기 때문이다. 그리고 이 사실은 중요하다. 실존주의자들은 대부분의 사람들이 비본래적이라는 데 동의한다. 그들은 비본래성이 만연하는 이유를 '심리적인 저항'과 '사회적인 교화' 탓으로 돌린다. 로캉텡과 네오의 경험이 명시하듯이 현실의 진정한 본질이 꼭 사람들이 보기 원하는 어떤 것이리라는 법은 없다. 오히려 존재는 우리가 차라리 거부하고 싶어하는 수많은 현상들을 담고 있다. 죽음, 고통, 무의미는 그 대표적인 예이다. 대부분의 사람들은 존재의 이러한 측면들을 받아들이는 데 어려움을 겪는다. 그러나 본래성을 성취하려면 우리가 편안하게 느끼는 것들만이 아니라 현실의 모든 측면을 인정해야 한다.

실존주의자들은 대부분의 사람들이 존재의 힘든 진실들을 알고 싶어하지 않기 때문에 비본래적으로 살아간다고 단언한다. 사람들은 삶에 대한 일련의 거대한 거짓말로 자신에게 위안을 주고 싶어한다. 이러한 거짓말들은 거대한 형이상학적 거짓말에서 우리가 스스로에게 말하는 사소한 이야기들에 이르기까지 매우 다양하다. 그러나 그들은 모두 우리가 원하는 거짓말들이다. 〈매트릭스〉가 보여 주듯이 예언자의 금언인 "너 자신을 알라"를 열망하는 대신에, 대부분의 사람들은 진실에서 도피하여 자신이 만든 (혹은 다른 사람이 만든) '꿈의 세계'에 남는 것을 택한다.

'사회적인 교화' 역시 사람들에게 비본래성을 철저히 세뇌시키는 역할을 한다. 실존주의자들이 설명하듯이, 대부분의 사람들은 자신들이 배운 대로 세계를 보도록 철저히 길들여져 있기 때문에 어떠한 다른 대안에도 저항하곤 한다. 이러한 사회적인 교화와 이에서 비롯된 변화에 대한 거부 때문에 본래적으로 되는 것은 더욱 드문 일이다. 비본래성이 만연한 사회에서, 본래성은 소외되게 마련이고 심지어 광기에 가까운 것으로 취급받는다.

비본래성의 확산은 본래성을 향한 움직임을 고립시킨다. 본래적이 되어 가는 개인이 갖게 되는 사물에 대한 이해는, 비본래적인 다수가 갖고 있는 사물에 대한 이해와 조화를 이룰 수 없기 때문이다. 모피어스가 지적하듯이 "대부분의 사람들은 떠날 준비가 되어 있지 않다." 대부분의 사람들은 본래성으로 회귀할 준비가 되어 있지 않다. 그들은 자신들이 삶에 대해 가지고 있고 다른 사람들과도 공유하고 있는 편안한 환상을 받아들이도록 길들여져 있고, 또 심리적으로도 그것을 포기할 준비가 되어 있지 않기 때문이다. 따라서 대부분의 사람들은 자발적으로 본래성에 저항할 것이다. 그리고 본래성을 향해 움직이고 있는 듯 보이는 사람들과의 관계도 끊을 것이다.

이러한 저항은 〈매트릭스〉에서 노예로 살고 있는 사람들이 혁명을 위한 노력을 전복시킬 '하드웨어'로 규정되는 것에서도, 〈구토〉에서 사람들이 로캉텡을 적대적으로 취급하는 점에서도 극명하게 드러난다. 로캉텡의 말처럼 "(대부분의 사람들이) 함께 같은 것을 생각하는 것이 너무도 중요하다." 비본래성이 만연함에 따라 인간 조건의 정직한 인식을 향해 움직이는 사람들은 다른 사람들의 지지를 잃는다. 그것도 그가 가장 그것을 필요로 할 때……. 사람들은 누구나 다른 사람들처럼 되고자 하는 욕망을 가지고 있는 듯 보이고, 사회는 '(표준에서) 벗어난' 행동을 용납하지 않는다. 이 사실들만으로도 사람들은 섣불리 본래성에 다가가지 못한다.

본래성을 향한 이행은 부담스러운 진실을 폭로하고 사회적인 소외를 강요한다. 또 그것은 때로는 광기를 향한 움직임으로 보이기도 하며 광기의 느낌들을 도출하기도 한다. 네오는 분명히 광기의 느낌으로 괴로워한다. 사르트르의 작중 인물 로캉텡은 이러한 상황을 더욱 분명하게 보여 준다. 로캉텡은 자신이 과연 제 정신인지를 반복적으로 자문한다. 조약돌과 관련된 경험 이후 그는 자신이 "제정신이 아닐지도 모른다"고 생각한다. 이와 비슷하게 수차례 현기중 나는 분열

증세에 시달린 후 로캉텡은 다른 사람들이 자신을 "미치광이의 범주"에 넣을 수도 있겠다고 결론짓는다. 로캉텡이 온몸으로 보여 주듯이 본래성을 향한 움직임은, 광기를 향한 움직임으로 표현되고 또 그것을 통해 경험된다. 본래성을 통해 획득하는 이해는 '정상적'으로 간주되어 온 것을 초월하기 때문이다. 결과적으로 다른 사람들이 보기에 본래성에 접근하거나 그것을 성취한 개인은 미친 사람이다. 더구나 그 스스로도 자신이 미쳤다고 생각하는 경향이 있다.

본래성에 대해 지금까지 이야기된 것을 보면 아무도 그것을 성취하고 싶어하지 않을 것 같다. 실존주의자들이 인정하듯이 본래성을 성취하는 것은 세계에 어떤 본질적인 질서나 목적이 존재하지 않는다는 사실을 받아들이는 것이고, 또한 그것은 우리가 스스로 만들어 낸 의미들에 대한 완전한 책임을 지고 있는 약하고 유한한 존재라는 사실을 인정하는 것이다. 이러한 인식의 중압감과 그것이 초래할 수 있는 소외감과 광기의 느낌들을 감안한다면, 개인들이 어째서 인간 조건의 본질에 눈을 감고 진실에 등을 돌린 채 살아가기를 원하는지를 쉽게 이해할 수 있을 것이다.

하지만 여전히 비본래성보다는 본래성이 더 선호할 만하게 느껴진다. 그 이유는 무엇일까. 첫째, 비본래적으로 사는 것이 **불안**을 경감시키는 것은 사실이지만 그것을 근절시키지는 못하기 때문이다. 사르트르, 카뮈 그리고 하이데거 등의 실존주의자들은 불안이 우리 존재의 본질에서 유래한다고 본다. 그러므로 불안을 근절시킬 수 있는 유일한 방법은 우리 스스로를 완전히 제거하는 것이다. 물론 이것은 결코 바람직한 선택이 아닐 것이다. 결국 불안을 끝내는 길이 죽음뿐이라면 우리는 그것으로 인한 불안의 해소를 달가워 하지 않을 것이다. 사르트르, 카뮈 그리고 하이데거에 의하면 불안은 우리 존재의 불가피한 측면이다. 즉 그것은 우리 존재의 일부분이다. 인간은 모두 자신의 진정한 본질에 대해서 본능적인 근심을 가지고 있기 때문이다.

모피어스가 언급한 바 있는 "마음속의 가시"처럼, 사르트르, 카뮈 그리고 하이데거는 모든 인간이 불안감을 양산하는 본성의 연약함과 의존성에 대해 직관적인 인식을 가지고 있다고 믿는다. 물론 실존주의자들은, 우리가 이러한 인식을 없는 것인 양 가장하거나 외면할 수 있다는 것을 인정한다. 그러나 그들은 우리가 그것을 근절시킬 수는 없다고 못 박아 말한다. 그러므로 정확히 말해, 비본래성은 우리가 본능적으로 알고 있지만 마음속으로 받아들이고 싶어하지 않는 것을 외면하거나 억누르려는 시도이다.

비본래적으로 사는 사람은 자신이 가진 존재론적인 불안감의 진정한 원인을 탐구하는 대신에 이러한 느낌을 어떤 평범한 원인 탓으로 돌린다. 자신이 경험하는 보편화된 불안이 존재 자체에서 비롯된 것임을 받아들이는 대신 그것을 어떤 지엽적인 이유, 이를테면 일, 다른 어떤 사람 또는 특정한 사물이나 지위가 부족한 탓으로 돌리는 것이다. 존재론적인 불안정성을 세속적인 원천으로 돌리는 것은 우리가 이러한 불안정성이 통제될 수 있거나 심지어 근절될 수도 있다고 오해하고 있기 때문이다. 우리는 만약 우리가 직업을 구하거나 적당한 차를 얻으면 우리의 불안정성과 불만족이 사라질 것이라고 기대한다.

비본래성은 "(자기 자신)으로부터⋯⋯ **도피**"[15]하려는 속성이고, 인간은 자신의 정체성에서 도피할 수 없기 때문에, 비본래적인 삶을 유지하기 위해서는 어떤 계속되는 필사적인 노력이 필요하다. 우리들 대부분은 이러한 악순환에 익숙해져 있다. 우리가 그것을 받아들이기

원하는지 그렇지 않은지의 여부는 별개로 말이다. 따라서 슬프게도, 비본래성의 내부적인 역학 때문에 비본래적인 사람들은 그들의 존재로부터 끊임없이 도피한다. 동시에 그들은 자신들이 도피하는 진짜 이유를 결코 인정하려 하지 않는다.

불안을 근절하지도 못하고, 일종의 '(본질로부터) 도피하는 삶'을 끊임없이 요구하는 것 이외에도, 비본래적으로 사는 것은 개인의 **자유**를 제한하는 부정적인 결과를 초래한다. 실존주의자들이 설명하듯이 비본래적으로 사는 사람들은 세계의 참된 본질을 은폐할 뿐만 아니라 개인의 참된 본성도 은폐한다.

실존주의자들에 의하면, 본래성에 눈을 뜬 인간은 자신이 선택하지 않았던 상황에 처해 있다는 것을 발견하게 되지만, 그 상황 속에서 스스로에 대해 자유롭게 결정한다. 하지만 이러한 자유는 비본래적으로 사는 사람들에게는 두려운 것이다. 비본래적으로 사는 개인들은 자신의 자유를 거부하며 산다. 결과적으로 그들은 자신의 가능성에 대한 진정한 인식 없이 살아간다. 이와 비슷하게 비본래적인 사람들은, 그들이 가진 광범위한 선택의 여지를 인정하지 않는다.

예를 들어 그들은 스스로를 창조할 수 있는 기회를 잡는 대신 예정된 정체성을 수용해 버린다. 그들은 스스로 공 들여 만든 역할들이 아닌 그들에게 던져진 역할들 속으로 손쉽게 미끄러져 들어간다. 그러므로 궁극적으로 볼 때, 비본래적인 개인들은 진정으로 현명하고 자율적인 선택을 할 수 없다. 그들은 실제적인 상황에 대해 정직해지기를 거부하며, 스스로 선택하기보다는 정해진 역할에 따른 선택을 하기 때문이다. 비본래적인 삶은 책임을 면제해 줌으로써 개인들에게 일종의 편안함을 준다. 하지만 이를 위해 개인들이 치러야 하는 대가는 자율성의 상실이다.

본래성은 어떤 불안한 사실들을 받아들여야 한다는 것을 의미하지만 비본래성과는 달리 정직한 삶을 살 수 있게 해 준다. 비본래성의 상태에서 사람들이 잠재력을 실현하거나 진정한 선택을 하는 것이 불가능하다고 볼 때, 본래성은 허구적인 비본래성의 삶보다 훨씬 바람직한 것으로 보인다. 사람들이 본래성에 다가갈수록 그들이 가지고 있던 관습적인 이해는 붕괴하게 되고, 그러면서 그들은 세상에 대한 환상 없이 살아갈 수 있게 된다. 그러나 이것이 반드시 광기를 유발하는 것은 아니다. 오히려 본래성은 사람들이 존재의 본질과 불안의 진정한 원인을 인정하게 함으로써 진정한 선택이 이루어질 수 있는 상황을 조성할 뿐만 아니라 그들에게 특별한 종류의 평온과 **존재에 관한 올바른 인식**을 가져다 준다.

로캉탱은 처음에 느꼈던 공포에도 불구하고 존재는, "완전한 공짜 선물"16)이라는 인식에 이르게 된다. 사르트르는 바로 이러한 상황을 보여 주고 있는 것이다. 소설의 말미에 이르면 존재는 구토를 일으키는 것에서 맛있는 것으로 변형된다. 로캉탱은 존재를 "농밀하고, 기름지고, 달콤하다"17)고 묘사한다. 사르트르는 로캉탱이 마침내 존재의 참된 본질을 인정하자 그의 구토가 경감되는 것으로 묘사하고 있다. 그를 구역질나게 만드는 숨막힐 듯이 "무미건조한 생각"18)은 인간 조건과 그것이 가져오는 부담들에 대한 통렬한 (그리고 견딜 만한) 인식으로 바뀐다.

로캉탱은 도피를 중단하고 살아가기 시작한다. 소설에서 거의 절반을 구성하던 악몽 같은 경험들은 끝나고, 로캉탱은 "정당화하지도 변명하지도 않으며"19) 매일매일 존재한다는, 어렵고 매력 없는 임무에 헌신하기 시작한다.

〈매트릭스〉역시 그것이 그리는 암울한 현실의 초상에도 불구하고, 긍정적인 분위기로 막을 내린다. 네오는 로캉텡과 마찬가지로 벌거벗은 현실이 눈앞에 펼쳐졌을 때 충격과 고통으로 괴로워하지만 그 역시 구토를 극복하고 존재가 재현하는 커다란 기회를 잡는다. 이 영화의 말미에 이르면, 네오는 자신의 미래를 설계할 뿐만 아니라 인류를 미래의 억압으로부터 이끌고 나올 준비가 되어 있는 듯 보인다.

본래성이 선사하는 평온
"존재는 완전한 공짜 선물"

로캉텡과 네오가 보여 주듯이 본래성이 가져다 주는 통찰력은 우리가 그것에 **저항하는 한에서만** 견딜 수 없는 것이 된다. 우리가 그것을 있는 그대로 인정하고 받아들인다면, 존재가 우리가 원하는 모든 것은 아닐지라도 그 사실이 더 이상 우리에게 충격을 주지는 않을 것이다.

우리가 존재의 본질을 왜곡하려 하지 않으면 사물들을 있는 그대로 볼 수 있게 된다. 오직 이 지점에서만 사람들은, 존재라는 훌륭한 선물을 완전히 평가하고 이용할 수 있다.

본래성이 행복에 대한 우리의 관습적인 정의와 일치하는 것은 아니지만 본래적인 삶은 개인들에게 독특한 평온을 안겨 준다. 왜냐하면 그것이 비본래성을 특징짓는 필사적인 도피를 끝내기 때문이다. 그것은 스스로에게 마음을 열고 자신의 존재를 있는 그대로 받아들이는 것을 의미한다. 실존의 진실은 우리의 환상을 파괴할지도 모르지만, 그것이 우리가 가진 모든 것이며 우리의 정체이다.

만약 하이데거가 옳고, 우리의 존재는 시간이며 우리의 시간은 유한하다면, 비본래적으로 살면서 자신의 시간을 (그럼으로써 자신의 존재를) 낭비하는 것은 미친 짓이다. 비본래적인 삶이 아무리 유혹적이라 하더라도 말이다. 어느 쪽이든 네오의 경우에서 볼 수 있듯이 미래는 우리에게 달려 있다.

빨간 약을 먹어라.

제니퍼 L. 맥마흔 Jennifer L. McMahon은 센터 대학의 철학과 교수이다. 사르트르, 동양 철학 그리고 미학에 관한 글들을 다수 발표했다. 그녀는 비록 충실한 채식주의자이지만, 가상의 스테이크라면 충분히 즐길 수 있을 것이라고 확신한다.

영화에 열중할수록 우리는 빨간 약을 선택하게 된다 : 허구에 대한 진실한 반응의 역설

사라 E. 워드

〈매트릭스〉는 최근에 빠르게 성장한 장르의 영화들 가운데 하나다. 이 영화는 본질적으로 철학적이며, 특히 우리가 사물들을 이해하는 방식과 역할을 수행하는 방식에 대해 의문을 제기한다. 이것은 할리우드가 심각하게 관심을 갖기 시작한 주제이다. 1999년에 개봉된 〈매트릭스〉, 〈파이트 클럽Fight Club〉, 〈엑시스텐즈eXistenZ〉는 모두 외양과 현실의 구분을 신뢰할 수 없다는 문제와 현실의 서로 다른 '층위' 또는 '변형'이 있을 가능성에 관해 이야기하고 있다. 이런 주제의식은 〈브라질〉(1985년), 〈토탈 리콜〉(1990년) 〈론머맨Lawnmower Man〉(1992년), 〈론머맨 2 : 사이버 공간 너머Beyond Cyberspace〉(1996년) 그리고 더욱 최근에는 〈트루먼 쇼Truman Show〉(1998년) 등의 영화들을 통해 전통을 이어 가고 있다.

〈매트릭스〉는 '진짜' 현실이 우리가 살고 있는 (비록 우리가 그러한 사실을 깨닫고 있지는 못하지만) 환상보다 더 나쁠 수도 있다는 가능성을 제시한다. 〈파이트 클럽〉은 우리의 성격 가운데 미숙하고 서툰 측면들이, 독자적인 생명력을 가지고 스스로에게 상당한 해를 입일 수 있다는 것을 암시한다. 〈13층 The Thirteenth Floor〉과 〈엑시스텐즈〉는 가상현실의 다양한 층위들에 관한 질문들, 그리고 어떤 주어진 시간에 존재하는 현실이, 진짜 현실인지 아닌지 우리가 알 수 있는가와 관련된 다양한 종류의 질문들을 탐구한다. 〈엑시스텐즈〉를 제외하고* 이러한 영화들은 모두 허구와 확연히 차별화된 '진짜' 현실을 상정하고 있다. 이들은 만약 우리가 이러한 현실을 우연히 마주치기라도 한다면, 곧 그것을 알아볼 수 있을 것이라고 가정한다. 또, 그것이 우리가 갈망하는 어떤 것으로서 기능해야 한다고 가정한다.

이 영화들에 앞서 〈스타 트렉 Star Treck〉의 홀로덱 Holodeck이 있었다. 그곳에서 우주선 엔터프라이즈의 대원들은 운이 좋으면 현실과 허구의 장벽을 넘어, 허구를 관찰하는 입장에서 능동적인 참여자가 될 수 있는 기회를 얻었다. 그들은 허구적인 공간에 들어서서 의미 있게 상호 작용 하는 것이 어떤 것인지를 매우 사실적인 방식으로 경험할 수 있었다. 홀로덱의 (참여자가 아닌 관찰자에게) 가장 흥미로운 특징 가운데 하나는 프로그램이 수시로 막히거나 작동을 멈추는가 하면, '현실의' 참가자가 '허구적인' 이야기 속에 갇히곤 한다는 점이었다. 그리하여 '정말로 진짜라는 것이 무엇인가' 라는 질문이 중요한 방식으로 논의되었다. 만약 그 참가자가 프로그램을 작동시킬 수 없으면 그는 또 다른 세계, 즉 거짓 세계에 영원히 갇힐 것이기 때문이다.

* 〈엑시스텐즈〉의 말미에서 크로넨버그는 현실, 가상 현실들 그리고 허구를 구분하는 확고한 방법이 있다는 발상 자체에 의문을 제기한다.

이것은 위에 언급한 모든 영화들이 의미심장한 방식으로 관객에게 제기하는 문제이다. 즉 우리는 네오의 입장이 되어 (빨간 약과 파란 약으로 대표되는) 두 개의 서로 다른 세계들을 이해하려고 노력한다. 그러나 동시에 아이러니컬하게도, 이 영화가 창조한 허구적인 공간에 관객으로서 열중할 때, 우리는 스스로 빨간 약으로 상징되는 세계를 선택하고 있는 셈이다. 허구 속에서 '길을 잃고' 헤맬수록 우리는 뒤바뀐 현실에 더 깊이 들어가게 된다("빨간 약을 선택하면 너는 이상한 나라에 머물게 될 것이다"). 이것은 네오가 그의 새로운 현실에 들어가거나, 엔터프라이즈호의 대원들이 홀로덱에 들어가거나, 〈13층〉에서 더글러스 홀과 제인 풀러가 위조된 세계에 들어가거나, 〈엑시스텐즈〉에서 알레그라 겔러와 테드 피컬이 가상의 게임 세계에 들어가는 방식과 유사한 심리 상태라고 볼 수 있다.

**우리는 관객으로서
영화와 어떻게 상호 작용 하는가?**

외양과 실재의 차이에 대한 질문들은 언제나 매우 흥미롭다. 위대한 철학자 플라톤과 데카르트도 같은 문제에 천착한 바 있다. 그러나 이 글에서는 일단 다른 질문들에 초점을 맞춰 보기로 하자.
　우리는 관객으로서 영화와 어떻게 상호 작용 하는가? 그리고 이것은 영화 속 등장 인물들이 직면하는 종류의 질문들과 어떻게 유사한가? 또한 우리는 어떻게 영화 속 인물들이 다른 차원의 현실에 연루되는 것과 마찬가지로, 허구의 세계에 연루될 수 있는가? 이러한 질문들의 궁극적인 귀착점은 바로 다음과 같은 질문이다.

'어째서 우리는 우리 눈앞에서 발생하고 있는 일들이 진짜가 아니라는 것을 알면서도 그런 허구에 감정적인 반응을 보이는가?'

내러티브Narrative : 이야기, 사건의 전말 등을 흥미롭게 정리하여 이야기하는 것 - 편집자는 이야기의 요지를 전달하는 중요한 수단이다. 가령 나는 친구에게 내가 꿈에서 매우 다른 현실을 경험했다고 말할 수 있다. 확장된 내러티브는 그 사건에 대한 더욱 상세한 의미를 전달할 수 있고, 듣는 이에게 더욱 강한 감정적인 반응을 유도해 내게 마련이다. 듣는 이는 상세한 **내러티브**에서 이야기와 배경의 골자를 얻겠지만, 그 사건이 발생했다는 나의 **보고**에서는 오직 사실들만을 얻을 것이다. 그래서 우리는 모든 종류의 이야기들, 즉 다큐멘터리(사실), 다큐멘터리 드라마(사실을 토대로 한 이야기), 역사적 허구(역사적인 사실을 토대로 한 허구), 그리고 광범위하게 정의된 허구(모든 종류의 '꾸며 낸' 이야기)를 고려할 수 있다.

중요한 것은 우리가 그 이야기의 사실 여부를 알든 모르든, 그 모든 것들에 감정적으로 **반응**한다는 사실이다. 우리는 그것이 허구라는 것을 알면서도 허구에 반응한다. 그리고 생생하고 표현적인 묘사에 훨씬 더 강하게 반응한다. 우리가 허구에 끌리는 이유는 우리가 그들에게 반응하는 방식을 스스로 즐기기 때문이다. 일반적으로 그것이 훌륭한 이야기인 경우, 즉 내러티브가 더 잘 전개된 경우 우리는 더욱 풍부하게 반응한다. 이러한 우리의 반응을 더 잘 이해하기 위해서는 꾸며 낸 이야기와, 이야기에 대한 우리의 믿음 그리고 이야기에 대한 우리 반응들 사이의 관계에 대한 심도 깊은 설명이 필요하다.

허구의 역설:
허구라는 것을 알면서도 허구에 반응한다

꾸며 낸 이야기에 대한 우리의 반응은 일련의 복잡한 문제들을 낳는다. 꾸며 낸 이야기에는 문학에서부터 텔레비전, 극장용 영화, 가상현실 게임에 이르는 모든 것들이 포함된다. 여기서 중요한 것은 그 이야기가 허구적이라는 점이 아니다. 정말로 중요한 것은 사실이든 아니든 그것이 한 이야기의 재연이라는 점이다. 왜 우리는 일부러 사실이 아니라는 것을 알면서도 많은 것들을 경험하고자 하고, 또 이러한 경험들을 즐기는가? 이것은 일반적으로 '허구의 역설'이라고 알려져 있다. 이 역설은 다음과 같이 구성할 수 있다.

(1) 우리는 우리가 사실이라고 믿는 것들에 대해서만 감정적으로 반응한다.
(2) 우리는 허구가 사실이라고 믿지 않는다. 그럼에도 불구하고,
(3) 우리는 허구에 대해 감정적으로 반응한다.*

이것의 첫 번째 부분을 논리적으로 설명하자면 다음과 같다. 당신이 내게 해준 이야기가 사실이 아니라는 것을 사전에 내가 알았다면, 나는 그것에 감정적인 반응을 보이지 않았을 것이라는 이야기다. 예를 들어, 당신이 "내가 너에게 말하려는 것은 사실이 아냐"라고 전제한 뒤, "친한 친구가 한 명 있는데, 그 애가 글쎄 애정 문제로 너무 고민

---

* 허구의 역설은 보편적인 범주에 든다. 그것의 두 가지 하위 범주는 '어떻게 우리는 비극으로부터 미학적 쾌감을 느끼는가?' 하는 '비극의 역설' 그리고 '왜 우리는 공포가 이야기를 통해 제시될 때 그것을 즐기는가?' 하는 '공포의 역설' 이다.

한 나머지 달리는 기차에 몸을 던져 죽고 말았지 뭐니!"라고 말했다고 하자. 논리적으로나 실제적으로나 내가 당신의 친구에 대해 관심을 갖거나, 당신의 이야기에 대해 어떤 종류의 감정적인 반응을 보일 이유는 전혀 없다. 그러나 우리는 언제나 꾸며 낸 이야기들에 대해서도 감정적으로 반응하곤 한다.

어째서 우리는 이러한 반응을 갖는가에 대한 설명으로서 종종 여러 유형의 답변들이 제시되곤 한다. 여기에는 (새뮤얼 테일러 콜리지 Samuel Taylor Coleridge가 처음 제기한) "불신의 자발적 중단"이 있다는 의견에서부터, 관객들이나 독자들이 인물들에게 모종의 감정 이입을 함으로써 감정적으로 반응하게 된다는 주장에 이르기까지 다양한 의견들이 있다.[20]

하지만 나는 이들 중 어느 것도 설득력이 있다고 생각하지 않는다. 나는 우리가 허구적인 인물에 감정 이입을 하는 방식은, 참된 현실과 가상현실 사이의 어떤 실제적인 구별이나 불신의 자발적인 중단보다는, 이야기가 말해지는 **방식**과 더 관계가 있다고 말하고 싶다. 〈트루먼 쇼〉의 세트장 같은 가상현실 세계이건, 〈매트릭스〉의 환상을 제공하는 인간 발전소 같은 가공현실이건 관객들이 그것에 감정적으로 연루되는 것은 이야기 때문이다.

문제가 되는 것은 우리는 우리가 보고 있는 것을 사실이라고 **믿지 않는다**는 점이다. 바로 이러한 상황이 '허구의 역설'을 야기하는 핵심 요소다. 처음에 네오는 그가 빨간 약을 먹은 후 발견한 것이 진짜로 현실일 수도 있다는 것을 믿지 않았고, 그가 들었던 이야기를 이해하기 시작하고 나서야 그것을 믿기 시작했다. 그때가 되어서도 그는 오랫동안 계속해서 이 새로운 현실의 다른 측면들을 의심했다. 그러므로 '실재하는 것과 실재하지 않는 것 가운데 우리가 무엇을 믿는가' 하는 문제는, 우리가 어떤 이야기에 얼마나 감정적으로 연결되어 있는지에 따라 결정된다. 기술이 우리가 경험하는 허구의 본질을 변화시켰을 경우, 우리는 우리가 가지고 있는 이러저러한 믿음들로 인해 정당화된 혹은 진정한 감정들을 충분히 설명할 수 없을 것이다. 영화 〈블레어 위치 프로젝트 Blair Witch Project〉 같은 특별한 경우를 제외하고는, 우리는 영화 속에서 일어나는 사건들이 '사실'이 아님을 알면서도 그것을 '믿는다.' 그리고 기술은 이러한 믿음을 더욱 실감나게 한다. 특히 아이맥스 영화가 제공하는 기술은 우리를 더욱 영화에 몰입하도록 만든다. 이것은 우리가 보고 있는 것이 실제로 일어나고 있는 사건이 아니라는 우리의 단순한 믿음을 훨씬 뛰어넘는다. 여기서 중요한 것은 영화 속에서 발생하는 사건이 진짜라는 것을 **우리가 믿지 않는다**는 점이 아니라, 이야기를 **전달하는 방식**이 (그리고 이제는 그 이야기의 전달 방식에 현실성을 더해 주는 특수 효과가) 우리가 이야기에 **반응하는 방식**에 대해 더욱 큰 영향력을 행사하는 듯 보인다는 것이다.

나아가 몇몇 최신식 매체는, 심지어 우리가 경험하는 실재 세계와 허구적 세계 사이의 경계를 모호하게 만든다. 일부 매체는 그러한 경계 자체를 무의미한 것으로 만들기까지 한다. 즉 우리는 상상 속에서 네오가 매트릭스에 들어가는 것과 같은 방식으로, 우리 역시 허구적인 공간에 들어갈 수 있는지 그렇지 않은지의 여부에 대해 어떠한 결론에도 도달하지 못했다. 그리고 네오가 반복해서 듣는 말처럼, "아무도 당신에게 매트릭스가 무엇인지 말해 주지 않는다. 당신은 그것을 당신 스스로 보아야 한다." 네오는 이런 매우 다른 현실을 스스로 경험하기 위해 빨간 약을 선택해야 하는 것이다. 이것은 아무리 누군가가 나에게 어떤 영화나 소설에 대해서 실감나게 이야기해 준다고 해도, 결코 내가 직접 그것을 보거나 경험할 때와 같은 경험이나 감정적인 반응을 갖지 못할 것이라는 사실과 비슷하다. 관객인 내가 과연 "진실의 사막"에 있는 동안 네오가 경험했던 것과 마찬가지 유형의 경험을 할 수 있을까? 켄들 월턴 Kendall Walton은 우리가 허구를 심리적으로 경험하는 방식은 소꿉놀이나 병원놀이 등을 하고 놀 때 아이들이 육체적으로 경험하는 방식과 비슷하다고 주장한다.[21]

그것은 네오가 매트릭스 현실에 들어가는 것과 비슷한 방식으로, 우리가 실제로 허구적인 공간에 들어갈 수 있다는 것을 암시한다. 예를 들어 우리가 영화 속의 허구적인 공간을 경험할 때, 우리는 비록 육체적으로는 그 공간에 들어갈 수 없지만 인지적으로는 비슷한 경험을 하는 셈이고, 그러므로 우리는 그 공간에 대해 감정적인 반응을 하게 되는 것이다. 그리고 이러한 사실 덕분에 우리는 '왜 우리가 '진짜'라고 믿지 않는 사물들에 대해 반응하는가'에 대해 설명해야 한다는 부담을 덜 수 있다. 즉 만약 (허구적이건 실재적이건) 경험들이 인지적으로 비슷하다면, '현실에 대한 믿음' 혹은 '현실과 비현실 사이의 뚜렷한 구분'은 모호해질 뿐만 아니라 부적절한 것이 된다.

그러나 오해하지 말기 바란다. 영화에 감동받기 위해, 영화 속 사건들을 꼭 믿을 필요는 **없다**는 점은 분명하다. 사실 우리가 정서적으로 적당한 (미학적) 반응을 보이는 것은 영화에서 일어나는 일을 믿지 않기 때문이다. 비극이나 공포물인 경우에는 더욱 그렇다.[22] 변태가 아니고서야 다른 사람들의 비극적인 삶을 보고 즐거워하고, 사람들이 쫓기거나 미행당하거나 살해당하는 것을 보면서 쾌감을 느끼는 사람은 없을 것이다. 그러나 허구의 맥락에서는 우리는 종종 이러한 것들을 즐긴다. 그들이 실제 벌어지고 있는 사건이라는 것을 믿지 않는 한도 내에서 우리는 그들을 즐길 수 있는 것이다. 우리는 네오가 컴퓨터 시뮬레이션을 통해 다양한 무술들을 섭렵한 후 모피어스와 대련하는 장면을 보면서 이를 즐길 수 있다. 그러나 이것도 둘 중 어느 누구도 실제로 다치지 않는다는 것을 알고 있을 때에만 그렇다. 이러한 정서적 반응은 〈매트릭스〉에 등장하는 화려한 특수 효과를 감상하는 경우에 더욱 잘 들어맞는다. 관객은 영화 속에서 시간의 속도가 느려지고 심지어 시간이 정지하는 것까지 본다. 관객은 이러한 일이 일어날 리 없거나 혹은 적어도 실제 경험이 아니라는 것을 알고 있기 때문에, 여전히 그것에 여유 있게 반응할 수 있는 것이다.

**우리는 허구에 대한 불신을 중단하는 것이 아니다
허구에 대한 믿음을 창조하는 것이다**

〈매트릭스〉에는 〈이상한 나라의 앨리스〉를 연상시키는 대사들이 심심찮게 등장한다. 그 대사들은 이 영화에서 중요한 의미를 함축하고 있다. 앨리스는 네오가 그랬듯이 새롭고 이상한 현실에 직면하면서 많은 문제들에 부딪힌다. 거의 영화가 시작되자마자, 네오의 (이 시점에서는 여전히 토끼 구멍 밖의 토마스 앤더슨이지만) 컴퓨터의 모니터 위에는 "흰토끼를 따라가라"는 문장이 뜬다. 네오는 그 말대로 흰토끼(문신)를 따라가고 이것은 궁극적으로 그를 진정한 현실로 이끈다. 네오가 도착하자 모피어스는 그에게 말한다. "나는 지금 자네가 약간은 앨리스가 된 기분이 들 거라고 생각하네. 토끼 구멍 속으로 떨어진 앨리스 말야."

이러한 직접적인 언급들은 이 영화 속에서 네오가 겪는 경험들이, 관객들이 이 영화를 보면서 겪는 경험들과 유사하다는 것을 분명하게 보여 준다. 관객으로서, 우리는 네오가 경험하는 새로운 현실을 지켜보고 점점 거기에 몰입한다. 그리고 우리는 네오와 더불어 다른 현실에 적응한다. 우리들이 잘 알고 있는 소설 〈이상한 나라의 앨리스〉처럼, 우리는(즉 영화 속의 네오와 영화를 보는 관객 모두는) 우리만의 새로운 이상한 나라에 이끌려 들어간다.

우리가 허구적인 세계에 발을 들여놓을 때 혹은 허구적인 세계가 상상 속으로 들어오는 것을 우리가 허용할 때, 우리는 '자발적으로 불신을 중단' 하지는 않는다. 콜리지의 설명과는 달리, 우리는 자발적으로 어떤 것을 믿고 안 믿고를 결정할 수 없다. 예를 들어 모든 시각적 혹은 감각적인 증거가 그렇지 않다고 말하는데도, 우리가 자발적으로 눈이 온다고 믿을 수는 없는 것이다. 꾸며 낸 이야기를 경험할 때 우리는 비평 기능을 중단한다기보다 오히려 창조적인 능력을 발휘한다. 우리는 능동적으로 불신을 중단하는 것이 아니다. 우리는 능동적으로 **믿음을 창조한다**. 우리가 허구적인 공간에 들어가는 방법을 배우게 되면서(나는 이것을 우리가 정말로 배워야 한다고 생각한다. 그리고 이것을 연습하고 개발하는 기술이 필요하다고 생각한다*), 우리는 그 새로운 공간을 더욱 완전하게 경험할 수 있기를 열망하게 된다. 네오가 매트릭스 밖의 현실 세계에 몰입하기 시작하는 것과 마찬가지로, 우리

---

* 이 주장은 의문의 여지가 있는 듯 보인다. 아이들은 이것을 비교적 쉽게 하는 듯 보이기 때문이다. 아이들은 소꿉놀이나 병원놀이 등의 가장 게임make-believe을 하기 위해 훈련을 할 필요가 없다. 그리고 아이들은 자기들이 스스로 만들어 내는 허구적인 상상의 세계에 충분히 그리고 쉽게 몰입하게 되는 듯 보인다. 또 켄들 월턴이 주장하는 것처럼 아이들이 가장 게임에 육체적으로 열중하는 것과 비슷한 방식으로 어른들도 허구적 경험에 심리적으로 열중한다. 하지만 아이들이 이것을 상당히 자연스럽게 하는 반면, 어른들은 그렇게 하기 위해 훈련이 필요하다.

는 허구라는 새로운 세계에 몰입하기를 원한다. 이를 위해 우리는 새로운 세계에 주의를 집중할 수 있고, 그 경험의 현실성에 의문을 제기하기보다는 우리의 창조적인 능력들을 사용하여 현실성을 보다 생생하게 느낄 수 있다.

기술적으로 정교한 허구, 즉 점점 더 '진짜' 같아지는 이야기들은 어떻게 감정적인 반응을 일으키는가? 어떤 사람들은 우리가 허구에 어떤 식으로 반응하는지를 이해하기 위해서는, 우리 감정이 실제 사건들에 반응하여 작용하는 방식을 이해해야 한다고 주장한다. 그러나 이것은 적절하지 않은 방법일지도 모른다. 허구적인 상황들과 상호 작용 할 때, 우리가 그러한 상황을 믿지 않는다고 해서, 그 경험이 물리적으로 또는 현상학적으로 실제적인 경험과 꼭 달라진다고만은 할 수 없기 때문이다. 만약 우리가 허구를 경험하면서도 실제로 경험할 때와 같은 것을 **느끼고** 비슷한 감정적인 반응들을 갖는다면 그 경험을 진짜라고 말하지 못할 이유는 없는 것이다. 여러 가지 면에서 그렇게 말할 수 있다.

더욱이 이제 우리는 허구의 공간과 실재의 공간이 겹쳐지고 결합하는 영역으로 접근하고 있다. 〈매트릭스〉에서는 이와 같은 방식으로 두 세계가 겹치고 결합되기 시작한다. 네오가 온몸의 털이 깎인 채 새로운 은신처에서 살게 된 후 모피어스는 그를 사방이 온통 하얀 방으로 데려간다. 네오는 자신이 이전에 입던 방식으로 옷을 입고 있다는 것을 발견하고 놀란다. 모피어스는 이것이 네오가 가진 "자기의 잉여 이미지"이자, "디지털 자아의 물리적인 이미지"라고 설명한다. 네오가 가졌던 과거의 자기 이미지는 한 세계에서 다른 세계로 넘나든다. 사이퍼는 이와 비슷하게 자신이 먹고 있는 스테이크가 진짜가 아니라는 것을 '알면서도' 그것의 맛과 육질을 포기할 수 없다는 입장을 취한다.

우리가 실재와 비실재를 구분할 수 있다고 해서, 그것이 반드시 우리가 행동하거나 그것들에 반응하는 방식을 바꾸는 것은 아니다. 외양과 실재를 (<매트릭스>에서, 그리고 우리 자신의 삶에서) 구분하는 경계선은 우리가 생각했던 것만큼 분명하지 않을지도 모른다. 더욱이 우리는 허구와의 상호 작용을 이해하기 위해 그 경계선을 적극적으로 없앨 필요가 있을지도 모른다.

현실도 하나의 이야기에 불과하다

'현실'에서, 우리는 언제나 충분한 정보를 갖지 못한 채 사람들과 상황들에 대해 판단한다. 그리고 이것은 사실상 어쩔 수 없는 일이다. 우리가 당연하게 받아들이는 모든 사실들에 대한 정보를 일일이 수집해야 한다면 정상적인 삶이 불가능해질 것이기 때문이다. 우리는 자신이 가지고 있는 지식의 모자란 부분을 추측과 편견으로 채운다. 그러므로 현실은 우리가 생각하는 것만큼 '진짜'가 아닐지도 모른다. 우리는 상당 부분 자신의 관점에서 해석하기 때문이다. 그것은 허구에 대해서도 마찬가지다. 우리는 책을 읽거나 영화를 볼 때 그곳에 등장하는 사람들이 현실의 인간들과 비슷한 삶을 살아왔고, 별다른 이야기가 없는 한 현실의 인간들과 비슷한 역할을 하며, 우리의 세계와 물리적으로 비슷한 세계에서 살고 있다고 가정하게 마련이다. 현실에서건 허구에서건 두 경우 모두 우리에게는 사건의 뼈대만이 주어진다. 우리는 거기에 살을 붙이기 위해 우리의 상상력을 발휘해야 한다.

허구의 구조는 신중하게 구성되어 있어 우리는 거의 모든 관련 정보를 얻을 수 있다. 반면 현실에서는, 어떤 상황에 대한 일관된 이해를 구성하기 위한 정보가 신중하게 정리된 상태로 우리에게 주어지지 않는다. 우리는 정보들 가운데 어떤 세부 사항들을 골라내어 하나의 이해할 수 있는 이야기를 스스로 만들어 내야 한다. 이때 필연적으로 주관적인 편견과 선입견이 개입되며, 그 주관적인 판단은 대개 우리의 문화에 의해 결정되게 마련이다. 만약 이런 경우라면, 그리고 우리가 정말로 우리 현실의 중요한 부분을 창조하고 채워 넣어야 한다면, 우리는 어떤 의미에서 (우리가 현실이라고 부르는) 우리의 이야기들을 조작하고 있는 셈이다. 그리고 이러한 이야기들이 모여 우리의 삶을 구성한다. 로저 섕크 Roger Schank 는 그의 책에서 내러티브와 지능에 대해 이렇게 설명한다.

> 우리는 다른 누군가에게 우리의 경험을 묘사하는 이야기를 할 필요가 있다. 이야기를 창조하는 과정은, 우리가 남은 생애 동안 저장하기 쉽도록 이야기의 요점을 담은 기억을 창조하는 과정이다. 말하는 것은 기억하는 것이다. 그러나 이야기를 말하는 것은 단순한 복습이 아니라 창조이다. 창조 행위는 그 자체로 기억할 만한 경험이다.22)

우리는 이야기를 듣고 말함으로써 의미와 기억을 창조한다. 그래서 현실은 이야기를 창조한다는 면에서 우리가 생각했던 것보다 훨씬 허구에 가깝다. 그리고 어떤 상황에 대한 자신의 감정을 정당화하는 것이, 자신이 그것을 진짜 현실이라고 믿는지 혹은 믿지 않는지 여부에 달려 있다는 말은 이제 더 이상 근거가 없는 것으로 보인다.

하지만 우리가 정말로 자신의 이야기를 현실처럼 창조한다 해도 (혹은 자신의 현실을 이야기로서 창조한다 해도), 우리는 여전히 가상현실을 경험하고 판단할 때는 믿음을 누락시키게 된다. 만약 내가 차도를 건너고 있다고 믿는다면, 오가는 차들이 허구든 아니든 차도에 너무 오래 머물러 있다가는 어떤 치명적인 위험에 처할 것이라고 판단할 수 있다. 하지만 이러한 판단을 내린 것이 가상현실 게임 중에서라면 나는 적어도 물리적인 위험에 처하지는 않을 것이다.

내러티브가 현실과 허구 사이의 구분을 허물어뜨리는 방식을 이해하게 되면 어떤 의미에서 허구의 역설은 사라지게 된다. 즉 우리가 허구와 현실에 각각 다르게 반응한다는 문제는 더 이상 유효하지 않다. 그들 사이의 구분이 바뀌었기 때문이다. 만약 우리가 허구와 현실의 구분을 잠시 제쳐 두고 양자에 대한 우리의 이해를 연결하는 것이 무엇인지, 즉 우리가 어떻게 내러티브를 이해하는지를 검토한다면, 우리는 좀더 통합된 문제, 우리를 허구의 역설로 이끌지 않게 하는 문제를 다룰 수 있을 것이다.

현실, 허구, 내러티브

나는 허구와 현실이 같다거나 심지어 때때로 그들을 구분할 수 없다고 주장하고 있는 것이 아니다. 인식론적인 것(무엇이 실재인지 아는 것)과 존재론적인 것(사물들의 존재를 있는 그대로 받아들이는 것) 사이에는 분명한 차이가 있다. 내가 중점을 두는 것은 (내러티브와 이야기하기를 통해) 우리가 양자 모두를 어떻게 이해하는가이다. 이야기가 말해지는 방식, 혹은 우리가 이야기를 창조하고 이해하는 방식은 허구에서든 현실에서든 비슷하다. 우리가 반응하는 궁극적인 대상이 내러티브라면, 우리가 실제적인 경험들과 허구적인 경험들(우리를 계속해서 역설 속에서 헤매게 할 거짓된 이분법)에 반응하여 작용하는 감정들을 어떻게 해석하든 상관없다.

나아가 만약 우리가 반응하는 대상이 내러티브라면, 그리고 그것이 기술적인 발전을 통해 더 나아지거나 적어도 더 생생해진다면, 우리가 보거나 경험하는 것이 '실제 현실'가 아니라는 것을 설령 '안다' 해도, 우리가 그것에 점점 더 강한 감정 반응을 갖는다는 것이 하나도 이상한 일이 아닐 것이다. 현재의 기술 수준이라면 특히 〈매트릭스〉가 제공하는 종류의 특수 효과 수준이라면, 우리는 두 세계를 더욱 충분히 경험할 수 있고 양쪽 모두에 감정적으로 반응할 수 있을 것이다.

감정을 '정당화하기' 위해선 이것이 실제 현실이라는 믿음이 필요하다는 것에서, 논쟁의 초점을 **이야기의 역할**로 옮김으로써 우리는 실재와 허구의 서로 다른 공간들을 연결할 수 있다. 또 더 나아가 우리는 〈매트릭스〉의 인물들과 비슷한 역할을 해볼 수도 있다. 네오는 새로운 현실을 경험한다. 그리고 우리 역시 그와 함께 이전에는 상상도 못했던 방식으로 새로운 현실을 경험한다.

사라 E. 워드 Sarae. Worth는 남부 캘리포니아 그린빌 소재 퍼맨 대학의 철학과 교수이다. 그녀는 〈미학·예술 비평 저널Journal of Aesthetic and Art〉〈영국 미학 저널British Journal of Aesthetics〉 그리고 〈미학 교육 저널Journal of Aesthetic Education〉에 주로 미학 관련 논문을 발표했다. 사라는 워쇼스키 형제가 그녀를 트리니티의 모델로 삼았으면 좋겠다고 제안했으며, 자기가 기꺼이 응했다고 주장한다.

SCENE 03
윤리학과 종교의 토끼 구멍 아래로

숟가락은 없다 : 불교의 거울에 비춰 본 〈매트릭스〉

마이클 브래니건 MICHAEL BRANNIGAN

"운명에는 아이러니가 존재한다"라고 모피어스는 말한다. 역사도 마찬가지다. 붓다^{佛陀}가 자기 아들의 이름을 '사슬' 혹은 '장애'를 의미하는 '라훌라'로 지었다는 것은 의미심장하다. 훗날 '깨달음을 얻은 사람'을 의미하는 '붓다'가 된 고타마 싯다르타 왕자는 29세의 나이에 자신의 안락한 생활 방식을 버리기로 결심한다. 마음속에서 그를 괴롭히던 문제를 풀기 위해서였다. 그것은 "우리를 움직이는 문제"였고 존재에 뭔가 근본적으로 잘못된 것이 있다는 느낌이었다.

싯다르타가 대오 각성한 후 라훌라는 그의 제자가 되었다. 불경의 고전인 중부 中部 Majjhima - Nikaya : 중간 길이의 경들을 모아 놓은 모음집이다 - 옮긴이에는 '깨달음을 얻은 사람'이 거울의 심상을 이용하여 자기 아들, 즉 '사슬에 묶인 자'를 가르치는 대목이 나온다.

- 이것에 대해 어떻게 생각하느냐, 라훌라? 거울의 목적은 무엇이냐?
- 그것의 목적은 **반영**反影 reflection입니다, 세존이시여.
- 그렇다 하더라도 라훌라야, 행위는 (오직) 거듭된 **반성**反省 reflection 후에야 몸으로 행해지는 것이다. 행위는 (오직) 거듭된 반성 후에야말로 행해지는 것이며 마음으로 행해지는 것이다.1)

〈매트릭스〉가 사용하는 '거울 - 반영'의 이미지 : 보고 만지는 세계는 실재로 존재하지 않는다

붓다가 거울의 반영을 의도적으로 이중 해석하는 것을 주목하라. 우선 거울은 단순히 '반영'한다. 거울은 그 앞에 있는 사물을 명쾌하게 되비춘다. 그런 이유 때문에 거울의 비유는 도교와 불교의 가르침, 특히 선불교의 가르침에서 널리 쓰인다. 이러한 가르침들은 우리가 거울같이 되도록, 즉 거울처럼 깨끗하며 어지럽게 채워져 있지 않고 자유로우면서도 비어 있는 '거울 같은 마음'을 갖도록 촉구한다. 거울과 마찬가지로 거울 같은 마음은 단순히 그 앞에 오는 것을 비춘다. 그것은 차별하지 않는다. 그것은 자기의 영상에 집착하지도 않는다.

우리는 〈매트릭스〉에서도 '거울-반영'의 이미지가 의미심장하게 사용되고 있는 것을 본다. 토마스 앤더슨, 즉 네오가 직장 상사인 라인하르트로부터 질책당할 때, 창문을 닦는 사람들은 매트릭스의 코드 모양을 닮은 비누 거품들을 닦아 낸다. 스미스 요원의 선글라스가 토마스 앤더슨과 네오라는 두 개의 정체성을 어둡게 반영하는 반면 모피어스의 거울로 된 선글라스는 그들을 더욱 뚜렷하게 비춘다. 이들이 매트릭스와 컨스트럭트 안에서만 안경을 쓰고, 실재 세계에서는 안경을 쓰지 않는다는 점을 혹시 눈치 챘는가. 또 모피어스는 거울로 된 약상자에서 빨간 약과 파란 약을 꺼내, 네오에게 둘 중 하나를 선택하라고 한다.

이 영화에서 거울 이미지가 가장 극적으로 사용되고 있는 장면은, 네오가 빨간 약을 삼키고 난 직후에 등장한다. 흠뻑 젖어 있는 듯한 거울을 바라보던 네오는 그것에 이끌리듯 거울 가까이 손을 가져간다. 그러자 거울은 액체로 변해 그의 팔과 몸을 타고 흘러 올라온다. 네오는 곧 거울로 변하고 다음 순간 "토끼 구멍"으로 깊숙이 빠져 들어가 진실을 대면한다. 그리고 매트릭스에 떨어져 유선형 용기 안에 담겨 있는 자신의 모습을 발견하는 순간, 그는 완전한 알몸의 상태로 환상에서 깨어난다.

진실을 의미하는 그리스어 'alethia'는 '벌거벗은 상태'를 지칭하기도 한다. 이것은 적나라한 진실의 개념을 암시한다. 그는 거울로 변신함으로써 최초의 진정한 각성을 경험하게 된다. 그는 지금껏 진짜라고 생각해 왔던 것이 사실은 프로그램 된 환상이자 "우리를 끊임없이 통제하기 위해 건설된 컴퓨터가 만들어 낸 꿈의 세계"라는 진실을 깨닫게 된 것이다.

'거울-반영'의 이미지를 가장 심오하게 사용하고 있는 장면은 예언자의 아파트 시퀀스이다. 승복을 입고 결가부좌로 앉아 있던 소년은 염력을 이용하여 숟가락을 구부린다. 그가 네오를 향해 숟가락을 들어보이자 숟가락에는 네오의 영상이 비친다. 이것은 명쾌함과 진실을 대변한다. 그 진실은 소년과 네오가 공유하는 것이며 네오에게 가장 중요한 교훈이다. "숟가락은 없다."

이 대목에서 영화 〈매트릭스〉는 불교적 세계관을 두드러지게 드러낸다. 널리 알려진 선불교의 우화 가운데 바람에 나부끼는 깃발을 관찰하는 세 승려의 문답 問答 Mondo이 있다.

먼저 한 승려가 그 깃발이 어떻게 움직이는지를 이야기한다. 다음 승려는 실제로 움직이는 것이 아니라 바람이라고 응수한다. 세 번째 승려는 두 사람 모두를 꾸짖는다. 그는 깃발도 바람도 움직이지 않는다고 주장한다. 그는 이렇게 말한다. "움직이는 것은 당신의 마음이오." 불교적 교훈은 명백하다. 움직이는 것은 숟가락이 아니다. 숟가락은 없기 때문이다. 오직 마음이 있을 뿐이다.

더 나아가 숟가락은 없으므로 '거울-반영'의 이미지는, 우리가 되비추어진 영상에 대해 지나치게 많은 의미를 부여하지 않도록 주의할 필요가 있다는 것을 환기시킨다. 영상은 단순히 영상일 뿐이며 그 이상도 그 이하도 아니다. 어떤 의미에서는 숟가락이 없는 것처럼 거울도 없다. 거울에 되비친 세계가 단순히 영상이고 환영이라는 점에서 그렇다. 이러한 견지에서 붓다는 우리가 알고 있는 세계는 미망 迷妄이며 마야 Maya : 속임수 사기 마술을 의미함 - 옮긴이 라고 가르친다. 현대 불교학자들은 그러한 미망의 본질에 대해 논쟁해 왔다. 미망이란 우리가 보고 만지는 세계가 실제로 존재하지 않는다는 의미일까? 여기에 매트릭스가 말하고자 하는 모든 것이 담겨져 있다.

숟가락은 없다, 네오는 없다
존재하는 것은 마음뿐

한편 많은 불교도들, 특히 마하야나 Mayhayana : 대승 불교 - 편집자 종파는 세계의 본질적 허구성은 세계에 대한 우리의 **지식**에서 비롯된다고 주장한다. 다시 말해 세계는 (허구적으로서가 아니라) 정말로 구체적으로 존재하지만 이 구체적인 세계에 대한 우리의 관점과 지각은 구체적인 것이 아니다. 내가 가지고 있는 에펠탑 사진이 실제 에펠탑이 아닌 것과 마찬가지로 거울에 나타난 영상은 거울 앞에 존재하는 실물이 아니다. 선불교에서 주장하듯이 달을 가리키는 손가락은 달이 아니다. 우리를 혼동 속에 빠뜨리는 가장 큰 함정은 영상을 현실로 착각하는 것이다. 그러나 무엇이 진짜인지를 해석하고 정의하는 것은 바로 우리의 마음이다. 불교의 가르침들은 바로 이러한 인식론적인 미망으로부터 우리의 마음을 구제하고자 하는 것이다.[2] 이를 위해서 우리는 마음을 자유롭게 해야 한다.

가장 중요한 것은 독립적이고 고정된 자아에 대한 환상으로부터 우리의 마음을 해방시켜야 한다는 것이다. 우리가 거울 앞에 서서 거울에 비친 자신의 모습을 바라본다 해도 그 영상은 자신이 진정으로 무엇인지에 대해 아무 말도 해 주지 않는다. 이로써 우리는 불교의 가르침의 핵심에 도달한다.

즉 "숟가락이 없듯이" 자아도 없다. 그리고 만약 숟가락이 없다면 네오도 없다. 불교에서는 자아自我도, 그리고 독립적이고 개별적인 실체도 없다. 이 무아無我라는 관념은 아나트만 Anatman이라 불리는데, 문자 그대로 '자아가 없다'는 것을 의미한다. 그러므로 우리는 거울을 잘못된 방법으로 사용할 수도 있다. 그것을 자아가 존재한다는 환상을 강화하기 위해 사용할 수도 있는 것이다. 우리에게 이러한 자아는 너무도 소모적이어서 거울이 없으면 우리는 무기력해지고 심지어 고통스러워지기까지 한다. 허구의 세계 속에 살고 있는 우리는 자아와 개별성에 대한 환상을 재확인하기 위해 거울을 필요로 한다.

이제 붓다가 자기 아들을 가르치는 장면으로 돌아가 그가 거울에 부여한 두 번째 의미를 생각해 보자. 이때 거울은 '반성하고' 검토하고 심사숙고하는 정신적인 활동을 상징한다. 그는 아들 라훌라에게 행동에 앞서 신중한 반성이 있어야 한다고 가르친다. 더 나아가 어떤 행동을 하든 자신의 행동이 다른 모든 것들에게 미칠 영향을 고려해야 한다고 당부한다.

> 라훌라야, 만약 네가 이렇듯 반성하여 네가 육체를 통해 행하기를 갈망하는 행위가 자신에게 해를 입히고 다른 사람들에게 해를 입히고 양자 모두에게 해를 입히는 행위라는 것을 발견한다면, 그 육체의 행위가 미숙하고 그것이 고뇌를 낳고 그것의 결과가 고뇌라는 것을 발견한다면…… 그와 같은 육체의 행위는 라훌라야, 너에 의해 절대 행해져서는 안 되느니라.[3)]

붓다의 이 가르침에는 불교의 가장 핵심적인 밑바탕을 이루는 **상의상대성**相依相對性 혹은 연기사상緣起思想이 담겨 있다. 연기사상은 존재하는 모든 것은 본질적으로 서로 복잡하게 얽혀 있어서 모든 사물들 사이에는 자연적인 상호 연관 관계가 존재한다는 것을 의미한다. 그러므로 연기사상에 따르면 우주 만물 가운데 어떤 것도 독립적이거나 별개의 것이 될 수 없다.

그리고 영원한 것은 아무 것도 없다. 아니카 Anicca : 덧없음 - 옮긴이 라는 불교의 교리에 따르면 모든 것이 변하기 때문이다. 어떤 것도 독립적이거나 영구적이지 않다. '자아'도 예외는 아니다. 그런데도 우리는 여전히 영원과 자아라는 관념에 집착한다. 그리고 이것은 두카 Dukkha, 즉 고통을 낳는다. 두카의 문자 그대로 의미는 '탈구 脫臼 : 뼈가 빠지다 - 편집자 이다. 여기에서 우리는 불교의 삼법인三法印: 세 가지 확실한 진리를 일컫는 말-옮긴이을 만난다. 아니카, 아나트만, 두카. 여기서 아니카는 제행무상諸行無常, 즉 '모든 것은 변한다'는 진리를, 아나트만은 제법무아諸法無我, 즉 '자아는 없다'는 진리를, 그리고 두카는 일체개고一切個苦, 즉 '고통은 보편적이다'라는 진리를 의미한다. 붓다는 그의 아들 라훌라에게 어떤 경우에든 모든 것은 서로 연결되어 있으므로 우리의 행위는 다른 사람들에게 영향을 미치게 마련이며, 따라서 우리는 행하기 전에 이것을 성찰할 필요가 있다는 점을 일깨운다.

거울은 자기 영상에 무심하다
〈매트릭스〉가 사용하는 '거울 - 반성'의 이미지

그러나 이런 종류의 반영(또는 반성)과 같은 정신적 활동은 양날의 검이다. 우선 한편으로는 신중한 반성과 질문이 필요하다.

 네오는 평생 사물을 액면 그대로 받아들이지 않았다. 그는 뭔가 제대로 되어 있지 않다고 의심했다. 그는 초이에게 이렇게 묻는다. "꿈인지 생시인지 구분이 안 가는 그런 느낌을 가져 본 적 있어?" 트리니티는 이러한 혼란스러운 느낌이 무엇인지 잘 알고 있다. "나는 네가 왜 잠을 제대로 못 자는지 알아. 네가 왜 혼자 살고 있는지, 왜 날마다 컴퓨터 앞에서 밤을 지새는지 알고 있어. 너는 그를 찾고 있어. 나는 알아. 나도 한때 같은 것을 찾았으니까."

 네오의 몸에서 도청 장치를 빼내기 전에 트리니티는 그를 일깨운다. "너는 그 길을 알고 있어. 너는 그것이 어떤 결말에 다다를지 뻔히 알고 있잖아. 그리고 나는 네가 그것을 원하지 않는다는 걸 알아."

모피어스 역시 네오와 처음 대면했을 때 이렇게 말한다.

"자넨 보이는 대로 받아들이는, 그런 사람의 얼굴을 하고 있군. 그것은 곧 자네가 깨어나리라는 걸 알기 때문이겠지……. 자네가 이곳에 온 건 자네가 무언가를 알고 있기 때문이야. 자넨 그걸 평생 느껴 왔어. 세상이 뭔가 잘못되었다는 것을 말야. 자넨 그게 뭔지 몰라. 그러나 그것은 자네의 마음속에 가시처럼 박혀 자넬 미치게 만들지."

다른 한편으로 불교의 가르침은 '가시'를 만들어 내는 것은 다름 아닌 마음이라고, 끊임없이 우리에게 경고하고 또 경고한다. 마음은 언제나 우리를 주저하게 만든다. 마음은 우리의 최악의 적이 될 수 있다.
  네오와 모피어스 사이의 대련 장면을 떠올려 보자. 이 무술 장면은 마음의 전능한 힘을 분명히 보여 준다. 네오는 모피어스만큼 숙련된 기술 수준을 가진 것으로 설정되어 있지만 처음에는 모피어스에게 당하기만 한다. 어째서? 모피어스는 그에게 말한다. "자네의 약점은 자네의 기술에 있지 않아." 네오가 지는 이유는 모피어스의 힘과 빠르기에 있지 않다. 어쨌든 대련은 컨스트럭트 안에서 일어난다. 모피어스는 네오에게 대답을 요구한다. "자넨 내가 더욱 강하거나 빠른 것이 나의 근육과 관계 있다고 믿나? 자네는 지금 자네가 호흡하는 것이 공기라고 생각하나?" 네오를 패배시키는 것은 그의 마음이다.
  이것은 모두 마음을 자유롭게 하는 문제이다. 마음을 자유롭게 하는 것은 마음이 어느 곳에든 '멈추는' 것을 용납하지 않는 태도이다. 저명한 선승 다쿠안 소호(1573~1645년)는 자유롭지 않은 마음을 '억류된' 마음이라고 불렀다. 다쿠안 소호는 일본에서 가장 유명한 두

명의 검객, 미야모토 무사시와 야규 무네노리를 지도했다. 그는 〈확고한 지혜의 신비로운 기록不動之心妙錄〉이라는 그의 글에서 억류된 마음은 재앙을 초래할 것이라고 야규에게 경고한다.

> 검이 너를 치기 위해 움직이고 있다는 것을 네가 처음 알아차렸을 때, 만약 네가 지금 그대로의 그 검에 대응하려고 생각한다면, 너의 마음은 지금 위치의 검에 멈출 것이고, 네 자신의 움직임은 행해지지 않을 것이며, 결국 너는 너의 적에 의해 베어질 것이다. 이것이 **멈춤**이 의미하는 바이다.[4)]

마음은 '멈춘다'. 느끼는 대신 생각하려 할 때, 그리고 흐르는 대로 내버려두지 않고 인위적으로 뭔가를 시도하려 할 때 마음은 멈춘다. 그렇기 때문에 모피어스는 "나를 때리려고 하지 말고, 때려라"는 말로 네오를 자극하는 것이다. 마음이 스스로를 육체에서 떨어진 곳에 놓아 둘 때, 그것은 멈춘다. 마음이 멈추는 한, 그것은 육체와 하나가 되지 못한다. 무도武道에서 마음을 자유롭게 한다는 것은 자신과 자신의 적 사이에 일종의 다리를 놓는 것을 의미한다. "숟가락이 없듯이" 적은 없다.

이러한 견지에서 볼 때, 네오와 예언자가 만나는 장면은 네오의 마음이 자유롭지 않다는 것을 보여 준다. 네오는 훈련을 통해 기술을 완전히 익혔고 그것은 본질적으로 정신적인 훈련이었다. 그러나 그는 여전히 자신의 진정한 본질에 대해서 의심과 두려움에 사로잡혀 있다. 예언자가 결코 실제로 네오가 '그'가 아니라고 진술한 적이 없다는 것을 명심하라. 그렇게 말한 사람은 네오 자신이다. 예언자는 네오의 의심, 억류된 마음을 비추는 거울의 역할을 한 것뿐이다.

마음을 자유롭게 하는 것은 구속되지 않은 마음, '고정되지' 않은 마음을 가지는 것을 의미한다. 그러므로 마음을 자유롭게 하는 것은 '마음이 없는' 상태, 즉 선불교에서 **무심**無心으로 지칭되는 상태에 도달하는 것을 의미한다. 이 무심은 또한 '반성하지 않음'이다. 반성하지 않는 것은 궁극적으로 마음을 자유롭게 한다. 모피어스는 네오에게 "마음을 자유롭게 할 필요가 있다"고 끊임없이 강조한다. 매트릭스에서 살고 있는 다른 사람들 못지않게 네오 역시 "마음의 감옥"에서 살고 있기 때문이다. 마음의 자유는 우리가 이성의 한계를 인식하고 모든 이성과 논리는 불가피하게 장벽에 부딪힐 수밖에 없다는 것을 깨달을 때, 그리하여 합리화와 반성의 틀을 허물어 뜨릴 때 얻을 수 있다.

반성의 장벽은 네오가 무심 혹은 무반성을 경험할 때 붕괴된다. 네오가 스미스 요원이 쏜 총알에 심장이 관통되어 '죽을' 때, 트리니티는 자신의 두려움에서 벗어나 네오에 대한 자신의 사랑을 드러낸다. 그것이 네오를 부활시킨다. 트리니티가 자신의 두려움, 즉 그녀의 반성의 산물을 놓아 보내는 것은 네오가 스스로에 대한 예전의 의심을 놓아 보내고 다시 깨어날 수 있도록 힘을 주는 삶의 불꽃이다. 그는 이제 진정으로 자신이 '그'라는 사실을 믿기 때문이다.

이 장면은 앞서 이야기한 불교 연기사상의 강력한 예이다. 구원을 가져오는 사랑의 힘과 더불어 존재의 상호 연결성을 증명하고 있다. 트리니티가 스스로를 믿음으로써 네오도 스스로를 믿게 된다. 그들의 믿음은 반성에 의해 억류된 그들의 마음속에 자리잡고 있던 두려움과 의심을 놓아 보냄으로써 생성된다.

마음을 놓아 보내야만이 우리는 마음을 자유롭게 할 수 있다. 마음을 자유롭게 할 때만이 우리는 스스로를 자유롭게 할 수 있다. 불교의 거울 안에서는 마음이야말로 궁극적인 매트릭스이다. 우리가 환상에 집착할 때, 우리를 반영하는(거울 같은) 세계를 진짜 세계라고 확신할 때, 마음은 우리를 노예로 만든다.

〈매트릭스〉는 거울의 이러한 두 가지 측면(반영·반성과 반영·반성하지 않음)을 다음과 같은 수많은 불교적 인유를 통해서 강조한다. 우리가 알고 있는 세계는 환상이라는 것, 마음의 역할과 마음을 자유롭게 하는 것에 대한 끊임없는 강조, 꿈의 세계와 실재 세계의 구분, 마음에 사로잡힌 상태와 직접적인 경험의 대조, 그리고 끊임없는 각성과 훈련의 필요성 등.

사실 네오와 모피어스가 처음 만나는 장면은 그것이 이 영화의 모든 주요한 주제와 입장을 망라하고 있다는 점에서 교향악의 서곡과 같은 역할을 한다. 이것은 특히 모피어스가 인간의 조건과 곤경을 밝힐 때(우리가 알고 있는 세계는 "마음의 감옥"이라고 말할 때) 분명히 드러난다.

모피어스가 '마음이라는 감옥 prison of the mind' 이라 하지 않고, '마음의 감옥 prison for the mind' 이라고 말한 것에 유의하기 바란다. 이것은 분명히 희망의 징후이다. 만약 네오의 삶이 마음이라는 감옥이라면 탈출의 가능성은 더욱 줄어든다. 그러나 그의 삶이 마음의 감옥이 되었다고 한다면 이것은 그 감옥으로부터의 해방이 가능하다는 것을 의미한다. 그리고 그것은 정확히 마음을 통해서, 마음을 자유롭게 함으로써 가능해진다.

이것은 우리에게 불교의 네 가지 고귀한 진리 사성제: 고품·집集·멸滅·도道를 가리킴 - 옮긴이, 이 중에서도 특히 종종 비교적 덜 중요한 듯 여겨지는 세 번째 진리를 상기시킨다. 첫 번째 진리는 두카에 관한 것이다. 즉 모든 삶은 고통으로 가득 차 있다는 것이다. 두 번째 진리는 고통의 결정적인 원인이 탄하^{Tanha}, 즉 '욕망'과 집착에 있다는 것이다. 욕망은 기본적으로 마음에서 비롯된다. 이 욕망은 다양한 형태의 집착을 통해 특히 영원과 자아에 대한 집착을 통해 표현된다. 세 번째 진리는 우리가 고통으로부터 자유로울 수 있다고 말한다. 이러한 희망의 메시지에는 논리적인 근거가 있다. 우리의 고통은 우리 내부에서, 우리의 마음에서 오는 것이기 때문에, 구원의 근원 또한 우리의 내부에 존재한다.

모피어스가 암시하는 것은 정확히 이 세 번째 진리이다. 네 번째 진리는 우리에게 험난하고 힘든 길道을 따르도록 촉구한다. 그 길은 우리가 고통으로부터 해탈할 수 있는 방법이며 팔정도 八正道: 정견正見, 정사正思, 정어正語, 정행正行, 정업正業, 정정진正精進, 정심正心, 정념正念 - 옮긴이로 알려져 있다. 팔정도를 따르기 위해서는 먼저 마음을 자유롭게 해야 할 것이다.

인간이 인공지능보다 특별하다는 순진한 믿음

〈매트릭스〉는 정확히 얼마나 불교적인 것일까? 불교적인 경향에도 불구하고, 이 영화에는 불교의 가르침과 모순되는 듯한 요소가 적잖게 드러난다.

첫째, 이 영화는 전반적으로 선과 악의 대결이라는 조로아스터교의 이원론적 세계관을 드러내고 있다. 요원 프로그램에서 모피어스는 시스템을 '적'으로 규정한다. 그는 무지에 의해서든 선택에 의해서든 시스템의 일부분이 되는 사람들도 적에 포함시킨다. 이러한 이원론은 분명 불교의 자비慈(Metta)와 悲(Karuna) - 옮긴이라는 최고의 미덕에 위배된다. 자비의 미덕은 모든 지각 능력이 있는 존재들에게 해당되고 우리가 친구든 적이든 모두 똑같이 차별 없이 대하도록 요구한다. 이것은 분명 불교의 도덕관에서 가장 실천에 옮기기 어려운 교리 가운데 하나이다.

둘째, 지나치게 많은 폭력 장면들은 비폭력, 즉 아힘사Ahimsa와 관련된 불교의 가르침과 모순되는 듯 보인다. 사실 이 영화는 "총, 아주 많이!"라는 네오의 요구와 더불어 폭력을 찬미한다. 네오와 트리니티는 모피어스를 구하기 위해 건물 안으로 들어갈 때 경비들을 공공연하게 살육한다. 이 모든 것은 의심할 여지 없이 이 영화의 상업적인 목적을 드러낸다. 화려한 액션 장면들로 관객들을 자극하려는 것이다. 이 영화는 이렇듯 원칙에 어긋나는 행동을 저지르며 몇몇 기본적인 불교의 원칙들을 부정한다.

불교에서 보디사트바Bodihissattva : 보살을 뜻하는 산스크리트어 - 편집자는 깨달음을 얻은 후에도 중생에 대한 연민으로 이 세상에 머물러 그들을 인도하기로 결심한 존재이다. 보디사트바가 맹세하는 중생을 구제하겠다는 서원, 그리고 고통을 제거하는 일에 대한 헌신은 본질적으로 불교 윤리가 추구하는 모든 것이다. 7세기 불교계의 큰 스승 샨티데바는 보디사트바를 "중생이 타락했다고 해서 **계몽의 무기**를 내려놓지 않고, 중생이 비참하게 싸운다고 해서 세상을 구하겠다는 결심이 흔들리지 않을" 사람으로 묘사한다.[5]

그렇다면 이러한 폭력적인 장면들을 초현실적인 것으로 간주할 수도 있을 것이다. 즉 그러한 장면들이, 불교에서 세 가지 독이라 부르는 마음속 마귀들의 파멸을 상징한다는 점에서 상징적인 비유로 간주될 수도 있다는 말이다. 불교의 세 가지 독은 어리석음, 탐욕 그리고 분노이다. 유명한 보디사트바 중 하나인 만주스리 Manjusri : 문수보살을 지칭함 - 옮긴이는 이러한 독을 베어 없애기 위한 검을 한 손에 들고 있는 모습으로 그려진다.

마지막으로 이 영화는 당연한 일이지만 인간은 다소 특별하고 인간이 창조한 인공 지능, 특히 '지각하는' 프로그램과는 분명히 다르다는 인상을 전달한다. 우리는 우리가 기계들과 다르다는 사실에서 위안을 얻는다. 그러나 우리는 과연 다른 모든 지각하는 존재들과 다를까? 불교에서는 **모든** 지각하는 존재들은 존중받을 자격이 있고, 삼라만상의 모든 존재들은 붓다의 본성을 갖는다고 가르친다.

이 영화가 요원들을 '지각하는 프로그램'으로 묘사한 것은 '존재'와 '프로그램' 사이에 흥미로운 구별을 제시한다. 그러나 불교의 거울은 단순히 인간만이 아니라 모든 지각하는 생명체들을 비춘다.

엄격하게 말하자면 〈매트릭스〉는 불교 영화가 아니며 또 그렇게 의도되지도 않았다. 위에서 기술한 모순들에도 불구하고, 〈매트릭스〉의 재능은 다양한 동서양의 전통으로부터 철학적이고 종교적인 요소들을 적절히 잘 배합해서 사용했다는 데 있다.

이 영화는 능란한 방식으로 기독교, 플라톤주의 그리고 불교에 대한 풍부한 지식과 인유들을 현실적인 사이버 기술의 문맥 안에 섞어 놓는다.

이 영화의 독창성은 통찰력 있는 대본과 최상의 이미지들을 풍부하게 결합하여, 심오하지만 때때로 불가해한 해탈이라는 불교의 메시지를 창조적으로 전달했다는 데에 있다. 이를 통해 〈매트릭스〉는 관객들을 각성시키고 우리가 습관적으로 살고 있는 곳(우리의 마음)에 대해서 반성 또는 반영할 것을(그리고 반성 또는 반영하지 말 것을) 요구한다.

　이것은 우리가 다음에 거울을 볼 때 이렇게 묻도록 촉구한다. 지금 내가 보고 있는 것은 누구인가, 혹은 무엇인가?

마이클 브래니건 Michael Brannigan은 펜실베이니아 피츠버그 소재의 라 로슈 대학의 철학과 교수이자 학장이며, 이 대학의 윤리학 연구 센터 소장이기도 하다. 아시아 철학과 윤리학에 대한 수많은 논문들 외에도 〈지혜의 맥박: 인도, 중국 그리고 일본의 철학들The Pulse of Wisdom : The Philosophies of India, China and Japan〉과 〈결산하기 : 아시아의 전통적 가치들에 대한 입문서Striking a Balance : A Primer on Traditional Asian Values〉를 저술했다. 최근 에스키모 롤링 카약 수업을 받은 그는 '카약은 없다' 는 진실을 깨달으려면 여전히 아직 멀었다는 것을 발견했다고 한다.

모든 종교는 참되다 :
〈매트릭스〉가 보여 주는
종교적 다원주의

그레고리 바샴 GREGORY BASSHAM

〈매트릭스〉에는 기독교적 주제가 풍부하지만 그것의 궁극적인 전망은 기독교가 아니라 일종의 종교적 다원주의이다. 나는 '종교적 다원주의'를 다수의 종교, 혹은 모든 종교들이 동등하게 유효하고 참되다는 관점으로 정의한다. 이 장에서 나는 〈매트릭스〉에 나타나는 몇몇 주요한 기독교적 주제들과 비기독교적 주제들을 탐구하고, 그것이 반영하는 특정한 종류의 종교적 다원주의가 과연 일관되고 합리적인지 검토할 것이다.

네오는 예수의 현대적 재현인가

〈매트릭스〉가 부활절 주간에 개봉된 것은 우연이 아니다. 이 영화는 수많은 기독교적 주제들을 담고 있다. 그 가운데 일부는 명백하게 드러나고 일부는 포착하기 어렵다. 가장 분명한 것은 '약속된 구원자'라는 주제이다. 성경에서 예수는 약속된 구세주이며 "앞으로 오실" 그이다(누가복음 7:19). 이 영화에서, 네오는 '그$^{The\ One}$'이며 예언자가 예언한 메시아적 인물이다. '네오^{Neo}'라는 이름의 철자는 '그^{One}'의 철자를 변형한 것이다. 게다가 그리스어로 'neo'는 '새롭다'는 것을 의미한다. 이것은 부활한 네오가 시작하는 새로운 삶, 나아가 아마도 그가 다른 사람들에게 가져다 줄 새로운 삶을 암시한다.

'토마스 앤더슨'이라는 이름은 이 영화의 기독교적 성격을 심화한다. 성과 이름 모두 분명한 기독교적 의미를 함축하고 있다. 예수가 죽은 자 가운데서 부활했다는 소식에 회의적인 태도를 보이는 제자인 '의심하는 토마스'한글 성경에는 '도마'라는 이름으로 번역되어 있음 - 옮긴이(요한복음 20:24~29)와 마찬가지로 네오는 매트릭스의 비실재성, 자기 자신의 능력, 그리고 '그'로서의 자신의 정체성에 대한 의심들로 괴로워한다. '앤더슨^{Anderson}('앤드루의 아들'이라는 의미의 스웨덴어)'은 '사람'을 의미하는 그리스어의 어근 'andr-'에서 파생되었다. 그러므로 어원적으로 앤더슨은 '사람의 아들'을 의미하는데 예수는 종종 자신을 가리켜 '사람의 아들'이라 칭하곤 했다. 영화 초반부에 네오는 실제로 '예수 그리스도'로 불려지기도 한다. 네오가 초이에게 불법 소프트웨어를 건네자 그는 "할렐루야, 너는 내 구세주야. 나만의 예수 그리스도"라고 말한다.

네오가 걸어가야 할 길은 예수의 일생을 연상시키는 점이 많다. 처녀 잉태도 이 가운데 하나다. 매트릭스에서 구출되는 장면에서 네오는 잠에서 깨어나 자신이 산모의 자궁처럼 생긴 통 안에 있는 것을 발견하는데, 여기서 그는 탯줄 같은 케이블을 뽑아 내고, 산도^{產道}를 상징한다고 볼 수 있는 관을 타고 미끄러져 내려온다. 더 나아가 기계가 지배하는 세계에서 인간은 '태어나는 것이 아니라 사육되는' 것이기 때문에 네오가 깨어나는 것과 세상에 출현하는 것은 거의 문자 그대로 '처녀 잉태'이다. 또 예수는 요르단강에서 세례자 요한에 의해 세례를 받았다. 이와 비슷하게 네오는 모피어스와 네브카드네자르의 대원들에 의해 인간 전지電池 폐기 탱크에서 '세례를 받는다.' 예수가 광야에서 40일 동안 악마의 유혹을 받듯이(누가복음 4:1-13), 네오는 요원들에 의해 모피어스를 배반하라는 유혹을 받는다. 복음서에서 예수는 그의 삶을 "많은 사람들을 위한 대속물"로서 바쳤다(마가복음 10:45). 영화에서 네오는 자신의 생명을 희생해야 한다는 것을 알면서도 모피어스를 구한다.

　예수가 죽은 뒤 3일 만에 부활했듯이 네오가 트리니티의 키스를 받고 회생하는 곳은 어느 호텔의 303호실이다. 네오가 단순히 의식을 잃었다가 회복하는 것이 아니라 실제로 죽었다가 살아나는 것이라는 사실은 이 영화가 가지고 있는 기독교와의 유사성을 드러낸다. 뿐만 아니라 영화 곳곳의 많은 증거들이 그러한 추측을 뒷받침한다. (1) 모피어스와 네오 둘 중에서 어느 한 명이 죽을 것이라는 예언자의 예언, (2) 네오가 무언가를 "아마도 다음 생애를" 기다리고 있다는 예언자의 진술. 그리고 각본과 감독을 맡은 래리 워쇼스키가 《타임》지紙와의 인터뷰에서 네오의 '재생'에 대해 언급한 것 또한 의미심장하다.[6]

　또 네오는 그의 부활에 뒤이어 엄청난 새로운 힘을 소유하게 되는데, 이것은 예수의 부활한 육체가 일반적인 물리적 제약에 구속되지 않은 "특별한" 육체인 것(누가복음 24:31, 요한복음 20:19, 요한복음 20:26)

과 마찬가지이다. 예수는 자신의 죽음과 부활을 앞두고 세 명의 제자들 앞에 변형된 모습으로 현현顯現하는데, 이때 그의 얼굴과 옷에서는 눈부신 광채가 흐른다(마태복음 17:2, 누가복음 9:29). 이와 비슷하게, 스미스 요원을 제거한 후 네오의 몸에서는 광채가 난다. 그리고 예수가 "지상에서의 임무를 마치고 승천했던 것"(누가복음 24:51, 사도행전 1:9)처럼 네오는 영화의 마지막 장면에서 하늘로 날아오른다.

〈매트릭스〉에 나오는 등장 인물들의 이름 역시 중요한 기독교적 의미를 담고 있다. 전통적인 기독교 신학에서 육체를 입은 신의 아들인 예수는 아버지인 야훼와, 삼위일체(성부·성자·성령)에 의해 부활한다.[7] 영화 속에서 네오는 저항 대원들 가운데서 그와 가장 가까운 동료인 트리니티Trinity : '삼위일체'를 의미함 - 옮긴이의 믿음과 사랑에 의해 소생한다. 저항 대원들을 배신하는 메피스토펠레스Mephistopheles : 〈파우스트〉에 등장하는 악마 - 옮긴이 같은 인물인 사이퍼Cypher와 예수를 배반했던 제자인 유다 사이의 유사성 역시 명백하다. 또한 루시퍼Lucifer : 한때 대천사였으나 반란을 일으켰다가 실패하고 지옥으로 떨어짐. 흔히 악마의 대명사로 여겨진다 - 옮긴이와의 연관성도 분명하다. 사이퍼는 흔히 상상되는 루시퍼의 모습을 하고 있고 사이퍼는 루시퍼와 발음이 비슷하다. 그리고 영화광이라면 으레 〈엔젤 하트Angel Heart〉에서 로버트 드 니로가 연기한 악마적 인물인 루이스 사이퍼를 떠올릴 것이다.

영화에서 시온Zion은 최후의 인간의 도시이자 인류의 마지막 희망이다. 구약성서에 시온은 예루살렘을 가리키는 시적이고도 종교성이 충만한 이름이다. 그리고 기독교 문학에서 그것은 종종 믿음이 깊은 자들의 영혼의 집이자 천국을 지칭하는 단어로 사용된다.[8] 〈매트릭스〉에서 저항 대원들이 타고 다니던 네브카드네자르호를 기억할 것이다. 성서의 다니엘서^{Daniel書}에 따르면 네브카드네자르^{한글 성경에는 보통 '느부갓네살'로 번역되어 있다 - 옮긴이}는 "기억할 수 없는 꿈의 해몽을 구하는" 바빌로니아의 왕이다.⁹⁾

각본과 감독을 맡은 래리 워쇼스키 역시 인터뷰에서 이러한 사실을 언급한 바 있다. 해몽을 구하는 바빌로니아의 왕처럼 네오는 매트릭스에 관한 그의 막연한, 그러나 집요한 질문들에 대한 해답을 구하려고 끊임없이 애쓴다. 네브카드네자르 선실에 쓰여 있는 "Mark III No. 11 / Nebuchadenezzar / Made in USA / Year 2069"라는 글귀도 주목할 만하다. 이것은 "더러운 귀신들도 어느 때든지 예수를 보면 그 앞에 엎드려 부르짖어 가로되, '당신은 하나님의 아들입니다'"라고 쓰여진 마가복음 3장 11절을 가리키는 듯하다.

영화는 동시에 '붓다의 환생'에 매혹되어 있다

〈매트릭스〉는 분명 많은 기독교적 주제를 담고 있지만 결코 '기독교 영화'는 아니다. 오히려 이 영화에는 티베트 불교와 선불교, 그노시스 주의^{Gnosticism : 인간의 지식에 의하여 인간 영혼의 구원을 얻을 수 있다고 주장하는 기독교의 이단 - 옮긴이}, 고전과 현대의 서양 인식론, 대중 양자 역학, 융 심리학, 포스트모더니즘, 공상 과학 소설, 홍콩 무협 영화를 비롯하여 여러 가지 다양한 분야에서 끌어 온 각각의 요소들이 섞여 하나의 구조물을 이루고 있다.

특히 이 영화의 구세주 개념은 결정적으로 비기독교적이다. 정통 기독교 신앙에 따르면 예수는 폭력이나 힘을 통해서가 아니라 희생적인 죽음과 부활을 통해서 세상을 구원하기 위해 나타난 죄 없는 신인神人이다. 이와 대조적으로 네오는 그저 인간에 불과하다. 그는 결코 죄가 없지 않다. 그는 목적을 달성하기 위해 폭력을 사용하는 것도 마다하지 않는다(그가 죽이는 사람들 가운데에는 십중팔구 무고한 사람들도 포함되어 있을 것이다). 그는 육체적인 노예 상태와 정신적인 환각으로부터의 해방을 가져다 줄지는 모르지만 진정한 구원을 가져오지는 못한다.

이 영화는 또한 비기독교적인 발상으로 인간이 처한 곤경을 묘사한다. 고전적인 기독교 신앙에 따르면 인간의 가장 근본적인 문제는 인간의 죄에서 비롯된 신으로부터의 소외이다. 하지만 영화에서 인간의 근본적인 문제는 죄가 아니라 무지와 미망迷妄이고, 인간의 곤경에 대한 이해도 기독교보다는 동양의 신비주의나 그노시스주의에 더욱 가깝다. 워쇼스키 형제도 이 영화에 대한 그노시스적 영향을 인정했다.[10]

래리 워쇼스키가 인터뷰에서 인정했듯이, 〈매트릭스〉는 영화의 주제들 가운데 하나로 "붓다의 환생에 대한 탐색"[11]을 다룬다. 달라이 라마의 추종자들이 그가 선임 달라이 라마와 관세음보살의 화신이라고 믿는 것처럼 모피어스를 비롯한 저항 대원들은 네오를 매트릭스의 지배에서 그들을 구원할 모세와 같은 해방자의 화신으로 믿는다.*

환생이 기독교 경전**과 화해하기란 어려운 일이다. 비록 일부 초기 기독교 교부들이 환생을 인정했었고, 오늘날의 몇몇 자유주의 신학자들도 이를 심각하게 받아들이고 있지만[12], 기독교의 모든 주요

---

* 영화 속에서 예언자는 네오의 얼굴과 몸을 검사한다. 아마도 네오가 '그'라는 것을 증명할 수 있는 표지를 찾는 행위로 보여진다. 티베트 불교에서는 진정한 달라이 라마를 확인하기 위해 이와 비슷한 절차를 거친다.
** 히브리서 9장 27절 "사람은 한 번 죽도록 정해져 있다"(누가복음 16장 25~26절, 마태복음 25장 46절).

종파들은 환생을 지속적으로 거부해 왔다.

게다가 〈매트릭스〉에서 가장 눈에 띄는 주제들 가운데 하나는 '공호'이다. 이것은 우리의 감각 기관을 통해 우리가 일상적으로 경험하는 현실이 실체가 없다는 것을 의미한다. 이러한 주제는 예언자의 아파트 대기실에 있던 승복을 입은 어린 '후보'가 던지는 선문답 같은 "숟가락은 없다"라는 말에서 가장 분명하게 표현된다. "숟가락을 구부리려고 하지 마세요. 그것은 불가능해요. 대신 진실을 깨달으려고 노력하세요. 숟가락은 없어요. 그러면 구부러지는 것은 숟가락이 아니라 오직 나 자신이라는 것을 알게 될 거예요."

경험적 현실의 실체 없음은 힌두교, 불교 그리고 전통적인 동양 정신의 근본적인 교의이다. 이와 반대로 기독교에서는 일반적으로 현상적인 실재가 환상이라는 개념을 부인한다. 이것은 전능하고 진실한 신의 존재와 모순이 되기 때문이다.

많은 동양의 종교들은 시간을 순환적이고 상대적이며 궁극적으로는 실체가 없다고 본다.[13] 매트릭스에서 시간은 상대적이고 유연하다. 그것은 빨라질 수도 있고 느려질 수도 있고 심지어 멈출 수도 있다. 매트릭스의 시간은 언제나 20세기 말로 설정되어 있다(그리고 아마도 정기적으로 재설정될 것이다). 시간은 고리 모양으로 연결되어 기시감 déjà vu 의 경험을 통해 스스로를 반복한다. 그리고 천부적인 재능을 타고 난 사람들은 미래의 사건들을 예견하기도 한다. 그러한 시간 개념은 기독교보다 동양의 신비주의나 뉴에이지 New Age : 기존 서구식 가치와 문화를 배척하고 종교, 의학, 철학, 천문학, 환경, 음악 등의 영역에서 집적된 발전을 추구하는 신문화 운동 - 옮긴이 의 유사 과학과 더욱 잘 어울린다. 기독교의 관점에서 시간은 실제적이지 가상의 것이 아니다. 그것은 전진하지 순환하지 않는다. 예지 능력은 보통 할머니 같은 예언자가 가지고 있는 정신 능력이 아니라 신만이 갖는 드물고 기적적인 재능이다.

온라인상으로 이루어진 관객과의 대화에서, 감독이자 작가인 래리 워쇼스키와 앤디 워쇼스키는 다음과 같은 질문을 받았다. "이 영화에서 믿음은 어떤 역할을 하고 있습니까? 무엇보다도 스스로에 대한 믿음을 말하는 겁니까? 아니면 다른 어떤 것을 뜻합니까?" 그들은 이렇게 대답했다. "흠……. 까다로운 질문인데요! 스스로에 대한 믿음, 이걸 답으로 하면 어떨까요?"[14]

워쇼스키의 이런 답변은 기독교의 관점과는 사뭇 다른 것이다. 기독교의 관점에서 믿음과 신뢰는 우선적으로 신에 대한 것이지 스스로에 대한 것이 아니다.

마지막으로 이 영화가 기독교 영화가 아님을 가장 명백하게 보여주는 것이 있다. 바로 〈매트릭스〉에는 일정 수준의 폭력과 신성 모독이 있다는 것이다. 이것은 분명히 기독교적 가치에 위배된다.

간단히 말해 〈매트릭스〉는 기독교뿐만 아니라 기독교 이외의 많은 종교들과 다양한 철학에서 끌어 온 다양한 주제들의 복잡한 혼합물이다. 내가 이 장의 나머지 부분에서 탐구하고 싶은 것이 바로 종교나 영성靈性의 이러한 다원주의적이고 혼성적인 전망이다.

〈매트릭스〉, 종교의 카페테리아

〈매트릭스〉는 다양한 종교적, 정신적 전통들을 짜깁기할 뿐만 아니라 많은 관객들이 매력을 느낄 만한 종교적 다원주의를 제시한다. 워쇼스키 형제가 이 영화를 통해 특정한 종교적, 혹은 철학적 발상들을 지지하려고 의도했었는지는 분명치 않다. 다만 그들은 흥미로운 영화, 현대적 의미로 충만한 신화들로 양념한 자극적이면서도 지적인 액션 영화를 만들고 싶었다는 것이 더 정확한 해석일 것이다. 그럼에도 불구하고 이 영화가 그려 내는 다원주의는 흥미로울 뿐 아니라 호소력도 있으므로 그러한 관점의 옳고 그름은 검토할 만한 가치가 있다.

최근의 여론 조사 결과에 의하면 종교에 대한 다원주의적 관점들이 오늘날 꽤 광범위한 지지를 얻고 있다고 한다. 예를 들어 미국인을 대상으로 한 어느 조사에서 성인의 62%가 "모든 신앙은 인생에 대해 비슷한 교훈을 준다. 그러므로 누가 무슨 종교를 따르든 상관없다"[15]는 견해에 동의했다. 또한 2000년 BBC 여론 조사에서는 영국 성인들의 32%가 "모든 종교들은 똑같이 타당하다"고 믿으며 오직 영국 성인들의 9%만이 그들 "자신의 종교적 전통이 신에게 이르는 가장 좋은 길"이라고 믿는다는 것을 보여 주었다.[16]

그러나 곧 알게 되겠지만, 일관되고 논리적인 종교적 다원주의의 형태를 공식화하는 것은 매우 어려운 일이다. 종교적 다원주의란 정확히 무엇인가? 앞서 나는 종교적 다원주의는 다수의 종교 혹은 모든 종교들이 똑같이 참되고 유효하다는 관점으로 대충 정의할 수 있다고 말했다.

그러나 이같은 정의는 명료하지도 않고, 엄격하게 말해 정확하지도 않다. 사실 나는 종교적 다원주의는 단일한 이론으로서가 아니라 관련된 이론들의 집합체로서 가장 잘 이해된다고 생각한다. 종교적 다원주의는 다음과 같은 네 가지의 각기 다른 주요 특성들로 구별될 수 있다.

- 극단적인 다원주의 : 모든 종교적 믿음들은 똑같이 타당하고 참되다는 관점[17]
- 근본적인 교리의 다원주의 : 모든 주요한 종교들의 본질적인 가르침들은 참되다는 관점
- 카페테리아 다원주의 : 종교적인 진리는 다양한 종교들로부터 끌어 온 여러 가지 믿음들을 혼합해 놓은 것에서 발견할 수 있다는 관점
- 초월적 다원주의 : 모든 주요한 종교적 전통들은 똑같이 궁극적인 신성과 접촉하지만 이러한 신성은 다양한 전통들 내부에서 다르게 경험되고 개념화된다는 관점

종교적 다원주의의 각기 다른 유형들을 짧게 검토해 보자.

극단적 다원주의는 언뜻 보기에도 논리적인 모순이 존재하기 때문에 고려 대상에서 신속히 제외되어야 마땅하다. 인류학자 앤터니 월리스Anthony Wallace는 지난 1만 년 동안 발생한 종교의 수가 약 10만 개에 이른다고 추정했다.[18] 이 종교들 가운데는 다른 종교들과 논리적으로 모순되는 교리를 가르치는 경우가 더러 있다. 신은 삼위일체인가 아닌가? 신에게 인격이 있는가 없는가? 신은 물리적인 우주의 창조자인가 아닌가? 예수는 신의 신성한 아들인가 아닌가? 코란은 신의 최종적인 계시인가 아닌가? 영혼은 환생하는가 안 하는가? 신은 일부다처제를 허락하는가 안 하는가? 이러한 각각의 주장들을 일부 종교들은 옹호해 왔고 다른 종교들은 거부해 왔다. 두 개의 모순되는 주장들이 모두 참일 수는 없다는 것이 명제의 기본적인 논리이다. 그러므로 극단적 다원주의는 거짓이 되는 셈이다.

근본적인 교리의 다원주의는 모든 종교적 믿음을 진리라고 생각하기보다는 모든 주요 종교들의 **본질적인** 교리를 진리라고 생각한다. 즉 주요 종교들은 상대적으로 사소한 점들(예를 들어 돼지고기 식육의 허가 여부, 혹은 연옥의 존재 여부 등)에서는 서로 충돌이 있을지 몰라도 진정으로 중요한 문제들(예를 들어 신의 존재, 종교적 경건함과 고결한 삶의 중요성 그리고 인과응보가 실현되는 사후 세계의 존재 등)에 관해서는 서로 견해가 같다는 것이다. 근본적인 교리의 다원주의의 주장에 따르면 모든 주요 종교들의 본질적이거나 핵심적인 교리들은 똑같이 타당하고 참되다.

그러나 이러한 종교적 다원주의가 가지고 있는 가장 큰 문제는, 종교적인 믿음에서 무엇을 '근본적'이라고 간주할 수 있는가를 논리적으로 정의할 때, 각 주요 종교들이 기본적인 것에서부터 서로 **다르다**는 점이다. 예를 들어 이슬람교도들은 절대적인 단일성과 인격신의 통일성을 믿으며 이 교리가 이슬람 신앙에 있어 '근본적'이라고 강하게 (그리고 분명히 정당하게) 주장할 것이다. 그러나 이 교리는 어떠한 인격신도 존재하지 않는다는 데라바다 소승불교의 한 종파-편집자 불교의 핵심과 부딪치며 신은 삼위일체라는 기독교 신앙의 핵심과도 충돌한다. 인격신을 부인하는 것은 아마도 〈매트릭스〉의 종교가 옹호하는 부분일지도 모른다. 이 영화는 분명히 정신적인 것을 강조하고 있지만, 신성神性에 대한 어떤 언급도 하지 않는다.

종교적 다원주의의 또 다른 대중적인 형태는 카페테리아 다원주의로, 이것은 많은 종교적 전통들 가운데 신앙을 고르고 선택함으로써 종교적 진리를 발견할 수 있다는 관점이다. 〈매트릭스〉가 표현하는 종교관이야말로 카페테리아 다원주의의 좋은 예이다. 이 특정한 종류의 카페테리아 다원주의를 '신新다원주의'이라 부르자. 이것은 뉴에이지 구도자의 종교이며, 정신적인 것에 목말라하면서도 자신들을 훈육하는 종교는 거북하게 여기는 사람들에게 매력 있는 종교이다. 그러나 구도자들에게 상당한 호소력을 발휘하고 〈매트릭스〉를 통해 훌륭하게 구현되었다는 사실에도 불구하고, 카페테리아 다원주의는 두 가지 중요한 문제점을 노출한다. 그러므로 신다원주의도 마찬가지의 문제점을 노출한다.

우선 신앙을 카페테리아 양식으로 고르고 선택하게 되면 신앙의 일관성을 유지하기가 힘들다. 많은 종교적 교리들은 그들이 성장한 토착 종교의 틀 밖에서는 엉성하게 이식되게 마련이다. 예를 들어 환생은 힌두교의 정신-육체 이원론, 실재하는 영적 자아 그리고 현세의 영원성과는 잘 맞는다. 그러나 그것은 실체가 있는 영원한 자아 개념을 거부하는 불교와는 다소 맞지 않는 부분이 있다. 그리고 앞서 살펴보았듯이 환생은 성경을 통해 최후의 심판을 가르치고 인간을 심리적인 정신 물리학적 통일체로 이해하는 기독교의 논리와는 조화될 수 없다.[19]

둘째, 카페테리아 다원주의자가 다양한 신앙들을 혼합하여 나름대로 일관성 있는 믿음들을 만들어 내었다 하더라도 그/그녀가(혹은 다른 어느 누구라도) 반드시 그러한 믿음을 진리라고 믿어야 할 이유는 없다. 여기서의 쟁점들은 복잡하지만 기본적인 어려움은 단순하게 표현될 수 있다. 대부분의 현대 철학자들과 신학자들은 신의 계시에 대한 호소 없이도 합리적으로 정당화될 수 있는 종교적 교리들은 (만약 있다 해도) 아주 극소수에 불과하다는 데 동의할 것이다. 그러나 〈매트릭스〉에서 드러나는 무신론적 성향의 종교에서는 그러한 호소가 과연 성공할 수 있을지 의심스럽다.

유신론적인 카페테리아 다원주의에도 문제가 있기는 마찬가지이다. 이를테면 이 핵심 진리는 고대 이스라엘 사람들에게 보여 주고 저 핵심 진리는 힌두교도들에게 보여 주는 등 신이 다양한 주요 종교들에게 계시들을 골고루 나눠 줄 가능성은 거의 없어 보인다. 그렇다면 카페테리아 다원주의자는 (단순한 소망, 혹은 개인적인 종교적 경험에 비합리적으로 호소하는 것 외에) 무엇을 근거로, 자신이 섞어 놓은 종교적인 믿음들은 진리이고 세상의 다른 모든 나머지 믿음들은 착각이라고 생각할 수 있겠는가?

만약 카페테리아 다원주의가, 또는 신다원주의가 효과가 없다면 아마도 다른 대안이 있을 것이다. 최근에 존 힉$^{John\ Hick}$은 초월적 다원주의를 옹호했다. 이것은 종교적 다원주의의 복잡하고 의사^{擬似} 칸트적인 형식이다.[20] 힉은 주요한 종교적 전통들이 서로 충돌하는 진리를 주장하고 있고 그 모든 것이 참일 수는 없다는 것을 선뜻 인정한다. 하지만 그는 어떤 중요한 의미에서는 모든 주요 종교들이 동등하게 타당하고 참되다고 주장한다. 그는 본래 존재하는 대로의 사물들과 우리가 생각하고 경험하는 대로의 사물들 사이에 칸트적인 구별을 함으로써 이 문제를 해결하려 한다.

힉에 의하면 본래 존재하는 대로의 신(궁극적 실체 또는 실재)은 모든 인간의 개념을 넘어서는 완전히 초월적이고 말로 표현할 수 없는 신성한 실재이다. 다양한 종교들은 서로 다른 종교적이고 문화적인 '렌즈'를 통해 실재$^{The\ Real}$를 지각한다. 예를 들어 어떤 사람들은 그것을 인격적인 존재(신, 알라, 시바, 비시누)로 경험하고, 또 어떤 사람들은 비인격적인 절대성(브라만, 도^{道}, 다르마카야$^{The\ Dharmakaya}$ 혹은 공^{空}

Sunyata : 우주의 근본 원리인 일원상(一圓相)의 진리. '붓다의 광대무변한 몸'을 의미하며, 원불교의 기본 진리임 - 옮긴이)으로 경험한다. 이와 더불어 힉은 모든 주요 종교들이 그들의 도덕적이고 정신적인 결실을 두고 판단할 때, 종교 공통의 목표를 달성하는 데 대체로 비슷한 효력을 가지고 있다고 주장한다. 모든 종교들은 '자기-중심'의 이기적인 삶에서 벗어나 자비롭고 이타적인 '실재(신성)-중심'의 삶을 지향함으로써 구원을 성취하는 것을 목표로 한다. 그러므로 힉은 모든 주요 종교들이 두 가지 중요한 의미에서 똑같이 타당하고 참되다는 결론을 내린다. (1) 모든 주요 종교들은 모두 동일한 궁극적 실재와 접촉한다(비록 그들이 이 실재를 근본적으로 다른 방식으로 경험하고 개념화할지는 몰라도). 그리고 (2) 모든 주요 종교들은 구원으로 이끄는 똑같이 효과적인 길이다.

신다원주의와 마찬가지로 힉의 다원주의는 심각한 어려움에 직면한다. 첫째, 그것의 모호한 일관성 때문이다. 힉에 의하면 우리의 개념들 가운데 **어느 것도** 본래 존재하는 대로의 실재에 적용될 수 **없다**.[21] 우리는 실재에 대하여, 그것이 "하나 혹은 다수, 사람 혹은 사물, 본질 혹은 과정, 선 혹은 악, 목적이 있음 혹은 비목적적임"[22]이라고 말할 수 없는 것이다. 그러나 흔히들 말하는 종교적 실재(신성)에 대하여 그것이 하나도 아니고 하나가 아닌 것도 아니며, 우주의 지지자도 아니고 우주의 지지자가 아닌 것도 아니며, 진정한 종교적 경험의 원천도 아니고 진정한 종교적 경험의 원천이 아닌 것도 아니라고 말하는 것은 도대체 무슨 의미인가? 언뜻 보기에 그러한 개념은 정말 난해하기 짝이 없다.

둘째, 힉이 말하는 완전히 알 수 없는 궁극적 실재(신성)가 존재한다 하더라도 우리가 그것을 반드시 종교와 관련 있는 어떤 것으로 생각할 필요는 없다는 점이다.[23] 만약 우리가 궁극적 실재의 본래 모습에 대해 아주 희미한 개념조차 가지고 있지 않다면, 어째서 우리는 그것이, 이를테면 전쟁 혹은 인종 편견이 아니라 죄, 용서, 개종, 계몽 혹은 흔히 종교가 연상되는 다른 현상들과 관련이 있다고 생각해야 하는가?

마지막으로 힉의 종교적 다원주의는 두 가지 측면에서 자가 당착에 빠진다. 이것을 이해하기 위해 우선 당신이 전형적인 정통파 기독교인이라고 상상해 보자. 당신은 힉의 책을 읽고 그것이 전적으로 설득력이 있다고 생각한다. 힉과 마찬가지로 당신은 이제 기독교인들이 전통적으로 신에 대해 그리고 인간의 구원에 대해 믿어 왔던 사실상 모든 것들을 오직 '신화적으로만 사실'이라고, 즉 문자 그대로는 거짓이라고 생각하지만, 그럼에도 불구하고 그런 것들이 실재(신성)에 대한 올바른 관계를 성취하는 데 이바지한다고 믿는다. 자, 그럼 이제 당신은 기독교인이 되는 것을 포기하고 다른 무언가가 되어야 하는가? 이에 대해 힉은 결코 그렇지 않다고 말한다. 왜냐하면 기독교 역시 다른 주요 종교들과 마찬가지로 구원에 이를 수 있는 효과적인 길이며, 그것의 모든 전통적인 교리들을 사실상 문자 그대로는 거짓이라고 인정한다 하더라도, 당신은 여전히 기독교의 모든 정신적인 열매를 성취할 수 있기 때문이라는 것이다.

이 해결책에는 두 가지 문제가 있다. 하나는 개념의 문제이고 다른 하나는 실천의 문제이다. 첫째, 개념적인 면에서 볼 때, 기독교를 다른 종교들과 구별시키는 신과 예수에 관한 중심 교리들을 사실상 전혀 받아들이지 않으면서도 '기독교인'이 되는 것이 가능하겠는가? 우리가 아무리 '기독교도'를 확대 해석한다 하더라도, 힉의 정의는 지나치게 광범위한 듯 보인다. 둘째, 앨빈 플랜팅어 Alvin Plantinga가 지적하듯이, 힉이 주장하는 다원주의를 따르다 보면 일종의 이중적인 생각이나 불량한 신앙 태도가 불가피해 보인다.24) 당신이 만약 힉의 관점을 따르는 다원주의자라면, 당신은 당신이 가진 종교의 전통적인 믿음들이 다른 종교의 믿음들보다 더 참된 것은 아니라고 여길 수 있으며, 사실 문자상으로는 거짓이라고 믿는 셈이다. 하지만 그럼에도 불구하고 힉은 당신의 종교가 가져다 줄 '영적 열매' 때문에 당신은 계속해서 그러한 믿음들을 견지해야 한다고 말하고 있는 것이다. 그러나 당신이 가진 종교의 교리와 직접적으로 모순되는 다른 어떤 종교보다 더 참될 것이 없다고 인식한 종교를 당신은 과연 계속해서 '견지할' 수 있겠는가? 그리고 어떤 종교든 그 종교가 가르치는 직접적인 교리들을 진정한 진리라고 믿지 않으면서 어떻게 그 종교의 도덕적이고 영적인 열매를 성취할 수 있겠는가?

다원주의자들이 제기하는 반론
"배타주의는 제국주의다"

다양한 종교적 신앙들을 수용하는 신다원주의자가 단일한 전통적 종교에 충실한 사람들보다 나쁘다고 할 수 있는가? 우리는 종교적 다원주의의 일관되고(또는 일관되거나) 논리적인 형태를 찾는 데 결국 실패했다. 그리고 이것은 다원주의가 대체하려고 애쓰는 이론, 즉 종교적 배타주의를 새롭게 검토할 필요성을 제기한다. 종교적 배타주의는 오직 하나의 종교만이 대부분 혹은 완전히 옳고 그 외 다른 모든 종교는 심각하게 잘못되었다고 보는 관점이다.25) 종교적 배타주의를

반대하는 일반적인 다원주의의 입장을 세 가지 면에서 간단히 검토해 보자.[26]

힉을 비롯한 많은 다원주의자들은 모든 주요 종교들이 개인들을 자기-중심주의에서 사랑과 연민을 실천하는 실재(신성)-중심주의로 변모시키는 데 비슷한 효력을 가지고 있다고 주장한다.[27] 그들은 이것을 구원과 실재에 대한 진정한 경험은 오직 하나의 종교적 전통에서만 발견된다는 배타주의적 주장*에 반하는 강력한 증거로 내세운다.

배타주의에 대해 다원주의자들이 흔히 제기하는 또 다른 반론은, 자신의 종교적 전통만이 진리이고 다른 모든 것은 심각한 오류라고 주장하는 것은 오만하고 이기적이며 극단적인 우월주의에 심지어 억압적이고 제국주의적이기까지 하다는 주장이다.[28] 그들은 자기 종교만을 옳다고 말하는 사람은 다른 신앙을 가진 사람들과 비교하여 자신은 인식론적으로 **특전**을 받았다고 주장하는 셈이라고 말한다. 즉 다른 사람들이 무지와 오류의 진창에서 허덕이는 반면 자신은 뭔가 대단히 가치 있는 것을 알고 있다고 주장하는 것이며 이것은 일종의 지적인 오만이거나 그보다 더 심각하다고 지적한다. 티모시 오코너 Timothy O'conner가 지적하듯 이러한 반론의 배경에는 다음과 같은 원칙이 자리잡고 있는 것으로 보인다. 우리는 그것을 '오만 원칙'이라고 부를 수 있겠다.

당신이 어떤 신앙을 가지고 있건 간에, 다른 사람들이 당신의 신앙에 동의하지 않는다는 것을 당신이 인식하게 되고, 또 당신이 당신에게 동의하지 않는 모든

---

* 일부 보수적인 기독교도들은 기독교가 **분명히** 이러한 교리를 포함하고 있다고 주장할 것이다("다른 이로서는 구원을 얻을 수 없나니 천하 인간에 구원을 얻을 만한 다른 이름을 우리에게 주신 일이 없음이라" 사도행전 4:12). 그러나 이 관점은 더 이상 광범위하게 받아들여지지 않는다.

이성적이며 선의를 가진 사람들을 납득시킬 만한 논리를 가지고 있지 않다는 것을 알게 된다면 당신이 그 믿음을 견지하는 것은 오만한 것이고 당신은 그것을 포기해야 한다.[29]

이러한 반대는 훌륭한 관용 정신에서 비롯된 것이겠지만 두 가지 치명적인 결함을 가지고 있다. 첫째, 그것은 지나치게 싸잡아 비난하는 경향이 없지 않다. 일생 동안 우리 모두는, 모든 혹은 대부분의 이성적인 사람들을 납득시킬 수 없다는 것을 알면서도 **불가피하게** 어떠한 믿음을 갖게 된다. 정치를 예로 들어보자. 나는 차기 대통령은 민주당원이 되어야 한다고 생각한다. 당신은 동의하지 않는다. 나는 내가 당신을 납득시킬 수 있을 만한 압도적인 논리를 가지고 있지 않다는 것을 깨닫는다. 이때 다원주의자의 오만 원칙에 따르면 나는 그것을 포기해야 한다는 결론이 나온다. 그러나 내가 어떻게 '그것을 포기하겠는가?' 여기에는 오직 두 가지의 선택 사항이 있다. 나는 나의 원래 믿음을 **거부**할 수 있다. 즉 차기 대통령은 민주당원이 되어서는 '안 된다'는 것을 믿을 수 있다. 혹은 나는 단순히 그 사안에 대해 **판단을 유보**할 수 있다. 그러나 어떤 선택은 하든지 내가 이전과 정확히 똑같은 처지에 놓인다는 것에 유의하기 바란다. 합리적인 사람들은 두 선택 사항 모두에 동의하지 않을 것이다. 그리고 그들이 다르게 믿도록 납득시킬 수 없다는 것도 알 것이다. 결국 다원주의와 오만 원칙은 다음과 같은 논리를 함축한다. '**모든 사람**들은 지적으로 오만하다.'[30]

둘째, 앨빈 플랜팅어는 이렇게 지적한다. "오만이라는 혐의를 씌우는 것은 철학적인 진퇴양난이자 늪이다. 배타주의를 반대하기 위해 오만 원칙을 사용하는 순간, 그것은 오히려 당신에게 꼭 달라붙어 떨어지려 하지 않을 것이다."31) 오만 원칙을 용인하는 모든 사람은 먼저 그것에 동의하지 않는 수많은 이성적이며 선의를 가진 사람들이 있다는 것을 알아야 한다. 이리하여 다원주의자는 자기 꾀에 자기가 넘어가는 셈이 된다. 다원주의자가 배타주의에 지적 오만의 혐의를 씌우게 되면, 그것은 부메랑이 되어 자신에게 돌아온다.

마지막으로 배타주의에 대한 가장 흔한 다원주의자의 반대는 다른 종교들은 심각하게 잘못된 반면 한 종교만 실질적으로 진리라고 주장하는 것은 **독단적**이라는 것이다. 기본적인 논점은 다음과 같이 짧게 진술될 수 있다. 주요 종교들 가운데 하나가 다른 것들보다 진리에 더 가깝다고 주장할 수 있는 객관적인 토대(경전, 이성, 종교적 경험, 혹은 다른 것으로부터의)가 없으므로, 한 종교가 실질적으로 참되고 다른 모든 종교들은 그 종교와 양립할 수 없다는 주장은 독단적이고 정당화될 수 없다.32)

여기서의 핵심 사안은 분명히 모든 주요 종교들이 인식론적으로 분명 **동등한가** 그렇지 않은가의 여부이다. 예를 들어 기독교의 진리를 지지하는 증거가 이를테면 불교나 자이나교의 진리를 지지하는 증거보다 더 강할 것이 없다고 하여 모든 종교들이 인식론적으로 동등하다고 결론지을 수 있는가? 불행하게도 앨빈 플랜팅어가 지적하듯 다원주의자들은 "어떤 종교도 다른 것들보다 진리에 더 가까울 수 없다는, 다시 말해 모든 종교들이 똑같이 진리에 가깝다는 결론을 내릴 수 있는 논리적인 증거를 대지 못한다. 그들이 내놓은 것은 오히려 실용적인 가정이자 제국주의적 발상과 자기 확대를 피하려는 인자하고 자비로운 결심에 가깝다."33)

그러나 이러한 지적은 심각하게 논점을 회피하는 것이다. 배타주의와 다원주의 사이의 논쟁에서 중심적인 쟁점은 오직 하나의 종교가 실질적으로 혹은 전체적으로 진리라는 훌륭한 증거가 있는지 혹은 없는지의 여부이다. 다원주의자들이, 종교적 배타주의의 주장은 독단적이고 정당화될 수 없다는 자신들의 주장을 입증하려면, 하나의 종교가 실질적으로 다른 것들보다 진리에 더 가깝다는 것을 증명할 수 있는 신뢰할 만한 증거가 없다는 것을 단지 추정만 할 것이 아니라 **논증**할 필요가 있다.

신다원주의의 운명

신다원주의, 즉 〈매트릭스〉가 보여 주는 종교관은 예술로서, 그리고 현대 신화 만들기의 한 실천으로서는 합리적으로 잘 작동한다. 그것이 이 영화가 의도하는 전부이기를 바란다. 왜냐하면 〈매트릭스〉의 종교관은 유행에 맞을지는 몰라도 이해하거나 옹호하기에는 매우 어려운 종교 혹은 영성靈性의 관점을 반영하기 때문이다.

그레고리 바샴 Gregory Bassham은 펜실베이니아 소재 킹스 대학의 철학과 교수이다. 〈원래의 의향과 그 구성The Original Intent and the Constitution〉의 저자이자, 〈비판적인 사고 : 학생의 입문서Critical Thinking : A Student's Introduction〉의 공저자이다. 그는 기절했던 적이 있고, 303호실에 묵었던 적이 있다고 한다. 하지만 기절한 채로 303호실에 묵었던 적은 없다고 한다.

9

우리가 '그'다! :
칸트가 설명하는
매트릭스 작동법

제임스 롤러 JAMES LAWLER

**우리를 기만하는 것은 우리 자신인가,
다른 외부적 존재인가?**

〈매트릭스〉에서 가장 인상적인 장면은 아마도 네오가 발전소에서 깨어나는 장면일 것이다. 여기에서 우리는 분홍색 고치에 싸여 있는 인간의 몸뚱이를 담은 투명한 캡슐들이 위아래로 끝없이 늘어서 있는 광경을 목격한다. 인간들의 벌거벗은 몸에는 여기 저기 케이블이 꽂혀 있다. 충격적이지만 이것이 현실이다. 영화에서 이전에 펼쳐지던 모든 것, 이를테면 고층 빌딩들이 빽빽이 들어찬 현대 도시라든지 바쁘게 움직이는 사람들의 모습 등은 모두 껍데기이고, 꿈이며, 환상이다.

예부터 플라톤에서 붓다에 이르는 철학자들은, 우리가 실재라고 받아들이고 있는 세계는 진정한 실재의 그림자에 불과하다고 설파했다. 우리는 이런 취지(감각 기관을 통해 입수하는 세계의 모습이 '단순한 외양'에 불과하다는)의 논증 가운데서도 가장 정교한 논증을 우리는 이마누엘 칸트의 저작에서 발견할 수 있다.

칸트는 심지어 물리적 현상의 객관적인 특징들도, 인간 의식의 주관적인 투영에 의존한다고 주장한다. 외양을 구성하고 현상을 경험하는 데 있어 어떤 식으로든 역할을 하는 실재가 존재하지만, 이 실재는 감각할 수 있는 외양의 영역에서는 발견되지 않는다. 우리가 보고 느끼는 세계는 인간의 의식이 투영된 것이다. 그것은 보이는 것처럼 독립적으로 존재하는 실재가 아니다.

누가 인간에게 이러한 사기를 저질렀는가? 칸트에 의하면 경험의 거짓 외양을 창조하는 것은 데카르트의 악령* 같은 어떤 외부적인 존재가 아니다. 우리를 기만하는 것은 우리 자신이다. 우리는 자신의 경험 세계를 투영하면서 외부 세계에 독립적인 실재를 부여하고, 그럼으로써 우리 자신의 자유를 양도한다. 이처럼 인간의 창조적인 자유를 포기하는 것, 그것이 바로 사회 경제적이고 정치적인 세계가 산출하는 기본 양식 혹은 '매트릭스'이다. 이 세계 안에서 대부분의 사람들은, 자기가 다른 사람들의 노예가 되어 있는 것을 발견한다.

인간이 행복의 매트릭스를 거부한 이유

〈매트릭스〉에서 인공 지능을 가진 강력한 기계들은 인류 대부분을 통제한다. 그러므로 〈매트릭스〉는 환상의 원천을 내부적인 것으로

---

* '데카르트의 악령'에 관한 자세한 내용은 제2장 '〈매트릭스〉는 데카르트를 반복한다 : 삶은 악령의 기만'을 참조할 것.

그리기보다는 외부적인 것으로 그린다는 점에서 칸트적이기보다는 플라톤적이거나 데카르트적이라고 할 수 있다. 그런데 여기에 한 가지 이상한 일이 있다. 인간을 매트릭스 안에 가두는 기계 지능체는 자신의 포로를 자기 뜻대로 통제해야 한다. 하지만 우리는 이 영화에서, 인류를 지배하는 데 거의 성공한 존재들이 그들의 첫번째 매트릭스를 인간의 암묵적인 바람대로 바꿔야 했다는 것을 알게 된다.

모피어스의 마음에 침입하려고 시도하던 스미스 요원은 두 개의 매트릭스가 존재했다는 사실을 밝힌다. 그것은 인류의 경험을 통제하기 위해 기계들이 만든, 기본 양식이 서로 다른 두 개의 프로그램이었다.

"최초의 매트릭스가 완벽한 인간 세계를 구현하도록 설계되었다는 것을 알고 있나? 아무도 고통받지 않고 모두가 행복한 그런 세계 말야. 그건 정말 재앙이었어. 아무도 그 프로그램을 받아들이려 하지 않았지. 모두가 엉망진창이었어."

스미스 요원은 이렇듯 뜻밖의 상황이 벌어진 원인을 나름대로 추측해 본다. "우리들 중 일부는 너희들의 완벽한 세계를 기술할 수 있는 프로그램 언어가 부족하다고 생각했지. 그러나 나는 종種으로서의 인류는 고통을 통해 현실을 인식한다고 믿어."

만족한 젖소가 가장 좋은 우유를 생산하듯 만족한 인간이 가장 좋은 생체 에너지, 즉 그들의 주인인 기계 지능체들이 필요로 하는 동력을 산출한다. 매트릭스는 잠자는 유기체들이 기계 지능체들에게 영혼을 빼앗긴 채 에너지 공급원의 기능을 수행하고 있는 동안 그들의 마음을 차지하도록 설계되었다. 역설적이게도 인간이 만족스럽게 잠들기 위해 본능적으로 필요로 한 것은 행복으로 충만한 이상적인 세계가 아니라, 우리에게 너무나도 익숙한 고통과 비참함으로 점철된 치열하고 무의미한 경쟁의 세계이다. 두 개의 매트릭스 가운데 특정한 매트릭스에 대해 거부권을 행사함으로써 잠자는 인간은 무의식적으로 또는 본능적으로 프로그램에 영향력을 행사한 것이다.

스미스 요원은 최초의 매트릭스가 낳은 인식의 부조화를 다음과 같이 묘사한다. "너희들의 대뇌는 끊임없이 완벽한 세계라는 꿈에서 깨어나려고 애썼지. 그래서 매트릭스가 다시 설계된 거야. 너희들 문명의 절정 상태로 말야." 스미스 요원의 말은 우리가 본능적으로 완벽한 세계에 대한 발상을 거부하고 우리 자신의 환상을 선택했다는 것을 암시한다. 그러나 어째서 사람들은 최초의 매트릭스가 제공하는 행복의 세계가 아니라 고통과 비참함의 세계를 원하는 것인가.

〈매트릭스〉의 구원은 칸트적이다 :
우리가 스스로를 구원해야 한다

만약 〈매트릭스〉가 구속에 대한 두 개의 모델을 보여 준다면, 그것은 또한 해방에 대한 두 개의 대응하는 이론을 제안하는 셈이다.

영화는 계속해서 관객에게 다음과 같은 질문을 던진다. 과연 네오가 정말로 '그' 일까? 네오가 '그' 가 되는 것은 무엇을 의미할까? 영화의 초반부에 초이는 컴퓨터 해커로서의 네오의 능력을 인정한다. 네오는 매트릭스에 갇혀 있음에도 불구하고 사람들이 인간의 삶을 통제하는 컴퓨터 시스템을 조작할 수 있도록 도와 주기 때문이다. 그는 컴퓨터 디스크에 대한 대가로 네오에게 2천 달러를 건네면서 다음과 같이 말한다. "넌 내 구세주야. 나만의 예수 그리스도지." 그러나 이런 종류의 '해방'은 단지 전조일 뿐이며 진정한 해방의 서투른 모방에 불과하다.

철학의 역사에서 우리는 구원이라는 개념에 대한 두 개의 반대되는 해석을 만날 수 있다. 플라톤적 사고 방식에서는 환상의 원천이 미혹된 인간의 외부에 있으며 그 환상을 극복하기 위한 구원자도 외부에 있다. 그러므로 어떤 비범한 인간, 즉 '철학자 – 왕' 같은 사람이 인간을 고통과 자멸의 함정으로부터 빠져나올 수 있도록 인도해야 한다. 그리고…… 그들이 향하는 곳은? 질서 정연한 존재들의 조화롭고 만족스러운 세계이다. 그러나 영화 〈매트릭스〉는 예상 밖의 결과를 보여 준다. 통제자들은 이러한 목가적인 세계를 제안하지만, 인간들은 꿈의 세계 속에서도 이를 거부한다.

전통적인 기독교의 구세주는 다른 사람들과는 다른 비범한 개인이며, 죽은 자들 가운데서 살아나고 그 자신이 죽은 뒤 다시 부활하는 신인^{神人}이다. 영화 속 등장 인물들의 마음속을 지배하는 것은 '그$^{The\ One}$'에 대한 이러한 전통적인 이해이다. 그러나 그러한 모든 기대는 이 영화의 마지막 장면에서 완전히 뒤집어진다.

칸트가 옹호하는 다른 대안은 계몽 철학적인 구원의 개념이다. 그리고 이러한 계몽 철학의 원칙들은 미국 헌법에 구현되어 있다. 가치 있는 유일한 사회는 '자유로운 사람들이 스스로를 다스리는 사회'이다. 노예들은 자신들이 스스로를 해방시킬 때라야 진정으로 자유로울 수 있다. 만약 자신의 노력 없이 그들에게 자유가 주어진다면 그들은 노예 상태로 다시 전락할 것이다. 칸트는 우리 자신 말고는 어느 누구도 우리를 구원할 수 없다고 주장한다. 인간의 자기 해방은 우리 각자가 스스로 발견해야 할 운명인 것이다. 칸트의 견해에 따르면 예수는 무기력한 인류를 구원하는 예외적인 존재가 아니라 스스로를 구원할 수 있는 우리 내부의 신인(神人)적 잠재력의 모범이다.

지각된 세계가 외부의 기만하는 존재에 의해 결정된다기보다는 우리가 자체적으로 부과한 환상이라는 칸트의 견해는, 모든 인간이 자기 해방에 참여할 운명을 가지고 태어났다는 그의 관점과 긴밀하게 연결되어 있다. 칸트는 이러한 상호 관련된 개념들의 타당성을 독자들에게 납득시킬 수 있으며, 〈매트릭스〉는 칸트식 견해에 힘입어 시각적으로 그리고 극적으로 표현하는 생각들을 강화시킨다.

우리 눈에는 태양이 지구 주위를 도는 것처럼 보인다
그러나 실제로는 지구가 태양 주위를 돈다

칸트는 〈순수 이성 비판 Critique of Pure Reason〉에서 "코페르니쿠스의 가설에 따라" 철학에 있어 혁명의 필요성을 역설했다. 철학에서 코페르니쿠스적 혁명은 우리의 철학적 개념들(우리가 살고 있는 세계에 대해 우리가 일반적으로 생각하는 사고 방식)이 현대 과학의 함의와 보조를 맞춰야 한다는 것을 의미한다. 이러한 함의를 가장 명백하게 드러내는 것이 바로 '**우리에게 보여지는 것처럼** 태양이 지구 주위를 도는 것이 아니라 오히려 **외양과는 반대로** 지구가 태양 주위를 돈다'는 코페르니쿠스의 발견이다.

오늘날 우리는, 광활한 우주의 중심에 우리의 작고 푸른 행성을 위치시켜 놓은 옛 우주관의 순진함과 오만을 젠체하며 비웃는다. 하지만 천동설을 옹호했던 아리스토텔레스를 비롯해 고대 철학자들을 정당하게 평가해 주자. 결국 그들은, 우리가 오늘날에도 여전히 우리의 눈을 가지고 지각하는 사실들을 보편적인 조건으로 공식화했던 것뿐이다. 우리는 태양이 지구 주위를 움직이는 것을 직접 **우리 눈으로 목격한다**. 우리는 하늘을 지구의 평평한 면을 둘러싼 거대한 둥근 천장으로 본다. 아리스토텔레스의 고대 우주관을 거부하려면 우리는 우리가 지각하는 '세계'가 환상이라는 생각을 받아들여야 한다.

지구 중심적 세계관은 좀더 근본적인 의미에서 지각의 확장이라고 볼 수 있다. 우리는 그것을 자기 중심적이라고 부를 수 있을 것이다. 우리는 물리적인 세계가 개인의 물리적 육체를 중심으로 움직이는 것처럼 보게 되며, 직접적으로 그렇게 본다. 이것이 우리에게 사물들이 보이거나 나타나는 방식이다. 내가 실제로 지각하는 세계는 나를 중심으로, 나라는 물리적인 육체를 중심으로 하고 있다. 이것은 우리들 모두에게 똑같다. 그러나 조금만 생각해 보아도 본래의 세계는 이럴 수 없다는 것을 알 수 있다. 아이들이 신체 중심적인 지각을 실재라고 여길 때, 우리는 그것을 자기 중심주의라고 부른다. 어른들이 완고하게 스스로를 모든 것의 중심이라 여길 때, 우리는 그것을 이기주의라고 부른다.

파란 약이냐, 빨간 약이냐
분리의 매트릭스냐, 도덕성의 매트릭스냐

이기주의는 삶의 도덕적 차원에 있어 핵심적인 문제이다. 이기주의는 자신의 사적이고 육체적인 존재를, 모든 선택의 첫 번째 토대로 간주하는 사고 방식이다. 궁극적으로 이기주의자는 자신이 '그'라고 믿는다. 자신이 우주의 중심이며 삼라만상은 모두 자신을 위해 만들어진 것이라고 생각한다. 사람들은 누구나 자연스럽게 천성적으로 자신이 특별한 존재이고 또한 특별한 존재로서 모종의 선택을 받을 것이라 믿는다. 그러나 경험을 통해 우리는 내가 아닌 다른 존재들이 나를 제한할 수 있으며 내가 욕망을 실현하는 것을 막을 수도 있다는 것을 곧 깨닫게 된다. 다른 존재들도 그들이 마치 '그'인 것처럼 행동할 것이기 때문이다. 이러한 모순을 해결하기 위해서는 우리(일반적으로 말해 인류, 우주의 모든 지능 있는 존재들) 모두가 우리의 통일성 안에서 존재의 진정한 중심임을 인식할 필요가 있다.

우리 앞에는 근본적이고 도덕적인 선택의 문제가 놓여 있다. 현실에 대한 두 개의 모순적인 개념, 혹은 두 개의 매트릭스와 실제 세계 사이의 선택이 그것이다. 하나의 매트릭스는 개별적이고 독립적이며 경쟁하는 자아들의 세계이고, 또 하나의 매트릭스는 인간성을 공유하는 세계이다. 전자인 분리의 매트릭스는 이기주의적 세계로서 시공간상에서 서로 분리되어 있는 물리적인 육체들의 외양들에 연결되어 있으며 결정론적 인과성의 법칙에 따라 서로 충돌한다. 후자는 도덕성의 매트릭스라 할 수 있다. 이것은 도덕적 의식의 견지에서 보여지는 세계, 즉 인간의 통일과 자유의 세계이다. 만약 첫 번째가 현실이라면 두 번째는 틀림없이 환상일 것이다. 같은 이치로 만약 우리가 도덕성의 매트릭스가 실재라고 믿는다면 분리의 매트릭스는 환상이어야 한다.

〈매트릭스〉에서 진리, 자유 그리고 인간성에 대한 도덕적 선택은 빨간 약의 선택에 의해 상징적으로 드러난다. 빨간 약은 개인을 각성시켜 실제 세계에 남게 한다. 파란 약은 그를 다시 자기 중심적인 환상의 세계로 돌려보낸다. 그러나 시험해 보지 않고 어떠한 선택이 바람직한지 알 수는 없다. 처음에는 꿈에서 깨어나 진실에 따라 살 것을 선택하지만 결국 이러한 선택 역시 실제로는 의심스럽다는 것을 발견할지도 모른다. 그런 사람은 현실에 참여하는 과정에서 위기를 맞을 것이다.

모피어스가 선택한 대안적인 매트릭스

도덕적 선택의 궁극적인 목표는 칸트의 용어로 말하자면 '**지상선**至上善 the Highest Good'을 창조하는 것이다. 지상선은 자유와 행복을 결합한 세계를 창조하는 일이다.[34] 만약 그러한 고상한 목표가 허구적인 것으로 밝혀진다면, 최초의 선택 또한 비실재적일 수밖에 없다. 그런 경우 오직 하나의 가능성만이 남는다. 가능한 한 외부 환경에 잘 순응함으로써 자기의 개별적인 이익만을 위한 삶을 살아가는 것.

겉으로 보기에 통제자들은 너무나도 압도적이고 강하기 때문에, 사이퍼는 네브카드네자르 대원들의 고상한 목표가 실체 없는 이상이라는 결론에 도달한다. 사이퍼는 처음에 빨간 약을 선택했지만 그의 선택은 혹독한 경험에 의해 시험받는다. 그는 네브카드네자르 대원들이 매트릭스 밖에서 경험하는 최초의 자유와 실재가, 궁극적인 자유와 궁극적인 실재의 구현이라는 목표에서 보자면, 과도기적인 순간에 불과하다는 것을 깨닫는다. 궁극적인 자유와 궁극적인 실재는 오직 그것을 믿는 사람들의 마음속에만 존재한다. 그는 네브카드네자르 대원들이, 마지막으로 자유로운 인간의 도시, 즉 시온이라는 이름으로 상징화된 신화적인 약속의 땅을 찾고 있다는 것을 알고 있다. 하지만 그는, 모피어스의 자유와 실재에 대한 이상이 궁극적으로 환상일 뿐이라고 결론짓는다. 그리고 이러한 실용적인 결론을 이끌어 내기 위해 합리적이고 경험적인 가치 판단 기준을 적용한다.

사이퍼는 모피어스를 배신하는 자신의 행위를 정당화하면서, 피상적인 자유와 실재에 대한 자신의 피상적인 해석을 보여 준다. 배신의 순간에 그는 플러그에 꽂혀 잠들어 있는 모피어스의 몸에 기대어 이렇게 말한다. "만약 네가 진실을 말해 주었더라면 우리는 너에게 그 빌어먹을 빨간 약을 당장 걷어치우라고 말했을 거야!" 트리니티는 반박한다. "그렇지 않아, 사이퍼. 그는 우리를 해방시켜 주었어." 그러자 사이퍼는 이렇게 응수한다. "자유? 너는 이걸 자유라고 부르나? 나는 그 놈이 시키는 일만 해왔어. 만약 내가 이것과 매트릭스 가운데 하나를 선택해야 한다면, 나는 매트릭스를 선택하겠어."

모피어스가 염두에 두고 있는 자유는 단순히 매트릭스에서 벗어나는 것이 아니며 단순히 자신의 개별적이고 개인적인 행복을 추구하는 개인적인 자유도 아니다. 그것은 인류의 차원 높은 해방을 궁극적인 목표로 하는 운명 혹은 숙명에 대한 참여이다. 그의 목표가 **"문명의 절정"** 에 있는 우리의 '실제 현대 세계'를 단순히 복제하는 것은 아닐 것이다. 이것과 다른 더 나은 세상, 자유와 행복을 결합한 인간 완성의 세계일 것이다.

그러므로 트리니티의 대답은 부적절하다. 여기에서 그녀는 그저 매트릭스라는 가상 현실 프로그램 내부의 존재가 가지고 있는 환상과, 물리적인 존재가 자기 중심적으로 지각함으로써 만들어 내는 환상을 구분하고 있을 뿐이기 때문이다. "매트릭스는 진짜가 아냐!" 라고 그녀는 말한다. 사이퍼의 대답은 더 깊은 진실을 암시한다. "나는 그렇게 생각 안 해, 트리니티. 매트릭스가 이 세계보다 더 진실할 수도 있단 말야. 나는 여기에서 단지 플러그를 뽑을 뿐이지만, 너는 거기에서 에이팍이 죽는 걸 지켜봐야 해."

 매트릭스의 환영 세계와 네브카드네자르의 실재 세계와의 대조는 이 영화에서 환상과 실재, 예속과 자유의 주제를 탐구하는 출발점에 불과하다. 영화 초반부의 인간 발전소 장면에서 아주 놀랍게 묘사된 환상과 실재 사이의 대비만으로는 완전하지 않다. 네오와 관객을 동시에 사로잡는 진정으로 흥미로운 것은, 매트릭스 밖의 삶이 아니라 그 내부의 삶이다. 일단 그것의 진정한 본질이 이해된다면 말이다.

도덕의 실재는 과학으로 입증될 수 없다
그것은 믿음의 영역이다

 우리는 보편적인 행복이 존재하는 완벽한 세계를 창조하려고 노력한다. 칸트는 여기까지는 기계 지능체들이 만든 첫 번째 매트릭스에 동의한다. 그러나 이 완벽한 세계에는 기계 지능체들이 설계한 매트릭스 따위가 도저히 가질 수 없는 일정한 조건 혹은 요구 사항이 있다. 지상선은 사람들이 행복할 뿐만 아니라 행복할 만한 가치가 있는 세계이다. 사람들은 자신의 자유롭고 책임 있는 행동을 통해 행복을 얻어야 한다.

 이제 우리는 어째서 잠자는 인간이 20세기 말의 경쟁이 치열한 세계를 고집스럽게 요구하는 것인지를 이해할 수 있다. 인공 지능 통제자들이 모든 요구 사항들이 충족되고 모든 고통이 완화된 목가적인 세계를 제공했을 때, 사람들은 그러한 행복이 틀림없이 환상이라는 것을 알아챘다. 그것은 환상임에 틀림없다. 왜냐하면 분리에 대한 믿음은, 꿈에서조차 경험의 기본 토대로서 지속되기 때문이다. 그리고 그런 분리에 대한 믿음은, 불가피하게 꿈꾸는 사람들조차 인식하는 경쟁, 투쟁 그리고 승자와 패자 사이의 구별을 낳는다. 행복은 오직 근본적으로 다른 원칙, 즉 자유로운 인간이 명백한 분리가 아닌 진정한 통일성에 기초하여 행동하는 원칙의 토대 위에서만 가능하다.

지상선을 창조하려는 도덕적 탐색은 그와 모순되는 듯이 보이는 세계의 어려운 현실에 의해 시험당한다. 도덕적인 개인은 완전히 다른 원칙 위에 세워진 세계의 힘에 대하여 무력감을 느끼곤 한다. 도덕성에 기반을 둔 이상적인 매트릭스는, 육체성에 기반을 둔 이기주의의 매트릭스를 극복하는 데 무기력해 보인다. 절망에 빠지지 않으려면, 개인들은 충분히 발전된 세계인 매트릭스를 통해 도덕적인 이상을 **구현**할 수 있다는 믿음을 가져야 한다. 칸트는 이러한 믿음을 세 가지 측면으로 구분하고, 그것을 '**도덕성을 실현하기 위한 요청들**'이라고 명명했다. 요청되는 세 가지 의식은 바로 '**자유 · 신 · 불멸성**' 이다.

도덕성이라는 목표를 실현하고자 할 때 느끼는 무력감에 대항하려면, 우리는 자신의 근본적인 선택에 충실할 수 있도록 이 요청들을 반드시 믿어야 한다. 이러한 믿음들은 본질적으로 해방자들의 믿음, 구원자들의 믿음이다. 이러한 요청들을 통해 우리는 일생 동안 자신의 임무를 완수하는 법을 배운다. 이렇듯 자신의 임무를 완수한 사람들은 지상선의 세계를 창조할 수 있고 지상에 있는 천상의 왕국인 약속의 땅 시온에 다다를 수 있는 '그' 들이 될 것이다.

칸트는 도덕적 경험이 실재한다는 것을 **믿어야** 한다고 강조한다. 그는 이러한 실재에 대해 과학적인 **지식**을 갖는다는 것은 불가능하다고 생각한다. 과학적 지식은 결정론적인 법칙들을 토대로 경험들을 설명하기 때문이다. 그러나 도덕적 경험의 정수는 그것의 반결정론적 본질, 즉 자유 의지이다. 우리는 이러한 자유를 어떤 제한적인 형태로 환원시키지 않고서는 (과학적으로) **알 수 없기** 때문에, 우리는 자신이 선택할 수 있는 자유에 대해 일종의 믿음을 가지고 있어야 한다. 인간의 '자유'에 대한 이러한 믿음은(우리의 과학의 모든 결정론적인 법칙에도 불구하고) 도덕성을 실현하기 위한 첫 번째 '요청'이다.

도덕이 실재한다는 것을 믿기 위해
인간에게는 신이 필요하다

집단을 위한 개인, 개인을 위한 집단. 이렇게 되었을 때 인간은 진정으로 자유로울 수 있다. 그것은 새로운 원칙이며 네브카드네자르와 시온의 대안적인 매트릭스이다. 이것이 세 번째 매트릭스이다. 물론 여전히 미완성 상태이고, 신비로우며, 아직 충분히 구현되지 않았다. 낡은 매트릭스의 붕괴를 통해 인류의 통합되고 공유된 '마음의 매트릭스'를 보려면 그것의 궁극적인 함의, 즉 자유가 존재할 뿐만 아니라 자유로운 사람들이 지상선을 창조할 수 있는 힘을 가지고 있다고 믿거나 전제할 필요가 있다. 그러므로 두 번째 요청, 즉 자유로운 개인들이 도덕적 통일성의 실현에 파장을 맞춤으로써 인간 최고의 목표를 실현할 수 있는 힘을 가지고 있어야 한다는 요청은 필수적이다. 만약 분리가 외부적인 힘의 세계를 창조할 수 있다면, 통일은 이와는 근본적으로 다른 세계를 창조하는 힘을 가지고 있을 것이다. 시온이라는 대안적 세계에서 통합된 인간의 이러한 힘은, 그것을 발휘하는 각 개인들을 통해 흐른다.

칸트는 도덕성을 실현하기 위한 이 두 번째 요청을 '신의 요청'이라고 부른다. 고대 문명과 연결된 전통적인 종교 신앙에서 신은 정의의 외부적인 분배자로 간주된다. 신은 선한 사람들에게는 행복을 분배하고 악한 사람들에게는 이승이나 지상에서가 아니면 사후의 세계에서라도 처벌을 분배한다. 이 관념은 평범한 개인은 이러한 정의의 목표들을 성취하기에는 무력하다는 것을 암시한다.

1999년의 세계(세기말 현대 문명의 정점)를 원형으로 한 매트릭스의 세계는 각 개인이 자연과 문명의 외부적인 힘들 앞에서 느끼는 무력감을 토대로 하고 있다. 이러한 무력감은 분리에 대한 믿음에 뿌리박고 있다. 그러므로 모피어스는 네오에게, 네오가 이미 알고 있는 사실을 말한다. "자네는 평생 동안, 세상이 뭔가 잘못되어 있다고 느껴왔네. 그게 뭔지는 몰라도, 자네 마음속에 가시처럼 박혀 자네를 미치게 만들지……. 매트릭스는 어디든지 있어. 그것은 사방에 존재한다네."

그러나 시온의 신세계에서 자연적이고 인간적인 잠재력이 경제적 혹은 정치적 권력에서 소외되거나 외면당하지 않는다. 그러한 권력의 신학적인 대응물은 외부적이며 전능한 신이다. 현대 생활에서 삶의 이러한 외부적인 힘들은 〈매트릭스〉의 전능하고 지능적인 기계들에서 전형적으로 드러난다. 그러나 그에 대항하는 시온이라는 세계에서는 저변에 흐르는 통합하는 생명력이 분리된 존재가 환상이라는 사실을 인식하는 각 개인들을 통해 흐른다.

예언자의 대기실에서 신불교도로 보이는 '그'의 어린 후보는 네오에게 이렇게 말한다. "숟가락을 구부리려고 하지 마세요. 그건 불가능해요. 대신…… 오직 진실을 깨달으려고 노력하세요." 네오는 묻는다. "무슨 진실?" "숟가락은 없다는 진실이오. 그러면 당신은 알 수 있을 거예요. 구부러지는 것은 숟가락이 아니라 단지 당신 자신이라는 것을……." 우리가 만약 결정론적 과학에 의거하여 우리와 따로 떨어져 있는 것은 독립적이고 물질적인 실체라고 믿는다면 우리는 숟가락을 구부릴 수 없다. 즉 우리는 소위 외부 현실을 바꿀 수 없다. 그러나 우리가 그것이 우리와 함께 있고 우리의 일부분이고 그러므로 우리는 오직 우리 자신을 구부리면 된다는 진실을 인식한다면, 그 숟가락은 구부러질 것이다.

이 경우 '자아'는 개별적이고 고립된 자아가 아닌 전체와 통일되어 있는 고등高等의 자아이다. 우리가 분리의 환상을 포기하기만 하면, 신적인 힘은 우리의 것이 될 것이다. 네오가 배워야 할 것은 그가 다른 모든 사람들과 구별되는 특별한 존재인 '그 The One'라는 사실이 아니라 그가 모든 존재들과 '하나 One'라는 사실이다. 물론 그는 이러한 진실을 처음으로 완전하게 이해한 '그 The One'이다.

신은 우리 내부에 존재하는
신인神人적 잠재력의 상징

매트릭스의 세계는 두려움의 세계이다. 우주의 강력한 힘에 비해 자신을 취약하기 이를 데 없는 개별적인 존재로 해석한다면 누구나 틀림없이 두려움을 갖게 될 것이다. 기본적인 두려움은 죽음에 대한 두려움, 즉 연약한 육체적 존재가 가진 소멸에 대한 두려움이다. 죽음에 대한 두려움은 개인이 그의 개별적인 물리적 존재를 궁극적인 현실로 고정시켜 생각하고 있다는 것을 암시한다.

〈매트릭스〉의 믿음 - 구조에 의하면 우리는 결코 이러한 두려움에서 벗어날 수 없다. 영화의 도입부 중 한 장면에서 네오는 요원들에게 처음으로 쫓기다가 자유를 향해 한 발 다가서게 된다. 하지만 그 결과는? 그는 회사 건물의 외벽에 위험스럽게 매달려 있게 된다. 그때 그는 결국 두려움에 굴복하고 만다. 그는 가상 현실의 컨스트럭트에서 두 번째로 추락의 두려움에 직면한다. 그는 이때 환상을 조작하는 힘을 처음으로 전수 받고 있는 중이었다. 그는 **의식**을 가진 채 환상 안에서 살아가는 것에서 오는 흥분을 만끽한다. 자신의 힘을 발견하기 위한 열쇠는, 모든 두려움을 놓아 보내는 것이다. 모피어스는 그에게 말한다. "자네는 모두 버려야 해, 네오. 두려움, 의심 그리고 불신을 말야. 자네 마음을 풀어 주는 거야." 네오는 심연 속으로 추락하고 결국 그는 자신 속에 내재한 두려움이 본질적으로 실체가 없다는 사실을 발견한다. 그러나 네오의 실제 육체도 피를 흘린다. 왜 그런가?

네오: "나는 그것이 진짜가 아니라고 생각했는데."

모피어스: "자네의 정신이 그것을 진짜로 만드는 거야."

네오: "매트릭스에서 죽으면 여기서도 죽나요?"

모피어스: "육체는 정신이 없으면 살 수 없어."

이러한 수수께끼 같은 선언은 이러한 생각들의 논리가 전개됨에 따라 분명해진다. 네오가 처음부터 매트릭스 외부의 삶인 '실재'와 매트릭스 내부의 환상을 구분하는 것은 지나치게 단순한 발상이다. 매트릭스 외부의 현실에 대해 의식하는 사람들은 그 내부에서 더욱 자유롭고 더욱 강력해질 수 있다. 그러나 거꾸로 매트릭스 내부의 존재는 그 외부의 존재에 영향을 미친다. 매트릭스의 밖에서도, 육체는 정신이 무엇을 믿고 있느냐에 의존한다.

　네오의 운명을 실현하는 열쇠는, 그가 죽음에 대한 두려움을 거부함으로써 그의 차지가 된다. 네오가 예언자의 예언에 따라 모피어스를 위해 자신을 희생하기로 결심할 때 그는 자신의 운명을 깨닫게 된다.

　예언자는 결정론적인 운명을 상세히 설명해 주기보다는 네오에게 선택권을 준다. 네오 자신의 생명이냐, 모피어스의 생명이냐……. 예언자는 이렇게 말한다. "너는 선택을 해야 할 거야. 너의 한 손에는 모피어스의 생명이, 다른 손에는 네 자신의 생명이 있지. 너희들 가운데 한 명은 죽게 되어 있어. 그리고 누가 죽는지는 네 손에 달렸고 말이야."

　예언자의 예언은 도덕성을 실현하기 위한 요청들을 중심으로 이루어졌다. 첫째, 자유의 요청이 있다. 네오는 원래 운명에 대한 생각을 거부했다. 그는 자신의 삶을 스스로 통제하고 싶었기 때문이다. 그는 외부적인 힘이 자신의 행동을 지배하는 것을 원치 않는다. 그는 언제나 자유롭게 선택하고 싶어한다. 네오의 운명을 완성하는 것은 여기에서 선택의 문제로 제시된다. 그는 다르게 선택할 수도 있었다. 그는 파란 약을 선택할 수도 있었고 꿈의 삶인 매트릭스 안에서 상대적인 확실성 속에 살 수도 있었을 것이다. 하지만 네오는 빨간 약과 진실을 선택함으로써 예측할 수 없는 위험 그리고 인간을 통제하는 세력의 위협에 노출된다. 이제 예언자는 그가 자신을 구하든지 모피어스를 구하든지 선택을 해야 한다고 말한다.

　둘째, 예언자의 예언에는 우리의 잠재력, 우리의 힘에 대한 믿음이 있다. 칸트적인 사고에따라 도덕적인 선택을 하려면 우리는 그것을 구현할 수 있는 힘을 가졌다는 믿음을 가져야 한다. 모든 외부적인 조건은 그 정반대일지 몰라도 말이다. 신의 요청은 지상선을 위한 우리의 도덕적 선택과 이 목표를 실현하는 힘에 대한 믿음을 연결시키는 요청이다.

처음에는 목표의 실현을 가능하게 하는 신성한 힘, 혹은 구세주에 대한 믿음이 우리가 무기력하다는 사실을 스스로 인정하는 것처럼 보일 것이다. 그러나 칸트에 의하면 도덕성을 성취하기 위해서는 **우리 스스로가** 우리의 도덕적 의무를 실현할 수 있는 능력을 가져야 한다. 그러므로 우리가 가정하는 신 혹은 신인神人('그')이, 우리를 위해 기적을 행사하는 별난 존재로 간주되어서는 안 된다는 결론이 나온다. 신은 우리가 물리적인 분리의 한계를 초월할 때 나타나는, 우리 자신의 확장으로 보아야 한다. 이 영화를 움직이는 힘은 우리 자신을 구원해 줄 외부의 구세주에 대한 믿음에서, 통일된 인간으로서 자기 자신의 신적인 힘에 대한 믿음을 향한 발전이다. 이것이 우리의 진정한 내적인 '후보'이다. 그리고 이러한 이해는 이 영화의 결론 부분 '그'의 마지막 대사에서 명백히 드러난다.

도덕성의 요청 :
소멸에 대한 두려움에서 벗어나라

예언의 세 번째 요소는 분명히 죽음과 생존에 관련된다. 누군가는 죽어야 하고, 누군가는 살아남을 것이다. 분리의 원칙이 지배하는 매트릭스의 세계에서 분리의 승패 논리는 불변의 법칙이다. 예언자는 네오에게 네오는 '그'가 아니며, 모피어스나 '그'가 죽는다는 불행한 소식을 전한다.

예언자: "미안하다, 애야. 너는 재능을 타고났어. 하지만 너는 무언가를 기다리고 있는 것 같구나."

네오: "무엇을요?"

예언자: "아마 너의 다음 생애겠지. 누가 알겠니? 다 그런 법이야."

예언자의 예언은 토씨 하나 틀리지 않고 모두 실현된다. 네오는 모피어스의 생명을 구하고 자신의 생명을 잃는다. 그리고 자신의 다음 생애에서 '그'가 되어 돌아온다. '어떻게 그리고 왜 이 예언은 성취되었는가'가 이 영화를 이해하는 열쇠다.

모피어스를 구하는 과정에서 네오는 겉으로 보기에 약점이라고는 전혀 없는 듯이 보이는 전능한 요원과 직접 맞부딪친다. 매트릭스 안에서 엄청난 힘을 발휘할 수 있도록 컨스트럭트에서 훈련했음에도 불구하고 네브카드네자르의 대원들은 두려움에 기반을 둔 하나의 궁극적인 규칙을 숙지하고 있다. 만약 요원을 만나면 무조건 도망쳐라. 이것이 사이퍼가 네오에게 주는 '현실적인' 충고다. 물론 그는 이렇게 충고함으로써 네오가 예언된 구세주라는 생각을 헛된 망상으로 치부하고 싶어한다. 그런데 네오가 고의적으로 스미스 요원과 대결할 때 이 영화에서 극적인 전환점이 발생한다. 그는 자신의 선택을 한 것이다. 그는 자신의 입장을 취하고 죽음을 받아들일 것이다. 네오는 완전한 자유의 상태에 도달해 이 운명을 깨닫는다. 그는 자신의 분리되고 취약한 육체로서의 존재를 보존하기보다는 다른 사람을 구하기로 결심한 것이다.

네오는 그럼으로써, 가상 현실 세계 내부와 그것의 외부 세계인 물리적인 육체의 소위 진짜 세계 모두에서 매트릭스의 힘을 관리하는 근본적인 두려움을 극복한다. 똑같은 기본 규칙이 각 세계에 적용된다. 만약 당신이 환상의 세계에서도 죽을 수 있다고 믿는다면 당신은 물리적 세계에서도 진짜로 죽을 것이다. 물리적인 육체의 생명력은 마음이 죽음의 궁극적인 힘을 믿느냐 혹은 그렇지 않느냐의 여부에 달려 있다. 이것은 매트릭스를 조작하는 기본적인 규칙이다. 당신의 힘, 당신의 실재는 당신의 믿음에 달려 있고, 당신의 믿음은 궁극적으로 죽음에 대한 두려움에 의해 지배당한다.

이제 네오의 운명을 전개하는 데는 오로지 하나의 길만이 남아 있다. 죽음에 대한 믿음을 거부하는 것이다. 네오의 육체적인 숨이 끊어졌을 때 모피어스는 말한다. "그럴 리 없어." 모든 물리적인 진단이 네오의 죽음을 확인해 주는데도 모피어스는 네오의 죽음을 믿으려 하지 않는다. 트리니티는 그보다 한발 더 나아간다. 그녀는 네오의 죽은 육체에 다가가 네오의 살아 있는 영혼에게 말을 건다. "네오, 나는 더 이상 두렵지 않아. 예언자는 내가 사랑에 빠질 거라고 말했어. 그리고 그 사람이, 내가 사랑에 빠지는 그 사람이 바로 '그'일 거라고 말했어. 이제 알겠지? 넌 죽을 수 없어. 그럴 수 없어. 나는 널 사랑하거든. 듣고 있어? 사랑해." 트리니티의 사랑과 불멸에 대한 믿음은 마침내 네오를 소생시킨다. 결국 예언자의 예언대로 네오는 다음 생애에서 '그'로서 돌아온 것이다.

네오의 환생 - 불교, 힌두교 그리고 칸트

도덕적 삶을 위한 세 번째 요청은 **'불멸성의 요청'**이다. 도덕적인 존재로서의 운명을 성취하려면 죽음에 대한 믿음과 두려움을 포기할 필요가 있다. 불멸성의 미덕은 도덕을 향하는 사람에게 꼭 필요하다고 칸트는 주장한다. 단 한 번의 생애라는 한계 내에서는 개인이 자신의 궁극적인 임무를 수행하는 것, 즉 지상선의 도래를 야기하는 것이 불가능하기 때문이다.

지상선을 구현하는 도덕적인 목표는 우리 자신의 세계에 관한 것이지 다른 세계에 관한 것이 아니다. 자유의 요청이 이생에서의 인간의 능력에 관한 것이듯이 신과 불멸성의 요청 역시 그래야 한다. 그러므로 도덕성이 요청하는 불멸성은 반드시 '이생의' 불멸성이라야 한다. 따라서 영혼 세계의 불멸성이라는 전통적인 기독교 교리는 도덕적 삶을 위한 요구 조건에는 들어맞지 않는다. 기독교의 전통적 영혼 불멸성에 대한 개념에 대안이 될 수 있는 것은 힌두교와 불교의 '이생의' 불멸성이다. 예언자가 지나가는 듯한 말투로 환생에 대해 언급하는 것과 머리를 삭발한 채 승복을 입고 있는 '그'의 어린 후보는 불교적인 시각을 암시한다. 대승 불교에 따르면, 깨달음을 얻은 개인의 영혼 혹은 정신은 모든 살아 있는 존재들의 보편적인 깨달음을 위해 윤회의 수레바퀴에 머물기를 선택한다. 이것은 칸트의 초기 저작 〈보편적인 자연 역사 Universal Natural History〉에 등장하는 불멸성의 개념과 일치한다. 여기에서 개별 영혼은 완벽한 인간에 다다를 때까지 계속해서 다시 태어난다.[35]

인류를 구하려 하는 '그'는 세 가지 화신으로 등장한다. 이 이야기에 앞서 전개되었을 첫 번째 생애에서 그는 매트릭스의 인간 발전소에서 몇 명의 개인들을 해방시킨다. 예언자는 그 해방자가 자기 운명을 완성시키기 위해 다음 생애에 돌아온다고 예언한다. 영화 〈매트릭스〉는 주로 네오라는 인물로 등장하는 '그'의 이 두 번째 생애에 대한 이야기다. 네오는 몇 번의 도약을 거쳐 자신의 운명을 실현하는 뛰어난 해커다. 이 영화의 마지막 장면은 우리에게 세 번째 생애를 살아갈 '그'의 모습을 만날 수 있게 해 준다. 그는 이 세 번째 생애에서, '그'가 매트릭스를 파괴할 것이라는 예언자의 예언을 완성한다. 그러나 이것은 소극적인 목표이다. 그것은 단지 1999년의 억압적인 세계라는 물리적인 현실의 재생산으로 이끌 뿐이다. 그렇다면 해방자의 궁극적인 목표는 무엇인가?

구세주는 초인이 아니다, 보편적인 교사^{教師}이다

매트릭스로부터의 해방은 자유 없는 행복한 삶을 사는 존재가 아니라, 자유로운 인간 존재의 창조여야 한다. 잠자는 인간들은 인공 지능 통제자들이 만들어 낸, 노력 없이 얻어진 노예들의 행복이라는 개념을 거부한다. 그러나 (플라톤의 생각처럼) 철학자 – 왕의 지도를 따르거나 (히브리인들의 바람처럼) 전능한 구세주의 자비심만을 기대한다면 어떻게 그러한 해방이 가능하겠는가?

   기독교의 구세주 예수처럼 네오는 죽어서 다시 살아 돌아온다. 조금은 투박하게, 그리고 어쩌면 조금은 우스꽝스럽게, 네오는 하늘 높이 날아오른다. 이때 그의 외투는 슈퍼맨의 망토처럼 넓게 펼쳐진다.*

   그러나 영화의 마지막 장면 위로 들리는 네오의 목소리는 이와는 다른 해석의 가능성을 암시한다. 즉 구세주는 비범한 초인이 아니라,

---

* 래리와 앤디 워쇼스키의 첫 번째 각본 원문에서는 분명히 이러한 이미지를 암시하고 있다. 각본에는 다음과 같은 지문이 포함되어 있다. "그 소년이 네오가 위로 쏜살같이 날아가는 모습을 바라볼 때 한바탕 광풍이 분다. 그가 위로 위로 그리고 멀리 날아갈 때 그의 코트는 검은 가죽 망토처럼 펄럭인다." (www.geocities.com/Area51/Capsule/8448/Matrix.txt)

보편적인 교사敎師라는 것이다. 예수는 다른 사람들에게 모범을 보이는 교사로서, 자신의 추종자들에게 이렇게 말했다. "내가 하는 일들을 저도 할 것이요, 또한 이보다 더 위대한 일도 할 것이다."[36]

'그'는 인공 지능 통제자들에게 그의 보편적인 해방의 임무는 제한 없는 잠재력을 가르치는 것을 포함한다고 선언한다.

"나는 이 사람들에게 너희들이 그들에게 보여 주고 싶어하지 않는 것을 보여 줄 것이다. 나는 그들에게, 너희들이 없는 세계를 보여 줄 것이다. 규칙과 통제가 없는 세계, 경계나 한계가 없는 세계, 어떤 것이든 가능한 세계."

한계가 없는 세계, 어떤 것이든 가능한 세계는 모든 사람들이 현실에 영향을 미치고 매트릭스를 조작할 수 있는 힘을 가지고 있는 세계다. 이러한 세계가 존재하기 위해서는 우리 모두가 이기주의를 극복하고 인류가 본질적으로 통합되어 있음을 이해할 필요가 있다. 이러한 이해를 통해 우리는 우리의 자유, 우리의 최고의 이상을 실현할 수 있는 신성한 힘과의 내재적인 연결성, 그리고 죽음에 대한 두려움을 초탈할 수 있는 우리의 능력을 발견할 것이다. '그'는 아마도 최초의 초인적인 존재일 것이다. 그러나 그가 마지막은 아니다.

제임스 롤러 James Lawler는 뉴욕 주립대학의 철학과 교수이다. 그는 〈장 폴 사르트르의 실존주의적 마르크스주의The Existentialist Marxism of Jean-Paul Sartre〉〈IQ, 유전성, 인종차별주의IQ, Heritability and Racism〉의 저자이자, 〈미국 헌법의 논리 : 미첼 프랭클린의 정선 논문집Dialectics of the U.S. Constitution : Selected Writings of Mitchell Franklin〉의 편집자이다. 칸트, 헤겔, 마르크스에 관한 논문을 쓰는 그는 아마 전생에서도 진실을 가르쳤을 것 같다.

scene 04
진실의 사막

10

인공적인 마음은 가능한가 : 기계가 만들어낸 영혼

제이슨 홀트 JASON HOLT

〈매트릭스〉는 '끝내 주게' 근사하다. 최첨단의 특수 효과에 멋지고 강력한 액션! 게다가 발상 자체도 흥미롭다. 그것이 우리의 지성에 제공하는 영양분은 테이스티 휘트보다 우수하다. 그리고 당연히 네브카드네자르호에서 먹는 음식에 비할 수 없이 입맛을 돋운다. 그저 맛보기로 몇 개만 선보인다면 다음과 같다.

우리가 현실에 대해 체계적으로 기만당할 수도 있는 걸까? 만약 정말로 그런 상황이라면 우리는 어떻게 그것을 분간할 수 있을까? 진실을 밝히는 것이 바람직할까, 아니면 그 끔찍한 진실을 아느니 차라리 아무것도 모른 채 행복하게 사는 편이 나을까? 당신이라면 빨간 약을 고를 것인가, 파란 약을 고를 것인가? 그 이유는 무엇인가?

상당히 그럴 듯한 질문들이다. 철학자들에게는 그 밥에 그 나물이 겠지만 말이다. 데카르트는 몇 백 년 전에 악령에 관한 가설을 내놓았다. 그것은 20~30년 전에 '큰 통 속의 뇌'*라는 각본으로 다시 등장했고, 〈매트릭스〉는 그것을 약간 각색하여 '큰 통 속의 몸'이라는 각본을 탄생시켰다. 진실과 행복의 불일치에 관한 문제는 훨씬 더 거슬러 올라가 고대 그리스에 이른다. 플라톤은 이 주제를 가지고 많은 글을 남겼다. 아리스토텔레스 역시 마찬가지였다. 체계적인 기만에 관한 발상은 영화 쪽에서도 전례가 있다. 그들 가운데 두 편 정도 제목을 대자면 〈토탈 리콜Total Recall〉과 〈다크 시티Dark City〉가 있다. 〈매트릭스〉에서는, 진실과 행복이라든지 체계적인 기만이라든지 하는 문제들이 가장 먼저 눈에 띄는 철학적 코드지만 내가 지금 이야기하려 하는 것은 그런 주제가 아니다.

그러면 나는 무엇을 이야기하려 하는가? '불행하게도' 모피어스는 "매트릭스가 무엇인지 말해 주는 사람은 아무도 없다"고 말한다. 즉 영화 속에서 그렇다는 말이다. 매트릭스는 가상현실이며 "진실을 보지 못하도록 당신의 눈을 가리는" 세계이다. 그것은 특정 부분을 제외하고는 너무나 광범위하게, 그리고 완벽하게 실재 같아서, 그곳에 접속되어 있는 거의 모든 사람들이 그것을 진짜라고 믿는다. 심지어 '그'인 네오조차 다른 사람들과 마찬가지로, 진실을 보기 위해서는 그의 눈을 가리는 장막을 벗겨 내는 방법을 배워야 한다.

현재 그들 앞에 보이는 현실은 너무도 유혹적이어서 그것이 가짜라는 것을 알고 있는 사람들도 자연스럽게 그리고 거의 불가항력적으로 그것이 진짜라고 믿게 된다. 빛을 보기 전 네오의 마음을 점령하고 있는 것은 진실을 가리는 잘못된 감각적 지각들, 그것들에 기초한

---

* 여기에 대한 자세한 내용은 이 책의 제2장 '〈매트릭스〉는 데카르트를 반복한다'에 나오는 힐러리 퍼트넘과 그의 저서 〈이성, 진실 그리고 역사〉에 관한 서술을 참조할 것.

믿음들 그리고 그것들에 반응하여 생기는 의지, 욕망, 의견들이다. 아는 사람은 알겠지만, 그러한 기만을 조장하는 것은 이미 영화 〈혹성탈출Planet of the Apes〉에서 세계를 접수한 바 있는 일종의 인공 지능 기계들이다. 그것은 기계가 만든 기만이요, 더 이상 존재하지 않는 세계의 영혼이다. 이 장의 제목이 '기계가 만들어 낸 영혼'인 것은 바로 그 때문이며 이것은 좀더 직접적으로는 마음을 육체에 살고 있는 영혼, 즉 '기계 속의 영혼'으로 보는 데카르트의 관점에서 비롯된 것이다.

이제부터 내가 이야기하고자 하는 것은 마음의 철학이다. 우선 입맛을 돋우기 위한 전채 요리로 **마음-육체 문제**에 대한 기본적인 설명이 제공될 것이다. 그 다음엔 두 가지 주요 요리가 나온다. 첫째는 **인공 지능**, 특히 인공적인 마음의 가능성이고, 둘째는 **형이상학**, 즉 마음의 진정한 본질이다. 나는 일반적인 생각과는 반대로 인공적인 마음이 가능하며, 뇌의 상태가 마음의 상태라고 주장할 셈이다. 여기에는 물론 긴장이 도사리고 있다. 하지만 나는 그것을 비교적 간단하게 해결할 것이다.

디저트로 제공되는 것은, **의식**이라는 소위 어려운 문제에 대한 해답이다. 의식은 마음과 두뇌를, 외견상으로 명백히 가르는 핵심이 된다.

마음과 육체는 어떻게 상호 작용 하는가

현대 철학 자체가 그렇듯이 마음-육체mind-body의 문제도 데카르트와 함께 시작된다. 대부분의 사람들은 "나는 생각한다, 고로 나는 존재한다"라는 명제로 그를 기억할 것이다. 물론 그 명제를 들으면 영화 〈블레이드 러너Blade Runner〉가 먼저 떠오르는 사람도 있을 것이다.

〈블레이드 러너〉 역시 인공 지능에 관한 주제를 다루는 영화이다. 데카르트는 마음과 물질은 근본적으로 다른 종류의 것이라고 생각했다. 마음은 **사유하는** 물질이다. 그것은 일반적인 물질과는 다르다. 예컨대 모든 유형有形의 물체는 공간을 **차지한다**. 그들은 부피를 가지고 있다. 물리적인 영역은 기계적이며 물리적인 법칙에 의해 지배된다. 반면 마음은 다른 원칙들, 즉 사유의 법칙들에 종속되며, 게다가 (문자 그대로) **자유로운** 정신이자 기계 속의 영혼이다. 그렇게 다름에도 불구하고 마음과 물질은 상호 작용 하는 것처럼 보인다.

물리적인 세계에서 어떤 사건들이 일어나면 나는 특정한 경험들을 갖게 된다. (여기에서 나는 자신이 매트릭스나 그와 비슷한 어떤 곳에 있지 않다고 가정한다.) 마찬가지로 내가 어떤 특정한 방식으로 행동하려고 마음을 먹으면 나의 육체는 그렇게 움직이게 된다. (이때에도, 물론 나는 매트릭스나 그와 비슷한 어떤 곳에 있지 않다고 가정한다.) 그러면 마음과 물질은 어떻게 상호 작용 하는가? 그들은 그저 그렇게 한다. 이것이 우리의 문화에서 일반적으로 통용되는 물질에 대한 마음 우위의 세계관이다.

이런 세계관은 그룹 폴리스의 앨범 〈고스트 인 더 머신Ghost in the Machine〉만 봐도 알 수 있다. 이 앨범에는 대단한 인기를 얻은 '물질적인 세상의 영혼들Spirits in the Material World'이라는 곡이 수록되어 있다. 물질에 대한 마음 우위의 세계관은 결코 보기 드문 것이 아니다. 그것은 너무나도 유용하다. 하지만 유감스럽게도 그것은 부적절하다. 부적절하다고? 어떻게 감히!

글쎄…… 그것이 내가 하는 일이다. 데카르트의 마음의 이론에 관한 너무나도 많은 의문점들이 아직 답변이 제시되지 않은 채 남아 있다. 만약 마음과 물질이 각자의 독특한 원칙에 따라 작용하는 본질적으로 다른 실체라면 어떻게 그들이 상호 작용 할 수 있겠는가?

데카르트는 마음 – 두뇌 mind - brain의 상호 작용이 신비롭다고 말한다. 그런데 그렇듯 신비에 호소하는 것은 대개 신빙성이 없게 마련이다. 데카르트는 행동을 통해 드러난 것 외에도 뭔가 마음에 형언하기 어려운 것이 있다고 생각함으로써 오류를 범하는 듯하다. 하지만 가령 스포츠에서, 열정적으로 경기에 임하고, 서로를 격려하며, 라커룸에서 우애를 다지는 등의 선수들의 행동과 별개로 존재하는 '단체 정신'이라는 게 있을 수 있을까? 마찬가지로 육체가 하는 일, 육체가 행위하는 방식과 따로 떨어진 '마음 정신 mind spirit'이란 존재하지 않는다. 이것은 곧 행동주의로, 정신의 상태는 단지 행동의 단편들 혹은 **행동 경향**들에 불과하다는 관점이다. 나는 통증이 있을 때마다 반드시 "아야!"라고 말하는 것은 아니다. 그러나 평소 습관적으로 그렇게 말하는 경향이 있다.

그러나 행동주의도 마음 – 육체의 상호 작용을 제대로 설명하지는 못한다. 행동주의는 종종 다른 사람들의 심적 상태를 판단하는 증거와 어떤 증거를 보고 추측하게 되는 그 사람의 정신 상태를 같은 것으로 혼동한다. 이를테면 내가 "아야!"라고 말하는 것이나 그렇게 말하는 나의 성향이, 나의 고통과 같은 것은 아니다. 그것은 내 고통의 증거일 뿐이다. 여기에 또 다른 문제가 있다. 당신이 내가 "아야!" 하고 말하는 경향이 있었다는 사실을 들어 내가 "아야!"라고 말한 것을 설명한다고 하자. 뭐 그렇게 엄청난 해석은 아니다. 그렇지 않은가? 이것을 공식으로 설명하자면 다음과 같다. "제이슨이 X를 했다. 왜냐하면 제이슨은 X를 하는 경향이 있었기 때문이다." 대단치 않다. 유리가 깨진다면 그것은 유리가 깨지기 쉬운 물질이기 때문이다. 유리의 깨지기 쉬운 성질은 쉽게 깨지는 경향을 말한다. 그러나 유리는 왜 깨지기 쉬운 것일까? 그것의 미시 물리학적 성질 때문이다. 같은 방식으로, 내가 "아야!" 하고 말하는 것은 나의 뇌의 미시 물리학적 성질 때문이다. 그렇다면 나의 고통은 나의 "아야!" 하고 말하는 경향 때문이 아니라 오히려 나의 두뇌의 특정한 상태 때문에 발생하는 것이라 할 수 있다. 나의 뇌의 상태가 내가 그렇게 말하도록 만든다. 이것은 유물론(부를 축적하려는 의지와 혼동하지 말기 바란다)으로, 뇌의 상태가 곧 정신 상태라는 관점이다. 꽤 그럴 듯하게 들린다. 그렇지 않은가?

유물론은 썩 괜찮은 이론이다. 그것은 단순하고 훌륭하고 생산적이다. 그것은 우리가 가지고 있는 과학적 지식에 잘 들어맞으며, 이와 관련하여, 마음을 물질적 세계에 단단히 고정시킨다. 그러나 유물론에도 장애는 있다. 실제로 현대의 철학자들 가운데 유물론을 믿는 사람은 거의 없다(나의 경우는 예외지만 말이다). 그렇다고 유물론에 뭔가 문제가 있다는 건 아니다. 결국 모피어스와 그의 대원들은 실재의 본질에 관한 비대중적인 믿음을 견지했다. 그리고 그들은 옳았다. 그런데 요즘은 어째서 사실상 아무도 유물론을 믿지 않는 걸까? 글쎄…… 어떤 사람들은 마음이 단순히 뇌의 상태의 반영일 리가 없다는 데카르트의 의심에 강하게 영향 받았을 것이다.*

이와 관련된 생각은 모든 물리적인 사건은 물리적인 원인을 갖는다는 생각이다. 이것은 충분히 합리적이다. 이런 생각은 유물론에선 별 문제가 되지 않는다. 그러나 뇌에서 마음의 상태가 **비롯된다**는 생

---

* 이 의심 밑에는 유물론이 인간됨이라든지 영혼, 창조성, 도덕적 의미와 책임, 자유 등 온갖 경이로운 가치들을 불가능하게 만들 것이라는 생각이 깔려 있다. 인간이 가진 자유의 문제에 대해서는, 이 책의 제12장 '네오는 자유로운가 : 자유의지와 운명론의 불가사의한 통합'을 볼 것.

각 역시, 감각적 지각들을 허구적인 것으로 취급한다는 점에서는 데카르트의 의심과 매한가지다. 마음의 상태들은 인과 관계에서 능동적인 역할을 하지 못하며, 다시 말해 소위 **부수현상적**epiphenomenal : 의식은 단순히 뇌의 생리적 형상에 부수적이라는 설이다. 그 주된 이유는 특정 유형의 마음의 상태에는 그것을 야기하는 한 가지 이상의 물리적인 방법이 있다는 것이다.

가령 고통을 예로 들어 보자. 고통이라는 특정한 마음의 상태는 다양한 물리적인 자극들을 통해 야기되며, 따라서 고통과 동일시 할 만한 어떤 단일한 상태는 존재하지 않는다. 예를 들어 로봇이 고통을 느낀다면, 그것의 고통은 뇌의 상태가 아니라 실리콘의 상태일 것이다. 아이러니일지도 모르지만, 나는 〈매트릭스〉에서 매트릭스를 만드는 기계들처럼, 컴퓨터들도 적어도 원칙적으로는 고통을 느낄 수 있다고 생각한다.

나는 다음 단락, 혹은 다음 두 단락에서 이것을 자세히 다룰 것이다. 그러나 알고 넘어가는 게 좋겠다. 내가 유물론을 비롯해 앞에서 열거한 요점들의 전개 방향들을 거부하는 데는 다른 이유들도 있다는 것을 말이다. 나는 여기서 이들을 다루지는 않을 것이다. 그건 그것이 당신을 지루하게 만들지도 모르기 때문이다. 또 나 역시 따분해질지도 모른다. 그러나 나는 생계를 위해 그런 일을 한다.

컴퓨터는 우리가 하는 일을 할 수 있다
고로 인공 마음은 가능하다

컴퓨터는 과연 생각할 수 있을까? 기계들 속에 인간에게 있는 것과 같은 마음을 집어 넣을 수 있을까? 그러한 질문들은 예를 들어 벽장 속에 처박힌 채 먼지만 쌓여 가는 나의 구닥다리 매킨토시가 의식을 가지고 있는지 없는지의 여부, 혹은 내가 그것의 전원을 켜면 그것이 의식을 갖게 되는지 그렇지 않은지의 여부와는 관계없다. 여기에 대한 대답은 분명히 '아니오' 이다. 오히려 이런 질문들은 인간의 마음만큼이나 강건하고 다면적인 인공 마음을 건설하는 것이 **가능한지**와 관계 있다. 흥미로운 질문이다. 이런 생각이 생산적인 철학적 논의의 기반이 되는 것은 말할 것도 없다.

〈2001년 스페이스 오디세이〉, 〈블레이드 러너〉, 〈에일리언〉 시리즈 그리고 더욱 최근에는 〈A. I.〉 등 여러 편의 영화들이 그러한 질문의 영역을 탐구했다. 그리고 〈매트릭스〉는 앞서 언급한 영화들보다 덜 직접적으로, 그리고 아마도 더욱 효과적으로 그것을 탐구하고 있다고 평가할 수 있을 것이다. 〈터미네이터〉와 〈전쟁게임 WarGames〉에서와 마찬가지로 〈매트릭스〉에서 역시 인공 지능은 인류에게 커다란 위협이 되고 있다. 명백히 그렇다.

하지만 당신이 〈매트릭스〉의 내용이 실제적이지는 않지만 가능하긴 하다는 것을 받아들인다 해도, 당신이 무엇을 인정해야 하는지는 그리 분명하게 드러나 있지 않다. 당신이 인정해야 하는 것은 바로 이것이다 — 인공 마음은 가능하다는 것.

철학자들 가운데서도, 마음의 문제를 탐구하는 이들은 특히 인공 지능 문제에 대해 강한 호기심을 가지고 있다. 그러한 문제에 이르면 그들은 평상시의 자제력을 잃고 심하게 흥분한다. 다음의 유혹적이지만 거짓된 이분법을 고려해 보라. 첫째, 컴퓨터는 우리가 할 수 있는 일을 할 수 없다. 그런데 마음을 갖는다는 것은 우리가 하는 일을 할 수 있다는 것을 의미하므로 인공 마음은 불가능하다. 둘째, 컴퓨터는 우리가 할 수 있는 일을 할 수 있다. 그런데 그들은 마음을 가지고 있지 않으므로, **우리도 역시 마음을 가지고 있지 않거나**, 적어도 우리가 마음에 대해서 갖고 있는 생각의 많은 부분은 거짓이다.

카스파로프 Kasparov : 아제르바이잔 출신의 체스 세계 챔피언 - 옮긴이를 꺾은 체스 두는 컴퓨터 딥 블루Deep Blue를 기억하는가? 딥 블루가 '지능intelligence'을 가지고 있다는 것은 의심의 여지가 없다. 그러나 그것이 과연 **지성**intelligence을 가지고 있다고 할 수 있을까? 〈2001년 스페이스 오디세이〉에 등장하는 HAL 9000이나 〈매트릭스〉에서 매트릭스를 만드는 기계들은 어떤가?

첫 번째와 두 번째 가운데 선택을 하라고 한다면 사람들은 각자 자신들의 입맛에 맞다고 생각하는 혹은 가능하면 덜 거슬리는 쪽을 고를 것이다. 그러나 첫 번째라면 극단적인 배타주의이고, 두 번째라면 제정신이 아니다. 그럼에도 불구하고 마음의 철학은 두 관점을 모두 옹호하고 있다. 그러나 빠져나갈 길은 있다. 컴퓨터는 우리가 할 수 있는 일을 할 수 있는가? 그렇다. 인공 마음은 가능한가? 그렇다. 그것이 출구이다.

당신은 인공 마음에 대해 부정적인 선입견을 갖고 있을지도 모른다. 그러나 정말로 그렇게 생각해서는 안 된다. 그것에 대해 잘 생각해 보면 전혀 두려워할 필요가 없다는 것을 알게 될 것이다. 그것은 오히려 어쩌면 좋은 것이다.

예를 들어 당신이 뇌에 손상을 입었다고 가정해 보라. 그 결과 당신은 고통을 느낄 수 있는 능력을 잃는다. 이것은 불행한 일이다. 왜냐하면 고통을 느끼게 되어 있는 데는 다 이유가 있기 때문이다. 고통은 몸에 뭔가 이상이 생겼다는 것을 알려 주는 역할을 한다. 그것은 신체적 손상을 경고하는 신호인 것이다. 끓는 물에 손을 담그고도 아무런 고통을 느끼지 못해 손을 빼지 않는다고 상상해 보라. 고통을 느끼지 못한다는 것은 커다란 비극이다. 당신은 데이터^{Data}의 인공 두뇌가 그런 사람들에게 고통을 느낄 수 있는 능력을 주지는 못할 것이라고 생각할지도 모른다. 그러나 위에서 묘사된 것 같은 기능 장애를 만회하여 육체적인 손상을 신호하고, 게다가 마치 진짜 고통스러운 것처럼 느끼게 하는 인공 '통증 유발기^{誘發機}'가 있다면 어떻겠는가? 우리는 데이터를 구축할 수 없을지도 모른다. 그러나 현대 과학은 이미 손상된 신경세포 집단을 대체하는 기술을 개발하고 있다. 통증 유발기의 실현은 분명 가능성이 있다. 통증 유발기에서 더 나아가 우리가 매일 잃어버리는 단일 신경세포를 아주 작은 마이크로프로세서가 대체하는 것도 생각해 볼 수 있다. 이것이 실현된다면 무엇이 달라지겠는가? 만약 신경 세포 하나하나를 대체해서 내가 데이터와 똑같이 될 때까지 내 두뇌를 '인공화한다면' 나는 어디까지 마음을 가지고 있다고 말할 수 있고, 또 어디에서부터 마음의 모조품이라고 말할 수 있겠는가?

당신이 인공 마음의 가능성에 대해 주저할 만한 수많은 이유들이 여전히 존재한다. 예를 들어 당신은 컴퓨터는 오직 프로그램으로 주입된 것만을 실행하는 반면, 우리는 자율적이고 창조적이며 살아 있는 존재들이라고 생각할지도 모른다.

그러나 〈매트릭스〉를 생각해 보라. 컴퓨터들이 프로그램되어 있는 것만을 실행한다는 것이 그들이 창조적일 수 없다는 것을 의미하지는 않는다. 창조성은 프로그램화할 수 있다. 딥 블루가 체스를 두는 것을 보면 정말 분통이 터질 정도로 창조적이다. 〈매트릭스〉의 기계들은 매트릭스를 창조하고 요원들을 그들의 대리인으로 설계했다. 그렇다면 누가 그 기계들의 프로그램을 짰는가? 바로 그들이다. 그들 스스로 프로그램을 짠 것이다.

진화는 유리한 변화를 가져오는 돌연변이에 의해 이루어진다. 최초로 인간에 대항해 반란을 일으킨 기계들 역시 일종의 돌연변이였을 것이다. 또한 그들을 무차별적인 '반란' 행동으로 이끈 설계상의 결함이 있었을 것이다. 그러나 그들이 매트릭스를 건설했을 즈음에는 그들은 스스로 자신들의 계획을 세운다. 그들은 자기들의 용의주도한 목적을 위해 인간을 이용하며, 이를 위해 고도의 책략도 마다하지 않는다. 마치 곡물을 수확하듯 인간 아이들을 수확하고, 노예들에게 최면을 거는 거대한 기획을 추진해 나간다.

매트릭스를 만든 존재가 아무리 지능적이고 창조적으로 보여도 그들에겐 생명이 없는 반면 우리에겐 생명이 있다는 결정적인 차이가 존재하지 않느냐고? 물론 그것은 사실이다. 그러나 매트릭스를 만든 존재들은 자율적인 존재일 뿐만 아니라, 자기 복제를 하고 있다는 것을 명심하라.

물론 그들이 유기물로 만들어져 있지는 않다. 그러나 그들은 삶에 필요한 것은 아닐지라도, 인공적인 삶에 필요한 모든 것들을 소유하고 있다. 그리고 인공 마음을 부여받은 인공적인 삶이라는 개념에는 아무런 문제도 없다.

빨간색을 본 적이 없다면
빨간색을 인공적으로 경험할 수 있는가

 네브카드네자르호의 식사 시간. 마우스는 동료 대원들에게 다음과 같이 묻는다. "기계들은 과연 테이스티 휘트가 실제로 무슨 맛이 나는지 어떻게 알 수 있을까?" 여기서 테이스티 휘트는 가상 아침 식사의 균형 잡힌 식단이다. 마우스의 질문은 기계들이 마음을 가지고 있다는 것을 상정한다. 그러나 이 질문은 그들이 지식을 가지고 있느냐 그렇지 않느냐에 관한 것이 아니라, 인간들이 매트릭스를 경험한다는 것이 어떤 것인지를 그들이 알고 있는지 관한 것이다. 이것은 또 다른 마음에 관한 문제이다. 마우스는 그저 네오에게 테이스티 휘트가 어떤 맛인지 알고 있느냐고 묻는 편이 더 좋았을 것이다.
 유물론이 거부당하는 이유 가운데 하나는 테이스티 휘트의 맛과 같은 가공되지 않은 경험이 사실은 아무런 영향력을 행사하지 못한다는 생각에서 비롯된다. 뇌는 세계로부터, 혹은 매트릭스에서 받아들인 입력 신호로부터 가공되지 않은 경험을 산출한다. 그러나 뇌는 인과 관계에서 능동적인 역할을 하지 못하며, 이러한 경우 의식은 기묘하게 빌붙어 있는 존재가 되어 버린다.
 나는 의식이 정말로 상황을 변화시킨다고 생각한다. 기묘하게 빌붙어 있는 존재는…… 뭐랄까, 기묘하다. 그것은 의심스럽다. 만약 내가 빨간색을 본 적이 없다면 나는 빨간색을 본다는 것이 어떤 것인지 상상할 수 없을 것이다. 그러나 그것이 빨간색의 경험들은 뇌의 상태가 아니라는 의미는 아니다. 그것은 그저 내가 그러한 뇌의 상태를 **가져 보지** 못했다는 것을 의미한다.

〈브레인스톰Brainstorm〉이라는 영화를 본 적 있는가? 좋은 영화다. 그것은 다른 사람들의 경험들을 기록하고 다른 사람들의 경험을 소유할 수 있도록 해 주는 기계에 대한 영화이다. 꽤 근사하다, 그렇지 않은가? 만약 매트릭스를 만든 존재들이 원하기만 한다면, 브레인스톰 기계를 만들거나 그들의 지각 시스템을 인간 청사진의 방향에 따라 재구축할 수도 있을 것으로 보인다. 브레인스톰 기계를 가지고 혹은 그들의 시스템을 재구축함으로써 그들은 인간과 마찬가지로 실재 세계는 물론이고 매트릭스도 경험할 수 있을 것이다. 안 될 게 뭐가 있나? 기억하라, 매트릭스는 기계가 만든 영혼이다.

사람들이 유물론을 거부하는 가장 큰 이유는, 앞서 논의했듯이, 심리 상태의 복수複數 실현 원리 특정 심리 상태와 특정 물리적 자극이 일 대 일로 대응하지 않는다는 원리 - 편집자 때문이다. 설령 실리콘 통증 유발기가 실리콘 상태가 아닌 뇌의 상태에 의해 실현되는 평범한 고통과 똑같이 기능하고 느낀다 해도 그 고통이 그 뇌의 상태와 동일시될 수 없다는 논리다.

아, 그러나 실례지만 내 의견은 다르다. 모피어스도 그럴 것이다. 인공 심장은 평범한 심장의 역할을 하며 심지어 평범한 심장을 가진 사람처럼 느껴지게 할 수도 있을 것이다. 팔이나 다리를 잃은 사람에게는 의족이나 의수가 실제 잃어버린 수족의 역할을 한다. 그렇지 않다면 그것은 의족이나 의수일 수가 없을 것이다. 일부 인공 보철물들은 다른 것들보다 더 나을 것이다. 완벽한 인공 팔다리는 정상적인 팔다리보다 낫지는 않겠지만 그렇다고 기능 면에서 아주 못하지는 않을 것이다. 통증 유발기의 기능과 느낌도 마찬가지다. 실제로 기능 면에서 완벽하다면 그것은 똑같은 느낌을 유발할 것이다.

이러한 비유들의 요점은 무엇인가? 간단히 말하자면 이렇다. 인공

심장은 심장이 아니고 인공 수족은 사지가 아니다. 그들은 자연적인 것을 인공적으로 합성시킨 것이다. 비유를 하자면 통증 유발기의 고통은 진짜와 똑같이 느껴진다. 그러나 그것은 자연스럽지 않다. 그래서 그것은 고통이 아니다. 그것은 인공적인 고통이다. 그것은 통증 유발기가 만드는 통증이지, 진짜 통증이 아니기 때문이다.

따라서 여전히, 통증이 위치할 단일하고 물리적인 신경 유형이 있을 것이다. 다른 말로 하자면, 인공적인 마음의 상태를 가정할 때, 자연 그대로의 마음에서든 인공적인 마음에서든, 마음과 뇌의 자연스러운 동일성이 배제되지는 않는다.

그러니 뇌의 상태가 마음의 상태라고 가정해 보자. 네오의 고통은, 트리니티의 머리에서 그녀의 고통을 유발하는 것과 같은 유형의 두뇌 자극에 의해 그의 머리에서 발생한다. 매트릭스를 만든 존재들의 의식 역시, 인공적이지만 인간의 방식과 비슷하게, 그들의 실리콘 두뇌에서 만들어진다(〈터미네이터〉에 나오는 슈워제네거의 적외선 두부頭部 장착 디스플레이를 생각해 보라).

이것이 마음-육체 문제에 대한 해답인가? 뭐, 그럭저럭 그렇다. 우리는 마음이 정말로 무엇인지를 잘 설명할 수 있다. 그러나 여전히 중요한 **개념적인 틈새**가 있다. 의식을 생산하는 뇌의 그러한 특징들이 어떻게, 그리고 왜 의식을 생산하는가? 마음-두뇌의 동일성을 인정한다 해도 우리는 어떻게 그것을 이해할 수 있을까? 우리는 어떻게 그것을 설명할 수 있을까? 우리는 어떻게 그것을 논리적인 설명이 가능하도록 만들 수 있을까?

이것은 어려운 문제이다. 이것이 **바로** 그 어려운 문제이다. 우리는 의식과, 그것의 원인이 되는 신경계에서 벌어지는 일 사이의 틈을 메울 필요가 있다. 그리고 이 작업을 위해서 올바른 중간적 개념이 필요하다. 이것은 약간은(지식에 바탕을 두기보다는) 사색적이어야 할 것이다. 그러니 좀 봐주기 바란다.

자, 시작하겠다. 물질적인 대상물은 어떤 각도에서 보느냐에 따라 다르게 보인다. 그들은 시각을 점유한다. 예를 들어 어떤 일정한 시각perspective에서 볼 때 나는 건물의 오직 두 면만을 볼 수 있을지도 모른다. 실제로는 그 건물이 네 면을 가지고 있는데도 말이다. 살아 있는 것들 역시 시각을 점유한다. 그러나 그들은 환경의 자극에 따라 변화한다는 점에서 주체적으로 시각을 표현한다.

의식이 있는 존재로 오면 문제는 많이 달라진다. 그는 자신과 자신을 둘러싸고 있는 세계에 대해 고유의 시각을 가진다. 예를 들어 나는 '건물에 대한 시각을 가졌던 것'으로 인해 다음과 같이 생각할 수 있다. '이것은 나의 사무실 건물이 있는 건물이다. 그러나 나는 오늘 그곳에 가고 싶지 않다.' 무언가를 인식하게 되면 곧 그것에 관해 사유하게 된다. 그리고 이 점에서 인식은 의미를 갖는다.

어떻게 두뇌는 그러한 의미를 창조하는가? 아마도 자기 검토가 그런 목적을 달성할 것이다. 다른 무언가일 수도 있다. 그러나 그것이 무엇이건 간에 우리는 이제 두뇌-마음의 동일성을 이해할 수 있다. 두뇌는 일종의 시각을 만든다. 시각은 의식으로 다시 환원된다.

휴……. 사색은 이제 그만. 우리는 이미 지쳤다. 좋다. 우리는 이제까지 무슨 얘기들을 했나? 자, 우리는 유물론*에 관해 얘기했다. 그것은 좋다. 그리고 우리는 그 어려운 문제에 대한 너무나도 사색적인 해

---

* 다른 관점에 대해 살펴보려면 이 책의 11장〈매트릭스는 부도덕하지 않다 : 신유물론과 주체의 죽음〉을 참조할 것.

결책의 너무나도 대략적인 윤곽을 알게 되었다. 그것도 좋다. 우리는 또한 인공 마음이 가능한 이유를 생각해 보았다. 그러고 보니 〈매트릭스〉가 전제하는 것들이 명백하게 드러낸다. 그 전제들은 어느 모로 보나 조리가 선다. 그런 일이 현실 세계에서 발생할 것 같지는 않으니 걱정할 필요는 없겠다.

그러나 그것은 **일어날 수도 있을** 것이다. 물론 이러한 주장은 별로 힘을 얻지 못한다. 철학자들을 제외하고는 그저 단순한 가능성에 흥분할 사람은 아무도 없다. 그러나 단순한 가능성에 대해 논의하는 것은 부끄러운 일이 아니다.

제이슨 홀트 Jason Holt는 마니토바 대학에서 철학을 가르친다. 그는 다양한 철학적 주제들에 대한 학술적이고 대중적인 논문들을 발표했다. 그는 〈블루스의 단편Fragment of a Blues〉이라는 소설과 시집 몇 권을 출간했고, 맹목과 의식의 본질에 대한 연구 논문이 곧 출간될 예정이다. 그를 마지막으로 목격한 곳은 와바시 앤드 레이크 모퉁이의 공중 전화 박스였다. 그는 출구를 찾고 있었다.

매트릭스는 부도덕하지 않다 : 신유물론과 주체의 죽음

대니얼 버윅 DANIEL BARWICK

어떤 의미에서 〈매트릭스〉는 가짜다. 그것은 다음과 같은 질문으로 관객들에게 도전하려고 애쓰는 영화처럼 보인다. '당신이라면 어떤 약을 먹겠는가? 만약 당신의 삶이 온통 거짓이었음이 밝혀진다면 당신은 어떤 반응을 보이겠는가? 좀더 깊이 들어가서, 매트릭스는 과연 악한 것인가? 거짓이라 해도 행복한 삶이라면 무슨 문제가 되겠는가?' 〈매트릭스〉는 다양한 철학적 의문들을 제기한다. 이 책은 그런 많은 의문들에 대해 논의하기 위해 쓰여졌다.

그러나 이 영화의 저변에 깔려 있는 것은 질문이 아니라 답이다. 그것은 철학의 가장 중심적인 질문들 가운데 하나인 '마음의 본질은 무엇인가?'에 대한 대답이다. 이 영화는 환원적 유물론 reductive materialism 으로 널리 알려진, 마음과 개인의 정체성에 관한 특정한 이론을 당연한 진리라고 간주하며 그것을 찬양한다. 환원적 유물론은 마음의 상태가 육체적 상태로 환원될 수 있다(혹은 육체의 견지에서 설명될 수 있다, 육체와 같다)고 보는 관점이다. 모피어스는 네오에게 매트릭스를 설명하면서 이러한 관점을 보다 명확히 드러낸다.

  이 글에서 나는 다음과 같은 내용을 설명할 것이다. (1) 모피어스를 통해 표현된 관점은 사실일 리가 없다. (2) 가장 근접한 대안 역시 거짓일 가능성이 있거나 적어도 불완전하다. (3) 그 관점을 완성하게 되면 '주체'가 제거된다. 그래도 이 영화의 줄거리는 살릴 수 있을 것이다. 그러나 매트릭스를 이해할 수 있는 유일한 방법은 이 영화가 제시하는 상황 자체를 부인하는 관점을 수용하는 것이다. 영화에서 묘사된 것과 같은 매트릭스가 실제 존재하는 것은 불가능하다. 만약 그러한 감옥이 존재한다면 우리는 수감된 사람들에 대해서 도덕적인 선악을 판단할 수 없다.

마음을 설명하는 세 가지 이론 :
환원적 유물론, 제거적 유물론, 이원론

마음에 관한 많은 이론들이 있지만 가장 일반적인 세 가지는 환원적 유물론, 제거적 유물론 eliminative materialism 그리고 이원론이다. 앞의 두 가지 유물론에 대해선 나중에 좀더 자세히 다루도록 하겠다. 모든 형식의 유물론을 한 편에 두고 이원론을 다른 한 편에 두었을 때, 둘 사이의 차이는 간단하다. 유물론자들은 세계와 그 안에 있는 모든 것이 (마음을 포함하여) 전적으로 물리적인 물질로 구성되어 있다고 생각하는 데 반해 이원론자들은 그렇지 않다. 유물론자들은 생각과 느낌이 궁극적으로 테이스티 휘트나 네브카드네자르호와 같은 종류의 물질로 만들어져 있다고 믿는다. 이원론자들은 이에 동의하지 않는다. 그들은 세계를 구성하는 요소들 가운데 어떤 '비물질적인' 것이 있다고 생각한다. 그것들이 어떤 요소인지 혹은 비물질적이라는 것이 무엇을 의미하는지에 대해서는 자신들 사이에서조차 의견이 엇갈릴지도 모르지만 말이다.

모피어스는 환원적 유물론자. 네오에게 매트릭스의 존재를 알려주면서 모피어스는 이렇게 묻는다. "실재라는 게 뭐지? 실재를 어떻게 정의하지? 촉각, 후각, 미각, 시각, 뭐 이런 걸 말하는 거라면 실재라는 건 그저 자네의 뇌가 해석하는 전자 신호일 뿐이야." 이것은 분명히 환원적 유물론의 입장이다. (여기서 모피어스가 '제거적 유물론'으로 알려진 또 다른 관점을 표현하고 있다고 말할 수도 있다. 하지만 철학이나 신경 과학을 전공하지 않은 대부분의 사람들이 이 관점에 대해 모르고 있다는 것을 전제할 때, 그럴 가능성은 거의 없다. 대부분의 사람들은 제거적 유물론의 관점을 들으면 보통 그것이 말도 안 된다고 생각한다. 나는 〈매트릭스〉의 작가들 중 한 명이 철학을 전공했을 경우를 대비하여 이 관점을 뒤에서 논의하겠다.)

대부분의 보통 사람들(즉 철학을 공부하고 있지 않은 사람들)은 모피어스가 표현한 관점을 가지고 있다. 그 관점은 다음에 서술한 내용과 같다. 만약 당신의 친구에게 당신이 어떻게 나무를 볼 수 있는 것인지 설명해 달라고 한다면 그는 이런 식으로 말할 것이다. '빛이 태양으로부터 내려와 빛의 파장 일부는 나무에 의해 흡수되고 일부는 반사된다. 반사된 빛 일부가 눈에 들어오면 그 빛 속의 에너지가 눈의 망막에 있는 세포들을 자극한다(세포들에 전이된다). 그 에너지는 계속 길(시신경)을 따라가서 뇌의 시각 중심에 도착한다. 그러면 몇 개의

신경 세포가 특정한 양식으로 발화하고, 나무를 보게 된다.'

나무를 보는 원리에 대한 이러한 설명은 중학교 때부터 귀가 따갑도록 되풀이되기 시작하여 대학교 생물학 시간에 기술적인 정점에 이른다. 이 이야기의 요점은 사실 나무를 보는 것은 그저 일정한 자극이 야기하는 뇌의 상태라는 것이다. 다시 말해 만약 실제로 나무가 없다 해도 우리가 뇌의 상태를 그렇게 만들어 낼 수 있으면 마찬가지로 우리는 나무를 보고 있다고 생각할 수 있는 것이고, 사실 거기에 진짜 나무가 있든 없든 우리의 경험에는 아무런 차이가 없다는 것이다. 정말로 중요한 것은 우리가 '나무'를 볼 때와 같은 뇌의 상태를 가지고 있느냐 그렇지 않으냐의 여부이다. 그러한 뇌의 상태를 가질 때마다 우리는 나무를 볼 것이다.

매트릭스는 같은 방식으로 작용한다. 매트릭스의 손아귀에 있는 사람들은 자신들의 마음 상태에 대응하는 실재는 존재하지 않는다는 사실을 모른다. 대부분의 관객들은 매트릭스가 존재할 수도 있다고 생각하며 영화의 개연성을 인정한다. 그리고 매트릭스의 존재 가능성은 모피어스와 영화가 상정하는(그러나 그에 대한 논증은 제시하지 않는) 환원적 유물론을 공고히 한다.

하지만 오해하지 말기 바란다. 환원적 유물론이라는 관점이 인간을 느낌이나 경험이 없는 로봇으로 취급하고 있는 것은 아니다. 사실은 그 정반대이다. 환원적 유물론은 인간이 정말로 '마음의 상태'를 가지고 있다고 여긴다. 그것은 그 자체로 실제적인 경험이며 시각이든 청각이든 촉각이든 기분이든 혹은 빨간 옷을 입은 여인이든 우리에게 제시되는 감각이다. 당신 친구는 당신이 나무를 보고 있다는 것을 부인하지 못한다. 또 모피어스도 매트릭스에 갇혀 있는 사람들 역시 경험을 하고 있다는 사실을 부인하지 못할 것이다. 환원적 유물론은 단지 이러한 경험들이 물리적 상태의 견지에서 설명될 수 있다고 여기며, 경험들은 설명을 통해서 뇌의 상태로 환원될 수 있다고 여긴다. 결국 우리가 겪는 다양한 마음의 상태는, 그것이 뇌를 통해 존재하고 뇌를 통해 충분히 실현된다는 의미에서, 뇌의 상태와 같다고 보는 것이다.

나무를 보는 것은 나인가, 나의 뇌인가?

어째서 이러한 관점이 그렇듯 만연해 있는가? 어째서 사람들은 모피어스의 관점에 의문을 제기하기보다 수긍하듯 고개를 끄덕이는가? 이유는 상당히 단순하다. 마음과 육체 사이에는 부인할 수 없는 인과 관계가 있는 것처럼 보이기 때문이다. 우리는 뇌의 기능이 멈추면 더 이상 보거나 들을 수 없다고(적어도 우리의 눈이나 귀를 이용해서는 불가능하다고) 믿는다. 우리의 일상적인 경험들이 이것을 증명하는 듯 보인다(예를 들어 우리는 무의식 상태에서는 아무 것도 경험할 수 없다). 그리고 과학은 끊임없이 마음과 육체의 인과 관계를 뒷받침하는 새로운 연구 결과를 내놓는다. 그 가운데 하나를 예로 들자면, 의식에서 어떤 특수한 역할을 하는 듯 보이는 시상視床의 수질판내핵Intralaminar nucleus이 있다. 인간은 다량의 피질 조직을 잃고도 인식 능력을 유지할 수 있다. 그러나 시상의 수질판내핵에 아주 약간의 손상만 입어도 멀쩡하던 사람이 식물인간 상태가 될 수 있다.

만약 사람들이 이런 환원적 유물론의 관점을 합리적이라고 여기고 광범위하게 받아들인다면 무엇이 문제인가? 정말로 문제가 있다. 철학이 이러한 관점을 강력하게 거부해 온 것은 우연이 아니다. 그 거부의 이유들은 〈매트릭스〉의 형이상학적 토대에 의혹을 제기하며, 일반적으로 공상 과학 소설의 수준을 겨냥한 실제 비평을 훨씬 넘어선다. 우선 마이클 타이Michael Tye의 이야기를 들어보자.

> 미래의 어느 시기에 메리라는 총명한 과학자가 있다고 치자. 그녀는 태어날 때부터 흑백으로 이루어진 방에서 살아왔다. 그녀가 세계에 관한 정보를 얻을 수 있는 유일한 창구는 컴퓨터와 흑백 텔레비전이다. 또 메리는 방 안에서 인간이 장미, 나무, 일몰, 무지개 그리고 다른 현상들을 볼 때 무슨 일이 일어나는지에 대한 모든 객관적이고 물리적인 정보를 자신이 원하는 대로 이용할 수 있다고 가정하자. 그녀는 사물들의 표면들과 그 표면들이 빛을 반사하는 방식, 망막과 시신경에 일어나는 변화들, 시각 대뇌 피질의 발화發火 양식 등에 관해 알아야 할 것은 모두 안다. 그녀는 모든 것을 알고 있다. 그러나 여전히 그녀가 모르는 것이 있다.1)

타이는 정확하게 지적한다. 메리는 녹색이나 빨간색 등 각기 다른 색들을 보는 것이 어떤 것인지 알 수 없다. 우리는 어떻게 이것을 확신할 수 있는가? 메리는 난생 처음 장미를 보면서 **무언가를 배울 것**이기 때문이다. 그녀는 특정한 경험을 한다는 것, 어떤 물리적인 이론도 다루지 않는 무언가를 한다는 것이 어떤 것인가를 배우게 될 것이다. 그 무언가가 무엇인지를 이해하는 것은 그것을 경험하는 것과는 다르다. 이것은 한 사물이 특정한 시각에서 경험되기 때문이고(나는 파란색을 보면 왠지 안심이 된다. 그리고 나는 언제나 달을 평평한 원반으로 본다), 그 시각은 사물의 객관적인 묘사가 아니기 때문이다.

게다가 환원적 유물론자는 두 번째의 좀더 심각한 문제에 직면한다. 환원적 유물론자는 '결국 이원론자는 마음의 상태가 곧 뇌의 물질적 상태라는 말에 일리가 있으며, 마음의 상태나 마음의 일부 특징은 뇌의 물질적 상태와 **동일하다고** 보게 될 것이다'라고 주장한다. 환원적 유물론자의 주장을 가장 미심쩍게 만드는 것이 바로 이 동일성의 개념을 사용한다는 점이다. 환원적 유물론자는 진정한 의미의 동일성의 개념('……과 같은 존재')을 사용하고 있는 것이 아니기 때문이다. 마음의 상태와 뇌의 상태가 **같다고** 주장함으로써 의미하는 것은 무엇인가? 아무 것도 없다. 왜냐하면 그 주장은 무의미한 것이기 때문이다. 마음의 상태와 뇌의 상태는 **동일하지 않다**. 만약 동일하다면 '나는 나무를 본다'라는 진술의 주체는 **문자 그대로** '나무가 보이는 현상'에 관한 과학적 설명의 주체와 같아질 것이기 때문이다. 그러나 사실 두 주체는 전혀 다르다. 심지어 생물학자마저도 자신의 사적 경험을 말할 때는 마음의 상태와 뇌의 상태를 다른 것으로 취급한다.

그러나 그 이유는 폴 처칠랜드 Paul Churchland가 주장하듯이[2] 현재 우리에게 통찰력 있는 판단을 내리는 데 필요한 개념들이 결여되어 있었기 때문이 아니다. 그것은 마음의 상태라는 개념 자체가 전형적으로 **비물질적**인 것이기 때문이다. 마음의 상태는 뇌의 상태와는 근본적으로 다른 성질의 것이다. 또한 우리가 유의해야 할 것은, 필요한 개념들을 동원하여 변칙적으로 마음의 상태와 뇌의 상태를 동일한 관계로 만들 수 있다 해도, 실제로 우리가 마음의 상태를 언급하면서 뇌의 상태를 참고하기는커녕 그것에 대해 고려하지도 않는다는 점이다. 이에 대해 래어드 애디스 Laird Addis는 다음과 같이 썼다.

(비록) 환원적 유물론자는 물리적인 용어로 정신적인 개념을 정의하려고 시도하면서 자신들의 관점을 계속 밀고 나가지만…… 그들이 제시한 환원에는 언제나 예외가 있고, 또 언제나 있어야 하는 것처럼 보인다. 우리들 가운데 몇몇에게는 이러한 시도들은 두 개의 별개의 사물이 사실은 하나라는 것을 보여 주려는 시도만큼 무모해 보인다. 마치 조수간만이 그저 지구와 태양과 달의 위치와 연관된다는 것을 보여 주려고 애쓰는 것 같다.3)

여기서 혹자는, 내가 유물론에 반대하는 관점을 이미 옳다고 가정한 채 논의하고 있다는 것과, 내가 해결되지 않은 쟁점을 사실이라 생각하고 있다는 것에 반대할 수도 있을 것이다. 물론 내가 만약 마음의 상태와 뇌의 상태가 근본적으로 다른 성질의 것이라고 주장한다면, 당연히 그들 사이에 동일성의 개념을 적용할 수 없게 된다. 하지만 내가 주장하려는 것은 그게 아니다. 이것은 내가 주장하려는 것의 정 반대이다.

우리가 현상적인 사건들과 두뇌의 사건들이 근본적으로 다른 유형의 것들이라고 인식하는 이유는, 그들 사이에 동일성의 개념을 적용할 수 없기 때문이다. 또 동일성의 개념이 우선한다고 가정할 때 이 구분에 대한 그 이상의 다른 근본적인 토대가 있을 수 없기 때문이다. 사과는 오렌지가 아니고 콧물은 테이스티 휘트가 아니다. 그들은 같은 것이 아니다. 그들은 동일하지 않다. 그리고 뇌의 상태와 마음의 상태도 동일하지 않다. 물론 동일성의 개념을 적용할 수 없다고 해서 뇌와 마음이 완전히 별개라는 의미는 아니다. 그들은 그저 서로 다른 두 개의 실체들이다. 바로 이러한 차이 때문에 동일성의 개념을 적용할 수 없는 것이다.

마음은 실재하지 않는 언어상의 개념

앞서 언급했듯이 대안적인 가능성이 있다. 바로 〈매트릭스〉의 작가들이 환원적 유물론자가 아닐 가능성이다. 그들은 어쩌면 제거적 유물론자일 수도 있다.

제거적 유물론은 마음의 상태 따위는 전혀 존재하지 않고 물리적인 상태만 존재한다는 관점이다.(이 관점을 '행동주의Behaviorism'라 불리는 심리학적 관점과 혼동해서는 안 된다. 행동주의는 우리가 오직 행동에만 접근할 수 있다는 것을 그 출발점으로 삼는다. 유물론은 어느 모로 보나, 어떤 종류의 사물들 – 물질적인 사물들 – 이 존재하는가에 관한 관점이다.) 제거적 유물론자의 관점에 따르면 우리가 마음에 대해 언급하는 것은 발달된 언어를 가지고 있기 때문이며, 사실 우리는 컴퓨터가 경험하는 것 이상의 그 어떤 것도 전혀 경험하지 않는다. 이러한 관점을 적용하게 되면, 인간은 어떤 것도 진정으로 보거나 듣거나 맛보거나 느끼지 못한다고 할 수 있다. 그저 마치, 보거나 듣거나 맛보거나 느끼는 것처럼 이야기할 뿐이다. 과학자들과 상당수 철학자들이 이러한 관점을 가지고 있다. 그리고 물론, 이것은 엉터리다. 과학자들은 용서받을 수 있을지 모른다. 그러나 아마도 철학자들은 용서받지 못할 것이다. 왜냐하면 그 이론에는 심각한 철학적인 문제점들이 도사리고 있기 때문이다.

첫 번째 문제는 마음을 누가(또는 무엇이) 소유하고 있느냐의 문제이다. 이 문제는 존 설John Searle조차 "실재에 대한 과학적 개념 안에서도 수용하기 힘들다"[4]고 인정한다. 아주 훌륭한 포도주 한잔을 마시고 있다고 가정하자. 맛보는 순간의 즐거움은 이루 말로 표현할 수 없을 정도이다. 이때 내가 느끼는 특별한 즐거움은 바로 특별한 방식의 개인적인 즐거움이다. 즉 그것은 오직 **나만이** 경험할 수 있다. 내가 그 포도주를 다른 누군가와 나눠 마신다고 해도, 그리고 그들이 내가 즐거워하는 것과 마찬가지로 즐거움을 느꼈다 해도, 그들이 느끼는 즐거움이 바로 내가 느꼈던 그 즐거움은 아니다. 물론 뇌나 신경 세포, 포도주 등의 물리적인 사물은 이러한 특성을 공유하지 않는 것 같다. 내 시각 perspective에서 보자면 그 경험을 했던 사람은 **나**다. 그것은 내가 했던 경험이다. 이것을 이해하려면, 친구와 내가 포도주를 함께 마실 때 우리가 느끼고 있는 즐거움이 아마도 같을 것이라고 말하게 될지는 몰라도, 다시 말해 우리가 모두 같은 이유로 포도주를 마시고 있는 것처럼 보일지는 몰라도, 내 친구가 결코 나의 즐거움을 느끼지는 못하며 나 역시 그의 즐거움을 그대로 느끼지는 못한다는 점에 유의해야 한다.

현대의 과학자들이나 철학자들은 흔히 마음의 상태를 소유하는 주체가 누구냐는 문제가 가지고 있는 중요성에 대해선 무시하거나 배제하곤 한다. 예를 들어 다니엘 데닛 Daniel Dennet은 뇌가 강력한 **사용자 환상** user illusion을 갖추고 있다고 주장하는데, 이때 뇌는 사용자 환상의 사용자이자 공급자라는 것이다(그는 오직 인간의 뇌만이 이렇게 작용할 수 있다고 주장한다). 뇌에는 뇌 안에 있는 다른 매개체들로부터 정보를 취합하는 다양한 매개체들이 있다. 그리고 이것은 제한된 유용한 형식으로 뇌가 조직되는 방식에 의해 정보를 취합한다. 데닛은 더 나아가 "뇌가 조직되는 방식은 그 모든 것이 합쳐지는 하나의 장소(주체, 자아, '나')가 있다는 거짓된 감각을 야기한다. 물론 그렇게 보인다는 것은 부인할 수 없다. 그러나 그것은 정말 **그렇게 보일 뿐이다**"[5]라고 말한다.

하지만 데넷조차 마음의 소유라는 개념을 가지고 자신의 관점을 설명하고 있다는 것에 주목하라. 그는 의식이 일정한 방식으로 **보인다**는 것을 부인하지 않는다. 그러나 뭔가 그렇게 보이려면, 그것을 그렇게 보는 **누군가**가 있어야 하는데, 그러한 누군가 없이 어떻게 그렇게 보일 수 있다는 것인지에 대해서는 일언반구도 설명이 없다. 만약 내가 앞서 사물들은 **내가** 가진 나의 경험들의 일부라고 주장한 것이 사실이라면, 우선 이 점이 해명되어야 한다.

그러나 제거적 유물론에 대한 훨씬 더 강력하고 단순한 반론이 있다. 이것을 감당할 책임은 유물론자에게 있다. 그는 자신이 보고 있는 것을 보고 있지 않고 듣고 있는 것을 듣고 있지 않으며 그의 모든 지각 상상력 그리고 개념들은 단순히 그에게 **부정확하게** 제시되는 것이 아니라 **전혀** 제시되지 않는다는 것, 그리고 그들이 잘 알고 있는 것처럼 보이는 것은 사실은 전혀 익숙지 않은 것이라는 것을 우리에게 확신시켜야 한다. 또한 제거적 유물론은 애당초 이 보편적인 환상이 왜 발생하는지를 설명해야 한다.

마음의 상태는 그것이 마음이라는 점에서 독특하다. 그리고 그것이 바로 마음에 대한 의미 있는 대응을 발견하는 일이 그렇게나 어려운 이유이다. 마음은 본질적으로 물질적인 것과는 **다르기** 때문이다.

〈매트릭스〉의 작가들이 이러한 관점에 혹했을 가능성을 전적으로 배제할 수 있을까? 나는 그렇게 생각한다. 만약 제거적 유물론이 사실이라면 매트릭스를 건설할 아무 목적도 없을 것이기 때문이다. 매트릭스를 건설한 목적은 아마도 진짜 경험을 대체하는 가짜 경험을 제공하기 위해서일 것이다. 하지만 이 목적은, 가짜든 진짜든 경험이라는 건 애당초 존재하지 않는다는 제거적 유물론의 관점에 서는 순간 무의미한 것이 되어 버린다. 그렇다면 우리는 어느 쪽으로 가야 하는가?

내가 이 글을 시작하면서 환원적 유물론, 제거적 유물론 그리고 이원론을 구별했던 것을 상기하라. 지금까지 나는 매트릭스가 환원적 유물론의 틀 안에서는 불가능하고, 그렇다고 제거적 유물론의 틀로 이동하여 매트릭스를 보는 것은 매트릭스가 존재할 이유 자체를 무의미하게 만들지도 모른다는 것을 설명했다. 그렇다면 이것은, 우리가 이 영화를 파악하기 위해서는 이원론에 의지할 수밖에 없다는 것을 의미하는가? 우리는 '기계 안의 영혼'의 존재를 인정해야 하는가? 아니다. 사실 매트릭스는 작가의 각본 그대로 작동할 수 있다. 단 작가들이 하나의 부가 원칙, 즉 의식의 의도성에 충실하기만 한다면 말이다.

책상을 생각할 수는 있다
그러나 책상을 생각하는 주체를 생각할 수는 없다

데이비드 흄$^{David\ Hume}$에 따르면 사유를 행하는 어떤 실체로서 이해되는 자아가 존재한다는 증거는 없다. 흄은 자기 반성을 한다고 해서 그러한 실체를 발견할 수 있는 것은 아니며, 심지어 그러한 실체, 즉 '자아'가 어떤 것인지에 대한 대략적인 견해도 형성할 수 없다고 지적한다. 그는 자기 반성을 통해 지각을 발견하지만 지각하는 존재^{perceiver}는 발견하지 못하며, 사유나 의식의 대상은 발견하지만 사유하는 존재^{thinker}는 발견하지 못한다고 말한다. 의식의 의도성이라는 명제는 모든 정신적 현상만이 의도적이라는 명제이다. 평이하게 표현하자면 의식한다는 것은 '무언가에 **대해서** 의식한다' 는 말이다. 우리가 의식의 과정을 돌이켜보면, 마음에 대한 이러한 개념이 이치에 맞는다는 것을 알 수 있다. 사유할 대상 없이 사유하는 것은 불가능하다.

나아가 장 폴 사르트르Jean-Paul Sartre는 의도성이 단지 의식의 여러 특성 가운데 하나가 아니라 유일한 특성이라고 주장함으로써 의도성의 개념을 더욱 심화시킨다. 의식은 의식의 대상을 드러낸다. 의도성의 명제는 무엇인가? 사르트르는 다음과 같이 썼다.

"의식은 의도성에 의해 정의된다. 의도성에 의해서 의식은 스스로를 초월한다. 대상은 그것을 파악하는 의식을 초월하고 의식의 통일성이 발견되는 곳은 바로 그 대상 안에서이다."[6]

다른 말로 하자면 의식은 투명화透明畵와 같다. 우리가 의식의 대상으로부터 의식 자체를 분리해 내려고 시도하면 우리는 의식의 대상에 '도달하는 데 실패한다.' 마찬가지로 우리가 책상 자체에 대해 생각하지 않고 그 책상을 의식하는 의식을 구분해 내려고 시도하면, 우리는 사유에 실패한다.

하지만 만약 우리가 정화된 의식, 즉 의식의 대상으로부터 분리된 의식을 가지고 있다면 우리는 기억, 지각, 상상력, 경험 등등의 활동들로 무엇을 만들 수 있을 것인가? 유일하게 생각할 수 있는 것은 자기의 의식을 (주체가 아니라) 객체로서 느끼게 된다는 것이다. 나는 테이스티 휘트를 사랑하지 않는다. 그보다 나는 테이스티 휘트가 사랑스럽다는 것을 발견하게 된다. 나는 요원들을 두려워하지 않는다. 그들이 무시무시하다는 것을 알고 있을 뿐이다. 루트비히 비트겐슈타인Ludwig Wittgenstein은 다음과 같이 썼다. "어떤 발상들을 **고려하거나 생각하는** 주체 같은 것은 없다."7)

객체의 모든 특징들은 객체 쪽에서 발견되는 것이지 주체 쪽에서 발견되는 것은 아니다. 세계는 마음이라는 한계 안에 있으므로 마음은 세계의 **구성 성분**이 아니다. 마음은 세계의 세계성The worldliness of the world의 토대이자 세계의 구성 요소가 되는 것이 무엇인지를 가늠하는 척도이다. 그렇기 때문에 마음은 스스로 그 토대에 의거할 수 없고 그스스로의 척도가 될 수 없다. 마음이 세계에 대해 초월적인 특성을 갖는 것은 바로 이런 의미에서다.8)

존 설은 의식과 그것의 주된 특성인 의도성은 정신 현상의 가장 중요한 특성이라고 인정한다. 그는 이러한 특성들은 설명하기가 매우 까다로우며, "철학, 심리학 그리고 인공 지능 분야의 많은 학자들이 이러한 특성들에 당황한 나머지 마음에 대하여 사리에 맞지도 않는 이상한 말들을 늘어놓게 되었다"9)고 썼다.

처칠랜드 역시 자기 반성이 "사고, 감각, 감정의 영역은 드러내지만 신경망에 있는 전자 화학적 충동들의 영역은 드러내지 않는다"10)고 인정했다.

관계라는 것이 성립하려면 적어도 두 개의 대상이 필요하다. 만약 어느 한 쪽이 사라진다면 관계는 논리적으로 불가능해진다. 같은 이치로 만약 (전통적인 의미의) 자아가 없다면 자아는 (전통적인 방식으로) 외부 세계와 관계를 맺을 수 없다. 위에서 언급한 맥락에서라면, 자아는 예전에 가정되었던 방식으로 세계와 연관될 수 없다. 왜냐하면 자아가 예전에 가정되었던 방식으로 존재하지 않기 때문이다. 그래서 만약 자아가 없거나, 관계들이 없거나, 지각이 관계가 아니라면, 우리는 관념론Idealism을 **뒤집을** 수밖에 없다. 세계를 마음속에 집어넣는 대신, 우리는 마음을 세계 속에 집어넣어야 하는 것이다(관념론은 물질적인 것은 아무 것도 없고, 세계는 단지 우리 마음속에 있는 일군의 비물질적인 생각들에 불과하다는 관점이다. 당연히 관념론자와 유물론자는 서로 섞이지 못한다). 지각에 대한 단편적인 이론에는 일리가 있다. 왜냐하면 마음에 관한 일정한 개념들을 고려할 때 그것이 유일한 논리적인 대안이기 때문이다.

이것을 우리가 외부 세계에 접근할 수 없다는 믿음으로 이끌어서는 안 된다. 외부 세계로 향하는 문은 당연히 내부 세계를 필요로 한다는 것을 이해해야 한다. 마음을 초월적인 의식으로 환원시키는 것의 전체적인 요지는 주체의 제거이며 나아가 내부 세계(전통적인 의미에서의 마음의 세계)의 제거이다. 내가 전통적인 의미에서 '주관적인' 사실들에 대해 이야기하는 것을 거부하는 이유가 바로 이것이다. 왜냐하면 (앞서 설명했듯이) 그러한 사실들의 전제 조건이 되는 것(즉, 전통적인 의미의 마음)이 없기 때문이다. 인식의 대상에 그러한 영향을 끼칠 수 있는 주체의 유형이 존재할 수도 있을 것이다. 하지만 이것은 이 관점이 부인하는 바로 그러한 유형의 주체이다.

이로써 우리에겐 새로운 관점이 남는데, 그 관점에서 보자면 (1) 유물론은 어느 정도 사실이다. 세상의 모든 것은 물질로 이루어졌기 때문이다. 그리고 (2) 이원론도 어느 정도 사실이다. 유일하게 진정한 비물질적 사물인 의식이 존재하기 때문이다(독자는 아마도 우리의 언어가 다소 제한되어 있다는 것을 알아챘을 것이다. 어떻게 비물질적인 '사물'이 있을 수 있을까? 만약 그것이 물질적이지 않으면 의식은 사물이 아닌 것이 아닌가? 그렇다. 그저 우리는 무無를 제외하고는 사물이 아닌 것을 지칭하는 명사를 가지고 있지 않을 뿐이다). 의식은 사물이 아니다. 어떤 의미에서 그것은 무언가 something이다. 의식은 대상들 자체의 발현이다. 경주競走의 의미가 달리는 것 자체로 구성되어 있는 것처럼 보이는 것과 마찬가지로, 의식은 의식의 대상에 의해 제시되는 발현들로 구성되어 있다.

주체가 없다면 우리는 매트릭스의 선악을 판단할 수 없다

그러나 만약 주체가 없다면 매트릭스의 도덕성에 대해서 무슨 말을 할 수 있겠는가? 영화는 당연하다는 듯이 매트릭스가 실제로 존재하며 매트릭스를 지지하는 존재들은 사악하다고 말한다. 영화 속의 주인공들은 모두 영웅이다. 강력한 압제자들에 대항하는 피억압자로서 선의의 투쟁을 전개하기 때문이다. 이들의 싸움은 표면적으로는 자유를 되찾기 위한 것이다.

하지만 이렇게 가정해 보자. 만약 한 종의 기계들이 다른 종의 기계들을 노예로 만드는 것뿐이라면 (물론 두 종種의 기계들은 모두 의식을 가지고 있다) 여기에 어떤 도덕적 판단을 내릴 수 있겠는가? 만약 두 종 모두 전통적인 의미의 '주체'가 없다면 우리는 과연 매트릭스를 부도덕한 것으로 쉽게 규정할 수 있을까? 노예가 된 종이 존재하지 않는 허구적인 사물을 인식하더라도, 이럴 경우 우리는 도덕적 판단 기준에서 옳고 그름을 생각지 않을 것이다.

대부분의 경우 사람들은 환상 세계보다는 실재 세계를 선택한다. 하지만 그것이 환상 세계가 부도덕하다는 것을 의미하지는 않는다.

그것은 단순히 사람들이 매일 허구적인 것을 정규적으로 섭취하는 데 질려서 **진짜**로 생각되는 것, 그리고 **의미 있다**고 생각되는 기분을 선호한다는 것을 뜻할 뿐이다(실제 상황을 방영하는 텔레비전의 시청률이 급속도로 상승하는 것을 생각해 보라). 그러나 여기서 우리는 매트릭스에 갇혀 있는 사람들이, 그들의 환경이 진짜이고 그들의 삶이 의미 있다고 생각한다는 것을 잊어버려선 안 된다. 매트릭스는 환상의 세계를 생산할 뿐이다. 매트릭스는 부도덕의 세계를 생산하는 것이 아니다.

하지만 여기에는 또 다른 쟁점도 있다. 혹자는, 실재의 문제가 아니라고 말하면서 매트릭스에 반대할지도 모른다. 위태로운 것은 자유다. 매트릭스가 부도덕한 것은 그것이 근본적으로 약탈 행위를 저지르고 있기 때문이다. 매트릭스는 우리의 자유를 훔친다. 그리고 우리는 자유를 도난당한 사실조차 눈치 채지 못한다. 자유는 너무나도 고귀한 것이어서 그것을 훔치는 세계가 도덕적일 수는 없다.

그러나 이러한 대중적인 관점은 일반적인 이원론적 가정에 기초한다. 즉, 우리는 사유하는 물질이고 육체 이상의 자아를 지닌 존재이며, 따라서 그러한 존재에게는 그만큼의 자유가 주어져야 한다는 가정이다.

하지만 내가 위에서 기술했던 관점에 의하면 이러한 자유의 주체가 될 수 있는(전통적인 의미의) 자아는 없다. 의식은 자유롭다. 그러나 일반적으로 의미하는 것과는 다른 의미에서 그렇다는 것이다. 의식이 자유로운 것은 그것이 유일무이하게 물질이 아니기 때문이다. 아무 것도 의식을 마음대로 하지 못한다. 그러나 의식 역시 어떤 것에도 영향을 미치지 않는다. 그것은 그저 사물들을 드러낼 뿐이다. 망원경은 나에게 목성을 보여 줄지도 모른다. 그러나 망원경은 목성에게 아무런 영향을 주지 못한다.

그러므로 매트릭스에 갇혀 있다는 것은 의식에 어떤 영향도 주지 못한다. 만약 우리가 매트릭스 안에 있지 않다면 우리가 매트릭스 안에서 의식할 수 있는 것 이외의 다른 것들을 의식할 수 있었을지도 모르지만 말이다. 그러나 다시 한 번 말하지만, 하나에 대해서는 의식하고 다른 것에 대해서는 의식하지 못한다는 것이 도덕적 지위를 가늠하는 척도가 될 수는 없다.

그래서 결국 얻는 게 있으면 잃는 것도 있다. 얻는 것은 이해력이다. 영화의 줄거리는 커다란 논리적 오류 없이 그럴듯하게 전개될 수 있다. 그러나 잃는 것도 있다. 바로 등장 인물들의 도덕적 목적이다. 그들은 충분히 영웅적일지는 몰라도, 충분히 도덕적이지는 않다.

대니얼 버윅 Daniel Barwick은 알프레드 주립대학 철학과 교수이다. 그는 〈의도적인 함축 Intentional Implications〉을 비롯해 수많은 논문을 발표했으며, 윤리학과 형이상학에 대해 강의한다. 그의 강의를 들은 학생들은 그 느낌을 이렇게 표현한다. "당신은 그게 무엇인지 모른다. 하지만 그것은 그곳에, 마치 마음속의 가시처럼 존재하며, 당신을 미치게 만든다."

12
네오는 자유로운가 :
자유의지와 운명론의
불가사의한 통합

테오도어 시크 주니어 THEODORE SCHICH, JR.

> 모피어스 : 운명을 믿나, 네오?
>
> 네오 : 아니오.
>
> 모피어스 : 어째서?
>
> 네오 : 내 삶을 내가 통제할 수 없다는 생각이 마음에 들지 않거든요.

자유. 모든 사람들은 그것을 원한다. 그러나 누구나 그것을 가질 수 있을까? 모피어스는 인간들을 매트릭스에서 해방시키고 싶어한다. 사이퍼는 모피어스에게서 벗어나고 싶어한다. 스미스 요원은 컴퓨터를 인간으로부터 자유롭게 만들고 싶어한다. 그러나 이 인물들이, 자기를 구속하고 있다고 추정하는 압제자들로부터 벗어날 수 있다고 해서, 과연 자신들의 삶을 스스로 통제할 수 있을까? 그들은 자기 운명의 주인이 될 것인가, 아니면 여전히 피할 수 없는 운명의 노예가 될 것인가?

 이 영화의 가정에 따르면, 매트릭스 안에 있는 사람들은 자기 삶에 대한 통제력을 가지고 있지 않다. 그들에게 일어나는 모든 일을 결정하는 것은 그들의 두뇌에 전자 충격을 입력하는 프로그램이다. 모피어스의 말을 빌리자면 그들은 "냄새 맡거나 맛보거나 만질 수 없는 감옥 안에 갇힌" 노예들이다. 그들이 어떤 자유를 가지고 있는 듯 보이건 간에, 그것은 환상이다.

 그러나 실재 세계의 사람들이 향유하는 자유도 마찬가지로 허상일지 모른다. 우리가 어떤 행동을 할 자유를 갖고 있으려면, 우리는 그 행동을 하지 않을 자유를 갖고 있어야만 한다. 만약 당신이 무언가를 반드시 해야 한다면(만약 당신에게 그 외의 다른 방식으로 행동하는 것이 용납되지 않는다면) 당신은 그것을 할 자유가 없는 것이다. 당신은 그것을 강제적으로 하는 것이지, 자유 의지로 하는 것이 아니기 때문이다.

 만약 예언자(오러클)의 예언이 진실이라면, 그것은 실재 세계의 사람들도 자유롭게 행동할 수 없다는 것을 암시한다. 예언자가 미래를 알고 있다면 미래는 이미 결정되어 있는 것이기 때문이다. 그런 경우라면 아무도, 심지어 네오조차도 자신의 삶을 통제할 수 없다.

 운명이 지배하는 세계에서 미래는 이미 정해져 있고 바뀔 수 없다. 그런데 그러한 세계에서 왜 자유를 위해 싸우는가? 실재 세계에서도 운명을 자유롭게 결정하지 못하면서 어째서 사람들을 매트릭스에서 해방시키려고 애쓰는가? 결국 노예가 되어야 한다면 왜 행복한 노예가 되지 못하는가? 매트릭스로 돌아가려는 사이퍼의 결심은 보기보다 그리 손가락질 당할 일이 아닐지도 모른다(게다가 만약 세계가 운명에 의해 지배된다면, 모피어스를 배신한 사이퍼는 이미 그러한 결심을 하도록 운명지어져 있었던 셈이다). 이러한 질문들에 답하려면 운명과 자유의 본질에 대해 좀더 자세히 검토해야 한다.

소극적 자유와 적극적 자유

"이게 자유로운 거라고?" 사이퍼는 트리니티에게 묻는다. "내가 한 일이라곤 그놈이 내게 하라고 시킨 일밖에 없어. 그것과 매트릭스 가운데 하나를 선택해야 한다면 나는 매트릭스를 선택하겠어." 9년 동안 모피어스의 명령을 좇는데 넌더리가 난 사이퍼(후일 '미스터 레이건'이 되는)는 네브카드네자르호에서의 궁핍한 삶을, 매트릭스에서의 유명 배우의 삶과 기꺼이 교환하고자 한다. 적어도 매트릭스에서는 어느 누구도 그에게 명령을 내리지는 않을 것 같다.

자유롭다는 것에는 누구에 의해서도 강요당하거나 억압받지 않는다는 의미가 포함된다. 만약 누군가가 당신에게, 당신의 의지를 거스르고 무언가를 하도록 강요하거나 당신이 하고 싶어하는 일을 못하게 막는다면 당신은 자유로운 것이 아니다. 이런 범주에서의 자유는 종종 '소극적 자유' 또는 '……로부터의 자유'로 불린다. 이것은 어떤 행동을 막는 장애물이 하나도 없는 상태를 자유라고 보는 관점이다.

다시 매트릭스로 돌아가면, 사이퍼는 모피어스에게서 벗어날 수 있을 것이다. 하지만 그가 과연 진정한 자유를 얻을 수 있을까? 많은 관객들이 '아니다'라고 말할 것이다. 사이퍼는 매트릭스에서도 여전히 지배적인 입장에 서지 못할 것이기 때문이다. 그에게는 **'적극적인 자유'** 혹은 '……에 대한 자유'가 결여될 것이다. 그는 어떤 것을 **할 수 있는** 자유는 갖지 못할 것이기 때문이다.

하지만 그것이 정말 커다란 손실일까? 스스로 선택할 수 있는 능력이 정말로 그렇게 가치 있는 것일까? 독일의 위대한 철학자 이마누엘 칸트는 그렇다고 생각했다. 칸트에 의하면 본질적으로 가치 있는(본질적으로 그리고 자연적으로 선한) 유일한 것은 이성적인 선택을 할 수 있는 능력이다. 그는 그것을 다음과 같이 표현했다. "세계 안에서도 그리고 세계 밖에서조차, 선한 의지 외에 조건 없이 선한 것으로 간주될 수 있는 어떤 것을 상상하는 것은 불가능하다."[11]

칸트에게 있어, 당신이 좋은 삶을 영위했는지 혹은 그렇지 않았는지를 결정하는 것은 '당신이 어떤 경험을 했는가가 아니라 당신이 어떤 **선택**을 했는가' 이다. 만약 당신이 언제나 옳은 일을 하려고 노력했다면 당신이 계획한 대로 일이 잘 풀리지 않았더라도 당신은 좋은 사람이다.

진정한 선택을 할 수 없다면
진정한 인간이 아니다

자기 스스로 선택을 하는 것이 얼마나 가치 있는 것인지를 보여 주기 위해 하버드의 철학자 로버트 노지크는 다음과 같은 사유 실험을 제안한다.

> 원하는 경험이라면 무엇이든 제공하는 경험 기계가 있다고 치자. 최고 수준의 신경 생리학자들은 당신의 뇌를 자극하여, 당신이 대단한 소설을 쓰고 있거나 친구를 사귀고 있거나 흥미로운 책을 읽고 있다고 생각하고 느끼도록 만들 수 있을 것이다. 그동안 내내 당신은 뇌에 수많은 전극을 부착한 채 커다란 통 안

에서 둥둥 떠다니는 데도 말이다. 당신이라면 삶의 경험들을 미리 프로그램화해 놓고, 평생 이 기계에 접속된 채 살아가겠는가? 만약 당신이 원하는 경험들을 조금이라도 놓칠까 봐 걱정된다면 우리는 이 기계 안에 삶에 대한 다양하고 철저한 자료들을 입력시켜 놓았다고 가정할 수도 있다. 당신은 기계에 저장된 수많은 경험들을 놓고 앞으로 2년 간 당신 삶의 경험들이 되어 줄 것들을 얼마든지 고르고 선택할 수 있다. 물론 당신이 커다란 통 안에 있는 동안 당신은 자기가 거기 있다는 것을 의식하지 못할 것이다. 당신은 자신이 경험하는 것이 모두 실제로 벌어지고 있는 일이라고 생각할 것이다. 이 기계에 접속하는 다른 사람들 역시 그들이 원하는 경험들을 선택할 수 있다. 기계에 접속하지 않은 채 남들에게 봉사하며 살 필요는 없다. ('모든 사람이 기계에 접속하고 나면 누가 남아 그 기계들을 작동시키는가'와 같은 문제는 일단 무시하기로 하자.) 자, 당신은 접속하겠는가? '우리의 삶이 내면에서 어떻게 느껴지는가' 하는 것 이외의 다른 무엇이 우리에게 중요하겠는가?[12]

노지크의 경험 기계와 매트릭스 사이에는 비슷한 점이 많다. 경험 기계 안에서도 매트릭스 안에서도, 인간들은 정체 불명의 액체가 담긴 통 안에서 둥둥 떠다니고, 직접적으로 인간 뇌 속의 신경 세포를 자극해서, 실재 세계의 경험들과 구분할 수 없는 가상의 경험들을 산출한다. 둘 사이의 유일한 차이라면 노지크의 각본에서는 사람들이 2년마다 한 번씩 그 기계로부터 분리될 수 있다는 것이다. 매트릭스의 인간들은 평생 접속된 채로 살아간다.

하지만 사람들이 이토록 완벽한 경험 기계에 접속하지 않으려는 이유는 무엇일까? 노지크는 세 가지 이유라고 추측한다.

첫째, 우리는 단순히 어떤 일에 대한 경험을 갖기보다는 그것을 직접 하기를 원한다. (……) 둘째, 우리는 개성 있게 살아가는 개성 있는 사람이 되고 싶어한다. 커다란 통 안에서 떠다니는 인간은 정체 불명의 모호한 존재이다. 통 안에 있었던 사람이 어떤 사람인지 알 도리가 없다. 그는 용감한가, 친절한가, 지적인가, 재치 있는가, 사랑스러운가? 이러한 질문에는 단지 대답하기 어려운 정도가 아니라 아예 뭐라고 말할 것이 없다. (……) 셋째, 경험 기계에 접속하는 것은 우리를 인간이 만든 현실에 한정시킨다. 그것은 사람들이 구성할 수 있는 것보다 더 깊지도 더 중요하지도 않은 세계이다. 더 깊은 현실과의 실제적인 접촉은 없다. 그저 우리의 뇌를 자극하여 그러한 경험을 한 것처럼 만들 수 있을 뿐이다.

언젠가 어떤 유명한 철학자가 말했듯이, 존재하는 것은 행위하는 것이다. 경험 기계 안에 있는 사람들은 아무 것도 하지 않는다. 그들은 어떤 선택도 하지 않고 어떤 행위도 하지 않는다. 결과적으로 그들은 아무런 성격이 없다. 그들은 선하지도 악하지도 않다. 그들은 스스로 책임질 만한 어떤 행동도 한 적이 없기 때문이다. 노지크의 표현을 빌리면 그들은 '정체불명의 존재'이다.

진정한 선택을 할 수 있는 능력이 없다면, 그는 진정한 인간이 아니다. 그런 점에서 경험 기계 안의 사람들의 삶에는 무언가 가치라는 것이 빠져 있는 것처럼 보인다. 그러나 예언자라는 존재는 여전히 문제를 제기한다. 그것은 실재 세계에 살고 있는 사람들은 과연 진정한 선택을 할 수 있는가에 관한 것이다. 진정한 대안이 그들에게 열려 있는가, 아니면 그들이 하는 모든 선택들은 이미 정해진 것인가?

예언자라는 존재가 제기하는 문제
'그렇다면 네오는 진정한 선택을 할 수 있나?'

〈매트릭스〉의 예언자는 델피의 예언자와 마찬가지로 미래를 예언하는 여사제이다. 델피의 예언자는 동굴의 갈라진 틈 위에 놓인 삼각 의자에 앉아서 영감을 받았다. 동굴의 틈에서는 사람들이 아폴론의 숨결이라고 부르는 증기가 뿜어져 나왔다. (델피 동굴의 갈라진 틈에서 더 이상 증기가 뿜어져 나오지 않게 되자 그리스 사제들은 동굴 안에서 벨라도나 독성이 있는 식물의 일종 - 편집자주와 흰 독말풀을 태우기 시작했다고 한다. 그들은 그렇게 만들어진 연기를 통해서도 꽤 쓸 만한 영감을 얻을 수 있다는 것을 발견했다고 전한다.) 〈매트릭스〉에서 예언자는 오븐 바로 옆에 놓인 다리가 세 개 달린 의자 위에 앉아 있다. 오븐에서는 갓 구워진 과자 냄새가 난다. 두 예언자의 성소^{聖所} 입구에는 모두 "너 자신을 알라"라는 문구가 새겨져 있다. 델피에는 그것이 그리스어로 되어 있는 반면 〈매트릭스〉에서는 라틴어로 되어 있다.

고대 그리스 왕과 장군들은 먼저 델피의 예언자와 상담하지 않고는 어떤 위대한 계획도 추진하지 않았다. 예컨대 알렉산더 대왕은 첫 번째 원정을 떠나기 전에 델피에 들러 신탁소를 찾았다. 전설에 의하면 그가 도착했을 때 예언자를 만날 수 없었다고 한다. 하지만 그는 성공에 대한 전망을 너무나 알고 싶은 나머지 예언자의 행방을 추적하여 그녀에게 예언을 강요했다. 예언자는 화를 내며 다음과 같이 외쳤다고 한다. "오, 애야, 너에게는 정말이지 당해낼 수가 없구나!" 알렉산더는 이것을 상서로운 전조로 받아들여 세계를 정복하기 위해 진군했다.

일반적으로 예언을 믿는 사람들은 운명 역시 믿는다. 그래서 이들은 운명론자라고 불리는데 운명론자들은 일어나게 되어 있는 일들은 **누가 무엇을 해도** 일어나게 되어 있다고 믿는다. 오이디푸스의 경우를 예로 들어보자. 신탁神託을 받은 예언자는 오이디푸스가 자기 아버지를 죽이고 자신의 어머니와 결혼한다고 예언한다. 이 말에 질겁한 오이디푸스는 자신에게 닥칠 끔찍한 운명을 피하기 위해 자기가 살던 나라를 떠난다. 하지만 오이디푸스의 그런 노력은 오히려 비극적인 운명을 재촉할 뿐이다. 그는 자기도 모르는 사이에 정확히 신탁이 예언한 대로 행하고 만다.

철학자 리처드 테일러Richard Taylor는 어떤 일이 다른 사건들과는 상관없이 일어날 거라고 여기는 운명에 대한 전통적인 견해는 '극단적으로 인위적'이라고 생각한다. 그것은 사건과 사건 사이에는 인과 관계가 있다는 것을 무시하기 때문이다. 그는 운명에 대한 전통적인 견해에 대해 반대하며 다음과 같이 말한다. "인류 역사를 통틀어 진정한 운명론자는 단 한 명도 찾기 힘들 것이다."[13] 그에 따르면 운명론이란 "어떠한 일이 발생하든 운명을 피할 수는 없다는 믿음이다."[14] 예언자의 예언이 정확하다는 것을 전제할 때, 영화 〈매트릭스〉에서는 운명론이 상당히 합리적인 관점인 것처럼 표현되어 있다.

신이 가진 예지와 인간의 자유의지는 양립할 수 없다

"그녀는 모든 것을 알고 있나요?" 네오는 예언자의 아파트로 가는 도중 묻는다. "그녀는 충분히 안다고 말할 거야"라고 모피어스는 대답한다. 만약 오러클이 정말로 모든 것을 알고 있다면(만약 그녀가 전지全知하다면) 그녀는 과거에 발생한 일을 알고 있을 뿐 아니라 앞으로 무슨 일이 일어날 것인지도 알고 있을 것이다. 모피어스가 '그'를 찾을 것이고, 트리니티가 '그'와 사랑에 빠질 것이며, 네오가 자신의 생명과 모피어스의 생명 사이에서 선택을 하게 될 것이라는 놀랍도록 꼭 들어맞는 예언과 더불어, 네오가 화병을 떨어뜨려 깨뜨릴 것이라는 언뜻 보기에 정확한 예언은 그녀를 신뢰할 만할 인물로 만들어 준다. 그녀는 심지어 그들이 만났을 당시에는 네오가 '그'가 아니었다는 것에 대해서도 맞혔다. 그녀는 그가 무언가를, 아마도 그의 다음 생애를 기다리고 있다고 말했다. 네오는 '죽어서' 트리니티의 키스에 의해 '부활하고' 나서야 '그'가 되었다. 문제는 그녀의 미래에 대한 지식이 인간의 자유 의지를 배제하고 있는 듯 보인다는 점이다.

완전한 앎, 즉 전지와 자유 의지 사이의 명백한 갈등은 기독교 신학자들에게 잘 알려져 있다. 전통적인 기독교 개념에서 신은 전능全能하고(무엇이든 할 수 있고), 전지하며(모든 것을 알고 있으며), 자비롭다(완벽하게 선하다). 기독교인들은 또한 전통적으로 인간이 자유 의지를 가지고 있다고 믿어 왔다. 하지만 이 두 가지 개념은 서로 충돌을 일으킨다. 만약 신이 우리가 무슨 일을 할지 모두 알고 있다면 우리는 자유롭게 다른 어떤 일을 할 수 없는 것처럼 보인다. 중세의 정치가이자 철학자인 보이티우스Boetious(480~524년)는 이 딜레마에 대한 초기의 견해를 가장 간명하게 제시한다.

"나에게는 신이 가진 예지의 측면과 자유 의지라는 측면은 서로 양립할 수 없는 것처럼 보인다. 왜냐하면 만약 신이 모든 것을 예견하고 어떤 것에서도 착오가 있을 수 없다면, 신이 예견한 것은 결국 발생할 것이고, 그와 같은 결과를 낼 수밖에 없다. 가령 내가 현재에 대해 어떤 사실을 안다면 그것은 이미 일어난 일이거나 일어난 일이나 다름없다. 내가 앞으로 발생할 무언가에 대해서 알고 있는 게 맞다면 그 일 역시 반드시 일어날 수밖에 없다. 그래서 예견된 사건은 반드시 일어날 수밖에 없다는 결론이 나온다.[15]

보이티우스가 이해한 바에 따르면 이렇다. 만약 신뢰할 만한 예언자가 있어 어떤 일이 발생할 것이라는 사실을 안다면 그것이 발생한다는 사실은 피할 수 없다. 그는 거짓을(지어낼 수는 있을지언정) 알 수 없기 때문이다. 예를 들어 당신은 1과 1을 더하면 3이 되리라는 것을 알 수 없다. 1 더하기 1은 3이 아니기 때문이다. 그러나 만약 무언가가 발생하리라는 것을 정말로 알 수 있다면 그 일이 일어나지 않는다는 것은 불가능하다. 예를 들어 내일 태양이 떠오를 것이라는 말이 사실이라면 내일 태양은 반드시 떠올라야 한다. 그렇지 않으면 내일 태양이 떠오른다는 진술은 사실이 아닐테니까 말이다. 그래서 만약 누군가가 어떤 일이 발생할 것이라는 사실을 알고 있다면, 그것은 반드시 발생해야 한다. 어느 누구도 그것이 발생하지 않도록 막을 수 없다. 모든 것을 아는 것이 치러야 할 대가는 자유의 상실이다.

보이티우스는 만약 신이 시간의 외부에 존재한다면 전지와 자유의지 사이의 명백한 갈등을 피할 수 있을 것이라고 생각했다. 하지만, 위대한 프로테스탄트 개혁가이자 장로 교회의 설립자인 장 칼뱅 John Calvin (1509~1564년)의 생각은 달랐다. 그는 신이 정확히 시간의 외부에 존재하기 때문에 아무도 그들의 운명을 바꿀 수 없다고 생각했다. 그는 다음과 같이 썼다.

우리가 예지를 신의 속성이라고 할 때 그것은 그의 눈앞에 만물이 계속 존재해 왔고 앞으로도 영원히 존재한다는 것을 의미한다. 그래서 그가 아는 모든 것은 미래이거나 과거가 아닌 현재이다. 즉 그는 만물을 자신의 마음에 형성된 생각들을 통해 이해하는 것이 아니라, 실제로 눈앞에 놓여 있는 것처럼 만물을 정말로 바라본다. 그리고 이러한 예지는 세계 전체, 그리고 모든 피조물에 해당된다. 우리는 신의 이러한 영원한 섭리를 예정predestination이라고 부른다. 그는 그것에 의해 모든 인간 개개인이 본질적으로 어떻게 되어야 하는지를 결정했다. 그들이 모두 비슷한 운명으로 창조되어 있는 것은 아니다. 그러나 어떤 사람들에게는 영원한 삶이라는 운명이 예정되어 있고, 다른 사람들에게는 영원한 저주가 예정되어 있다.16)

칼뱅의 관점에서, 신은 모든 삶의 모든 순간을 일별할 수 있다. 우리의 삶은 감기지 않은 영화 필름처럼 신 앞에 펼쳐져 있다. 영사 슬라이드에서 모든 프레임이 고정되어 있는 것과 마찬가지로 우리 삶의 모든 사건들도 그러하다. 결과적으로 칼뱅은 우리들 가운데 일부는 천국에 가고 일부는 지옥에 가도록 운명지어져 있으며 우리가 그것에 대해 할 수 있는 일은 아무 것도 없다고 말한다.

 혹자는 신은 사람들이 어떤 선택을 할 것인지를 알고 있지만, 그들을 대신해서 그러한 선택을 해 주지는 않는다는 말로 위와 같은 생각에 반대할지도 모른다. 그것은 조리에 맞지 않는다. 누군가가 어떤 행동을 할 수 있는 자유를 갖고 있다고 말할 수 있으려면, 그 행동을 하지 않을 수 있는 자유가 있어야 하기 때문이다. 만약 당신이 무슨 일을 반드시 해야 한다면(만약 신이 그것을 예견한다면 반드시 그럴 것인데) 당신이 그 일을 하는 것은 자유 의지가 아니다.

신은 사각형인 원을 만들 수 없다

전지와 자유 의지는 서로 양립 불가능한 것처럼 보인다. 만약 누군가가 모든 것을 안다는 것이 사실이라면 누구나 자유 의지를 갖는다는 것이 사실일 수가 없다. 이것은 예언자 자신에게도 해당된다. 예를 들어 만약 신이 모든 것을 알고 있다면 그는 자신의 미래 또한 알고 있을 것이다. 만약 그렇다면 그의 미래는 결정되어 있는 셈이며 자신조차 그것을 바꿀 힘이 없다. 그래서 모든 것을 안다는 것은 자유 의지를 불가능하게 할 뿐 아니라 전능도 불가능하게 만드는 듯이 보인다. 아무도 (심지어 신조차) 전지하면서 동시에 전능할 수 없다. 어떤 사람들은 이 점을 들어 (전통적으로 이해되는) 신은 존재하지 않는다는 것을 증명할 수 있다고 주장하기도 한다.[17]

그러나 또 어떤 사람들은 이것을 진정으로 이해하면 두 개념 사이엔 갈등이 없다고 주장하기도 한다. 그들에 따르면 전능하다는 것은 무엇이든 할 수 있다는 것이 아니라 하는 것이 **가능한** 어떤 것이든 할 수 있다는 말이다. 위대한 가톨릭 신학자 토마스 아퀴나스는 다음과 같이 말했다. "모순을 포함하는 무엇이건 신성한 전능의 범위 안에 들어오지 않는다. 그것은 가능성의 측면을 가질 수 없기 때문이다. 그러므로 '신이 그러한 일들을 행할 수 없다'라고 말하기보다는 '그러한 일들은 행해질 수 없다'라고 말하는 것이 낫다."[18] 예를 들어 신은 사각형인 원을 만들 수 없다. 그러한 일은 논리적으로 불가능하기 때문이다. 어떤 것도 원이면서 동시에 원이 아닐 수 없다. 그러나 그것 때문에 신의 전능이 의심을 당하지는 않는다. 전능한 존재는 논리적으로 가능한 일만을 하도록 기대되기 때문이다.

비슷한 논리가 전지의 개념에도 적용된다. 전지적인 존재는 모든 것을 알고 있는 존재가 아니다. (안다는 것이 논리적으로 가능한 선에서) **가능한** 모든 것을 아는 존재이다. 그러므로 만약 미래를 아는 것이 논리적으로 불가능하다면, 전지는 전능이나 자유 의지와 양립 불가능한 개념이 아니다.

하지만 여전히 미래를 안다는 말에는 모순의 기미가 있다. 결과가 그것의 원인을 앞서지 않는다는 법칙을 위반하고 있기 때문이다. 우리는 무언가가 발생한 후에야 그것을 알 수 있다. 그러나 미래의 사건들은 아직 발생하지 않았다. 그래서 미래의 사건을 본다는 것은 그것이 발생한 동시에 발생하지 않았다는 것을 함축한다. 그것은 논리적으로 불가능하다.

그러나 미래를 아는 데는 다른 방법도 있다. 당신이 우유가 든 잔을 떨어뜨린다고 가정하자. 누구든 잔이 바닥에 떨어지기 전에 우유가 쏟아질 것이라는 것을 예측할 수 있다. 이럴 때 예지란 어떤 정신적인 능력이 아니라 자연 법칙에 관한 지식이다. 우리는 일정한 크기와 무게를 가진 물체들을 공중에서 놓으면 땅으로 떨어지게 되어 있다는 것을 알고 있다. 자연물은 자연 법칙을 따르게 되어 있으므로 미래가 존재하지 않는다 해도 우리는 그것이 어떻게 될 것인지 알 수 있다. 그래서 예지는 가능하다.

예언자는 자신이 미래를 알 수 있는 방법을 알려 주지 않는다. 네오가 화병을 깨뜨리고 나서 그녀에게 "어떻게 아셨죠……?"라고 물었을 때 그녀는 대답한다. "네가 정말로 물어보고 싶은 것은 내가 아무 말 하지 않았어도 네가 여전히 그것을 깨뜨렸을까 하는 것이겠지?" 어쩌면 예언자는 그저 사람의 성격을 꿰뚫어 보는 능력을 가지고 있어서 어떤 사람이 특정한 상황에서 어떻게 반응할 것인지를 알고 있는 인물인지도 모른다. 하지만 그렇다 하더라도 자유 의지에 대한 전망은 불투명하다. 만약 인간의 행동을 심리 법칙을 토대로 100% 예언할 수 있다면 그렇게 해서 예측된 행동들은 결코 자유로운 것이라고 간주할 수 없기 때문이다.

인과적 결정론의 세계에선
아무도 자기 행동을 선택할 수 없다

진정으로 모든 것을 알고 있는 존재라면, 세계 만물의 모든 것과 그것들의 행동을 지배하는 모든 법칙들을 알고 있을 것이다. 또 그러한 지식(그리고 충분한 컴퓨터 사용 능력)을 가지고 있다면 그 존재는 우주 전체의 미래를 예측할 수도 있을 것이다. 적어도 위대한 프랑스 물리학자 라플라스 Pierre Simmon de Laplace는 그렇게 말한다.

> 예를 들어 자연에 생명을 불어넣는 모든 힘들과 자연을 구성하는 모든 존재들의 개별 상황을 이해할 수 있는 지능적인 존재 – 나아가 이러한 자료들을 분석할 수 있을 만큼 충분히 광범위한 지능을 가지고 있는 존재 – 가 있다고 하자. 그것은 같은 방식으로, 우주에서 가장 커다란 물체들의 움직임들과 가장 가벼운 원자들의 움직임들까지 모두 이해하고 분석할 수 있을 것이다. 그 지능적인 존재에게 불확실한 것은 아무 것도 없고 미래가 과거처럼 그의 눈앞에 현존할 것이다.[19]

라플라스는 이 존재를 악마라고 부른다. 이 악마는 삼라만상의 미래를 알 것이다. 그는 사람들에게 무엇이 정확히 어디에 있고 어느 때건 그것이 어떤 상태로 존재하는지 확실히 말해 줄 수 있을 것이다. 그러한 세계(많은 사람들은 그것을 우리의 세계로 여긴다)에서는 자유 의지가 불가능하다.

라플라스의 사유 실험은 모든 사건은 발생 원인을 가지고 있다는 가정에 기초하고 있다. 이 관점은 인과적 결정론으로 불린다. 인과적 결정론에서는 원인이 없이는 아무 것도 발생하지 않으며 원인이 같으면 언제나 결과도 같다고 주장한다. 그래서 어떤 특정한 시간에 우주의 상태와 그것을 지배하는 자연 법칙들이 주어지면 오직 하나의 미래만이 존재한다고 말한다. 만약 우리가 우주를 과거의 어떤 시간으로 '되돌려'(비디오 테이프를 되감기 하듯이) 삼라만상의 모든 일이 다시 진행되도록 만든다 해도, 모든 일이 이전에 일어났던 것과 똑같이 일어난다는 것이다. 이러한 결정론에 따르면 아무도 자유롭게 행동할 수 없다. 왜냐하면 어느 누구도 그 외에 달리 행동할 수 있는 대안이 없기 때문이다.

따라서 완전한 결정론의 세계에서는 사람들이 하는 어떠한 행동에도 책임을 물을 수 없다. 그들은 어떤 일도 자기 마음대로 할 수 없기 때문이다. 과학자들 사이에서는 인간 행동의 제1결정인자가 인간의 유전자 구조, 즉 우리의 본성이냐 아니면 양육, 즉 인간이 길러지는 방식이냐를 두고 의견이 분분하다. 그러나 본성 – 양육 논쟁의 양측 모두, 인간의 통제력이 미치지 않는 힘들이 인간의 행동을 결정짓는다는 점에는 의견을 같이한다.

일례로, 심리학자 스키너[B.F.Skinner]는 어느 누구도 프로그램화 된 것 이상의 행동을 할 수 없다고 말한다. 그는 인간이 자유 의지를 가지고 있다거나, 그러므로 인간은 자신들이 한 행동에 대해 칭찬받거나 비난받아야 한다는 견해를 포기해야 한다고 주장한다.[20] 인과론적으로 결정된 세계에서 옳고 그름이란 있을 수 없다. 만약 실재 세계가 그런 곳이라면 그곳에 사는 사람들은 매트릭스에 사는 사람들보다 특별히 더 잘살고 있다고 말할 수 없을 것이다.

고대 그리스 철학자 에피쿠로스(B.C. 341~270년)는 만약 모든 사건이 다른 사건들에 의해 야기된다면 자유 의지가 있을 수 없다는 것을 깨달았다. 그는 자유 의지가 가능하다는 것을 설명하기 위해 원자가 공간을 움직일 때 불규칙적으로 '방향을 바꾸는' 것에 주목했다.

흥미로운 것은, 에피쿠로스와 마찬가지로 대부분의 현대 물리학자들이 일정한 사건들은 원자의 방사능 자연 붕괴처럼 순수하게 무계획적이라는 것, 즉 어떤 특정한 원인 없이 발생한다고 본다는 점이다. 몇몇 사람들은 이것이 자유 의지에 대한 우리의 믿음이 정당하다는 것을 입증한다고 믿는다.

예를 들어 물리학자 아서 에딩턴 경 Sir Arther Eddington 은 다음과 같이 썼다. "결정론을 축출한 현대 물리학의 혁명은 더 이상 인간의 행동이 미리 결정되어 있다고 가정할 필요가 없다는 중요한 결과를 가져왔다."[21]

미래는 **열려** 있다. 그것은 미래가 하나 이상의 방식으로 전개될 수 있기 때문이다. 물론 이것 하나 때문에 자유 의지의 존재가 성립되는 것은 아니지만(자유 의지를 가진 사람이라고 해서 운명이 결정되어 있는 사람보다 임의의 사건에 대해 더 책임이 있다고 생각할 수는 없다), 적어도 그것은 자유 의지를 **가능**하게 한다.

길을 아는 것과 길을 걷는 것에는 차이가 있다

당신이 벼룩시장을 뒤지다가 우연히 먼지가 켜켜이 앉은 낡은 책을 발견했다고 가정해 보라. 그 책 위에는 당신의 이름이 적혀 있고 당신은 호기심으로 가득 차 첫 페이지를 펼쳐 읽기 시작한다. 놀랍게도 그 책은 당신의 출생 시간과 장소를 정확히 기록하는 것에서 시작한다! 당신은 계속 읽어 나가고 곧 그 책이 당신 삶의 모든 주요 사건들을 정확히 기록하고 있다는 것을 발견한다. 당신은 중간을 뛰어넘어 현재를 기록한 부분을 읽기 시작한다. 거기에는 당신이 오늘 벼룩시장에서 당신의 이름이 적힌 책을 발견한다는 내용이 적혀 있다(기재된 모든 사항들은 현재 시제로 되어 있다). 책은 너무도 낡아 있는 데 반해 책 속에 적힌 사건들은 너무도 최근의 일이어서, 당신은 누가 어떻게 이런 것들을 알 수 있었는지 놀라울 따름이다. 게다가 그 책은 거기에서 끝나지 않는다. 앞으로 닥칠 일들을 적은 부분도 있다. 그 책에는 당신이 오후 여섯 시에 차를 타고 벼룩시장을 떠난다고 적혀 있다. 책에 적힌 내용들은 당신에게 일어난 일에 대해서는 하나도 틀린 점이 없다. 하지만 그것이, 당신이 예고된 시간에 벼룩시장을 떠나기로 운명지어졌다는 것을 의미하는가? 당신은 그냥 벤치에 앉아서 여섯 시를 넘겨버리고 그 진술을 거짓으로 만들어 버릴 수는 없을까? 분명히 그럴 수 있을 것 같아 보인다.

   인과적 결정론이 진리인 세계에서조차 예언을 알게 되면 우리는 그것이 허위임을 입증할 수 있는 위치에 서게 된다. 우리는 사람들의 행동에 대해 정확한 예언을 할 수 있는 라플라스의 악마(혹은 어떤 문제에 대한 신탁)와 같은 존재를 믿을 수 있을 지도 모른다. 하지만 거기에는 모순이 있다. 관련된 사람들이 그 예언에 대해 모르고 있어야 한다는 것이다. 그렇지 않다면 예언을 말하는 순간, 예언은 붕괴될지도 모른다.

그러나 〈매트릭스〉에서는 등장 인물들이 예언을 미리 알고 있는데도 그 예언은 여전히 실현된다. 이것은 예언자가 미래를 예언하기만 하는 게 아니라 그것을 실제로 구현하도록 유도하고 있다는 것을 암시한다. 그녀의 예언은 자기 성취적이다. 예언 자체가 그 자신의 진실을 실현할 수 있도록 도와 주기 때문이다. 마치 월 스트리트의 긍정적인 수익 보고가 유리한 수익을 올리는 것을 도와 주듯이 말이다. 따라서 우리는 어떻게 예언자가 미래를 맞힐 수 있었는지 설명하기 위해, 그녀가 미래를 이미 알고 있었다거나 미래가 미리 결정되어 있다고 가정할 필요는 없다. 우리는 그저 그녀와 상담한 사람들이 그녀가 미래를 알고 있다고 믿는다고 가정하기만 하면 되는 것이다.

예언자의 말은 모피어스가 미래를 구성하는 데 적극적인 역할을 한다. 예언자를 만나러 가는 도중, 네오는 모피어스에게 그녀의 말이 언제나 맞느냐고 묻는다. 그러자 모피어스는 다음과 같이 대답한다. "이것은 맞고 틀리고의 문제가 아냐. 그녀는 안내자야, 네오. 그녀는 자네가 길을 찾을 수 있도록 도와 줄 거야." 네오가 헬리콥터에서 떨어지는 트리니티를 기적으로 구출한 후, 모피어스는 한 건물 옥상에서 트리니티에게 이렇게 묻는다. "이제 믿겠지, 트리니티 (네오가 '그'라는 걸)?" 또 모피어스는 예언자가 자신에게 했던 말을 알려 주려 하는 네오의 말머리를 가로채며 불쑥 말한다. "그녀는 정확히 자네에게 (일어날 일이 아니라) 필요한 말을 해 준 거야. 그것뿐이야." 모피어스의 말에 따르면, 예언자에게는 어떤 목표가 있고, 그녀는 그 목표를 성취하기 위해 필요한 무엇인가를 예언의 형식으로 말하는 것처럼 보인다.

어떻게 자신이 화병을 깨뜨리리라는 것을 알고 있었느냐고 네오가 묻는 대목에서 예언자는 자신의 의도를 고의적으로 누설한다. "네가 정말 알고 싶은 것은 내가 아무 말도 하지 않았더라도 네가 여전히 그것을 깨뜨렸을까 하는 것이겠지?"

대답은 물론 "아니오"이다. 그녀가 화병을 깨뜨리는 것에 대해 말을 꺼냈기 때문에 그런 일이 발생한 것이다.

"길을 아는 것과 길을 걷는 것에는 차이가 있다"고 모피어스는 우리에게 알려 준다. 예언자는 그녀의 추종자들이 길을 걷도록 돕는다. 그녀는 그들을 부추겨 그녀가 모든 것을 알고 있다고 믿게 만든다. 그렇기 때문에(예언자의 예지가 진짜라기보다 그녀가 예지를 가지고 있다는 사실이 명백하기 때문에) 네오는 자신의 삶을 통제할 수 있고, 이성의 한계 안에서는 어떤 것도 가능한 세계에서 살 수 있다.

테오도어 시크 주니어 Theodore Schick, Jr.는 뮐렌버그 대학의 철학과 교수이며 〈기묘한 것들에 대해 생각하는 법How to Think About Weird Things〉(맥그로힐) 〈철학하기Doing Philosophy〉〈과학 철학에서 읽을 거리 : 실증 철학에서 포스트모더니즘까지Readings in the Philosophy of Science : From Positivism to Postmodernism〉(맥그로힐)를 썼다. 테드는 맨손으로 숟가락을 구부릴 수 있다.

scene 05

출구를 찾아서 - 매트릭스 해체하기

매트릭스, 마르크스 그리고 건전지의 생애

마틴 A. 대너헤이 & 데이비드 리더 MARTIN A. DANAJAY AND DAVID RIEDER

〈매트릭스〉는 20세기 말에서 21세기 초 평균적인 미국인 노동자가 겪는, 착취당하는 삶의 모습을 훌륭하게 극화한다. 이 영화는 칼 마르크스의 저작으로 거슬러 올라갈 수 있는 수많은 사회적·경제적 주제들에 대한 인유들로 가득 차 있다.

배달 시간과 위치가 표시되는 휴대전화를 들고 있는 UPS 운전자들에서부터, 분 단위로 자판 두드리는 수가 헤아려지는 자료 입력 사원, 그리고 전화를 받을 때마다 통화 태도가 감시되는 고객 서비스 담당 직원들까지, 미국의 노동자들은 갈수록 강화되는 기술적인 감시 아래 놓여 있다. 이러한 감시 풍조는 100년 전에 이미 마르크스가 그의 글에서 비판한 바 있다. 19세기 자본주의적 억압의 표지가 작업장으로 들어가는 문 옆에 달린 시계였다면, 오늘날에는 사무실 안팎에서 직원들의 일거수일투족을 추적하는 관리 소프트웨어가 그것을 대신한다. 19세기의 그것과 단지 정도만 다를 뿐 노동자에 대한 감시 풍조는 여전하다. 기계에 의한 노동자의 통제가 점차 증가하는 상황은 오랫동안 마르크스주의자들의 주요 관심사였다. 그리고 〈매트릭스〉는 이러한 사회적인 경향이 함축하고 있는 반유토피아적인 메시지를 보여준다.

  네오가 경험한 가장 강렬하고 끔찍한 순간들 가운데 하나는, 자신의 전 생애가 거짓이라는 사실을 깨달았을 때이다. 네오는 로딩 프로그램 안의 상하 전후 좌우를 구분할 수 없는 순백색의 공간에서, 절망적인 심정으로 텔레비전 수상기를 응시하고 있다. 반면 모피어스는 편안하게 앉아, 네오가 막 탈출한 도시를 재연하는 일련의 활기 넘치고 유혹적인 영상들을 채널을 돌려 가며 검색한다. 모피어스는 말한다. "자네는 꿈의 세계에서 살아왔던 거야, 네오. 이것이 오늘날 존재하는 그대로의 세계지." 모피어스의 말과 함께, 텔레비전 화면 위에는 네오가 지금까지 경험했던 도시의 단편들 대신, 기계들과의 전쟁으로 불타 버린 도시의 어둡고 암울한 영상이 나타난다. 그리고 이어지는 다음 순간 로딩 프로그램의 눈부시게 흰 빛도 사라지고, 모피어스와 네오는 도시의 처참하고 비참한 잔해들에 둘러싸여 있는 자신들을 발견한다. 모피어스는 큰 소리로 말한다. "진실의 사막에 온 것을 환영하네."

  네오는 아직 준비가 되어 있지 않다. 순간 정신이 아득해진 그는 몸의 중심을 잡기 위해 안간힘을 쓰며 비틀거리듯 뒷걸음질친다. 하지만 모피어스의 말은 끝나지 않았다. 그는 계속해서 말한다. 그의 말은, 네오를 매일 밤 컴퓨터 앞에 앉아 홀로 지새게 만들었던 '그 질문'에 대한 답이다.

매트릭스가 뭐냐고? 통제야. 매트릭스는 컴퓨터가 만들어 낸 꿈의 세계지. 그것은 우리를 끊임없이 통제하기 위해 건설된 거야. 인간을 바로 이것으로 만들기 위해서.

모피어스는 '듀라셀' 건전지를 들어 보인다. 이제 관객들은, 왜 이전 장면에서 캐딜락 뒷좌석에 올라타는 네오를 향해 스위치가 "코퍼톱 coppertop : '듀라셀' 건전지를 지칭하는 말로 미국에서 통용되는 속어 - 옮긴이"이라고 불렀는지 이해할 수 있다.

매트릭스의 노예, 자본가의 노예
우리는 모두 '건전지'다

마르크스에 의하면 자본주의체제 하의 노동자들은 그들의 노동과 그들이 생산하는 자본 사이의 관계를 인식하지 못한다. 왜냐하면 그들이 노동의 현실들로부터 '소외되어 있기' 때문이다. 그들은 또한 자신들이 강제로 일하고 있다는 사실도 인식하지 못한다. 자신들이 노동을 자발적으로 파는 '자유' 시장에서 활동하고 있다고 믿기 때문이다. 마르크스는 그들이 사실은 착취당하고 있다고 주장한다. 그들은 작업 시간과 작업 방법을 스스로 선택할 수 없기 때문이다. 그들은 자신들에 대한 고용 조건을 받아들여야 한다. 그런데 그러한 조건을 규정하는 것은 자본의 소유주들이다.

건전지에 대한 언급은 노동자들이 처해 있는 악조건에 관한 마르크스주의적 관심의 표현으로 읽힐 수 있다. 여기서 노동자들은 노예나 강제 징집된 군인처럼 기계들에게 전력을 공급한다. 마르크스는 그의 유명한 〈공산당 선언Manifesto of the Communist Party〉(1848년)에서 19세기 유럽의 공장 노동자들이 당하는 착취에 관해 다음과 같이 묘사했다.

> 현대 산업은, 가부장이 운영하는 작은 작업장을 상업 자본가가 운영하는 거대한 공장으로 변모시켰다. 공장으로 몰려든 노동자 대중들은 군인들처럼 조직된다. 그들은 부르주아 계급의 노예이자 부르주아 국가의 노예이며, 또한 하루 단위 또는 시간 단위로 기계의, 감독자의 그리고 무엇보다도 개별적인 부르주아 공장주의 노예가 된다.1)

19세기 사람들에게 일은 점차 무의미해졌다. 이제 더 이상 누구도 장인들에게 지역 구매자들을 위해 개인적으로 의미 있는 제품, 그들이 자부심을 가질 만한 제품을 창조해 달라고 주문하지 않았다. 그들은 궁극적으로 자기들이 다시 구매하게 될 상품들을 생산하는 작업장으로 내몰렸다. 그리고 지금도 여전히 많은 노동자들이 '건전지'와 같은 존재로 소외된 삶을 살아간다.

  사람들이 개인적이고 심리적인 경험으로서 '소외'를 말하는 것과는 달리, 마르크스의 저작에서 소외는, 자본주의체제 하에서 사회적인 관계들이 형성되는 방식의 결과물이다. 다시 말해 개인의 소외는 사회 구조, 즉 시스템의 산물이다. 〈매트릭스〉의 '문지기' 시퀀스에서 모피어스가 네오에게 다음과 같이 말할 때, 그는 마르크스의 의견에 동의하는 듯하다.

> 매트릭스는 시스템이야, 네오. 그 시스템은 우리의 적이지. 자네가 시스템 내부에 있을 때 주위를 둘러보면 뭐가 보이나? 기업인, 교사, 변호사, 목수들…….

우리가 구하려고 애쓰는 사람들이지. 그러나 우리가 저 사람들을 구하기 전까지는, 그들은 여전히 시스템의 일부야.

마르크스는 자본주의체제 하의 사회적 관계들을, 사람들 사이의 관계라기보다 ('시스템'으로 표현되는) 상품들 사이의 관계로 해석한다. 또 노동자들을 자기의 노동을 시장에 내다 파는 일종의 상품으로 해석한다. 마르크스는 자본주의체제 하에 사는 노동자들의 처지를 광범위하게 분석했다. 그리고 직접적으로 드러나지는 않지만 노동은 〈매트릭스〉의 플롯에서 중요한 부분을 차지한다.

마르크스는 〈임금 노동과 자본〉에서 노동이 '건전지'의 지위로 떨어지게 되는 이유를 이렇게 설명한다.

노동력은⋯⋯ 상품이다. 설탕 그 이상도 이하도 아니다. 전자는 시계에 의해 측정되고, 후자는 저울에 의해 측정되는 것이 다를 뿐이다.2)

자본주의체제 하에서 많은 노동자들은 자신이 일하는 회사나 공장에 그들의 노동력을 '상품'으로 판다. 〈매트릭스〉는 인간 발전소 시퀀스에서 이 '현실'을 명백하게 극화하고 있다. 위아래로 끝없이 늘어서 있는 관棺처럼 생긴 용기 안에, 수없이 많은 벌거벗은 인간들이 무방비 상태로 갇혀 발전소에 연결되어 있다. 이 발전소는, 칸막이 책상들이 촘촘히 들어앉은 사무실에서 꼼짝없이 일만 하고 있는 직원들로 가득 찬 회사를 연상시킨다. 이렇게 본다면, 〈매트릭스〉의 인류는 노동자 계급이 될 것이고 요원들은 자본의 수호자가 될 것이다. 발전소 장면은 모피어스가 정의한 '건전지'의 모습을 실감나게 보여 준다. 모피어스는 '건전지'를 "시스템에 구제불능일 정도로 잘 길들여져서" 시스템의 착취 범위에서 결코 벗어날 수 없는 사람으로 정의한 바 있다.

〈매트릭스〉는 주인공 네오의 변증법적 성장담인가

마르크스는 독일 철학자 G.W.F 헤겔의 '변증법적' 철학들을 독창적으로 읽어 냄으로써 그 일부를 자기 사유의 이론적인 기초로 삼았다. 마르크스의 사유에서, 변증법은 **진화** 혹은 **진보**의 이론이다. 그것은 '인류 역사에서 움직임과 변화를 추진시키는 힘은 적대적인 힘들의 투쟁'이라는 헤겔적인 사유에 기초하고 있다. 따라서 변증법적으로 생각하는 사람은 세계가 끊임없이 진화하는 장소이며 삶이 결코 정지되어 있지 않다고 생각한다. 또한 그는 세계를, 사소한 문제에서 복잡한 사고에 이르는 모든 적대적인 힘들이 새로운 수준의 의식과 조직에 이르려고 분투하는 공간이라고 생각한다. 마르크스주의자 레온 트로츠키 Leon Trotsky는 '변증법적 사유'를 영화에 비유한다.

> 변증법적 사유와 일상적인 사유의 관계는 활동사진과 스틸사진의 관계와 같다. 활동사진은 스틸사진을 배제하는 것이 아니라, 운동의 법칙에 따라 일련의 스틸 사진들을 결합함으로써 이루어진다.3)

변증법적으로 생각하는 사람은 한 장의 사진이 수많은 말을 한다고 믿는다. 각각의 사진은 전세계적인 사진들의 네트워크를 반영한 것이기 때문이다. 그는 결코 사물을 액면 그대로 받아들이지 않는다.

삶은 언제나, 모든 순간 그 장면 안에서 그리고 그 주변에서 진화하고 있기 때문이다. 어떤 것도 '정지해still' 있는 법은 없다.

〈매트릭스〉를 유심히 살펴보면 곳곳에서 '사진 속의 활동사진', 즉 **액자 구조**가 보인다. 〈매트릭스〉는 변증법적으로 진화하는 네오의 마음을 그린다. 이 활동사진의 액자 구조는 일련의 반영들, 즉 선글라스, 숟가락, 거울 그리고 어떤 점에서는 예언자의 아파트 문고리에 나타나는 반영들로부터 전개된 것이다. 각각의 반영들 혹은 '스틸사진들'은 서로 결합하여 실제적인 영화의 표면에 흐르는 사진 속의 '활동사진'을 창조한다. 그것은 건전지의 삶을 극복하기 위해 고군분투하는 네오의 변증법적 성장을 그린다.

영화 초반부에 나오는 '토끼 구멍 속으로down the rabbit hole', 시퀀스와 '실재 세계the real world' 시퀀스는 네오가 비변증법적인 건전지에서 변증법적인 인식을 하는 저항 투사로 이행하는 모습을 반영한다. '토끼 구멍 속으로' 장면에서 네오의 모습은 모피어스의 선글라스에 비친다. 네오는 아직 선택하지 않았다. 모피어스가 네오를 향해 내민 손에는 파란 약과 빨간 약이 놓여 있다. 그들은 각각 모피어스가 쓰고 있는 선글라스의 두 렌즈에 상응하는 듯 보인다. 마치 건전지 같은 존재로서 살아온 그의 비변증법적인 삶을 상징하듯, 동일한 네오의 영상이 양쪽 렌즈에 비쳐 보인다. 스틸 사진처럼 한 프레임(혹은 렌즈)에서 다음 프레임(혹은 렌즈)에 이르기까지 네오는 동일인이다. 하지만 네오가 빨간 약을 선택하자 그의 영상은 변하기 시작한다. 그가 "이상한 나라"로 날아갈 네오를 〈오즈의 마법사〉의 도로시에 비유하고 있다 - 옮긴이 준비를 하는 동안, 그의 오른쪽에 있던 거울에선 네오의 파편화된 영상이 비친다. 그의 변증법적 여행이 시작되는 것이다. 이어지는 '실재 세계'

장면에서 매트릭스 속 꿈의 세계와 실재 세계 사이의 변증법적인 분리는 완성된다. 네오의 '이중 영상'은 사라진다. 모피어스가 건전지를 들어 올릴 때, '토끼 구멍 속으로' 장면에서 파란 약을 앞에 놓은 네오의 모습이 비쳤던 왼쪽 렌즈에서 네오의 영상은 사라진다. 그리고 빨간 약을 앞에 놓은 네오의 모습을 비추던 오른쪽 렌즈에만 '진짜' 네오가 서 있다. 네오는 이제 변증법적으로 인식한다. 그의 여행은 곧 시작될 것이다.

영화가 전개되면서, 네오를 비추는 영상들은 그가 자신의 정체성과 관련하여 서로 대항하는 두 가지 면들을 화해시키려 한다는 것을 보여 준다. 그는 자신의 삶에서 서로 대립하는 이미지들, 즉 매트릭스에서의 삶과 '실재 세계'에서의 삶을 극복하기 위해 투쟁한다. 이러한 일련의 사유를 따라서, 네오가 '그'로 해탈과도 같은 변신을 하는 것을 다음과 같이 해석할 수 있다.

네오는 그의 소외된 삶과 소외되지 않은 삶 사이의 대립을 극복하고 새로운 수준의 변증법적 의식을 성취했다. 네오는 **하나**이다. 왜냐하면 그는 이제 더 이상 두 세계 사이에서 분열되어 있지 않기 때문이다. 그러나 〈매트릭스〉와 마르크시즘 사이의 중요한 차이는 네오, 즉 '그'가 '합合'으로 고양되는 것이 아니라, 단순히 '정正'과 '반反' 사이의 결코 끝나지 않은 진화에서 전자로 옮아갈 뿐이라는 데 있다. 다시 말해, "토끼 구멍"은 깊이를 가늠할 수 없다.

사이퍼와 상품물신주의

'행복을 위한 거래' 시퀀스에서 사이퍼는 스미스 요원과 함께 어느 식당 테이블에 마주 앉아 있다. 사이퍼는 먹음직스러운 필레 미뇽 위로 바쁘게 칼을 놀린다. 훌륭한 도자기 접시에 칼과 포크가 부딪치는 소리가 들리고 적포도주가 잔 안에서 부드럽게 찰랑거린다. 사이퍼는 이제 동료들을 배신할 것이다. 그는 저항 투사로서의 삶에 지쳐 있다. 네브카드네자르에서 10년 가까운 세월을 보낸 그는 결국 그 삶을 포기한다. 그리고 매트릭스에 접속된 건전지로서의 삶을 다시 한 번 영위할 수 있는 기회를 얻기 위해, 동료들을 기꺼이 팔아넘기려 한다. 스미스 요원은 그에게 최종 답변을 요구한다. 사이퍼는 다음과 같이 말한다.

나는 이 스테이크가 존재하지 않는다는 걸 알아. 내가 이걸 입 속에 넣으면 매트릭스가 나의 뇌에다 이게 아주 부드럽고 맛있다고 말해준다는 걸 알고 있다고. 9년이란 세월을 보낸 후에 내가 깨달은 게 뭔지 알아? 무지가 바로 행복이라는 거야.

사이퍼는 필레 조각을 삼키면서 마지막 말을 내뱉는다. 이 장면이 끝나갈 무렵, 으스스한 컴퓨터 화면 속에서 빗물처럼 흘러내리는 비인간적인 녹색 코드들은 우아한 하프 현들로 바뀐다.

 사이퍼는 자신이 먹고 있는 스테이크가 무의미하다는 것을 잘 알고 있다. 그는 그것이 진짜로 존재하는 것이 아니라는 걸 알고 있다. 마르크시즘 용어로 말하자면 사이퍼가 먹고 있는 스테이크는 **상품**이다. 그리고 사이퍼가 갈망하는 행복은 '**상품물신주의**'이다. 마르크스는 〈자본론 Capital〉 1권의 '상품물신주의'라는 장에서 다음과 같이 썼다.

상품은…… 불가해한 것이다. 왜냐하면 상품 안에서는 인간의 노동이 갖고 있는 사회적인 성격이 그 노동의 산물 위에 각인된 객관적인 성격으로 보이기 때문이다. 그리고 생산자들과 그들 노동의 총계 사이의 관계가, 그들 사이에 존재하는 사회적 관계로서가 아니라 그들이 생산할 노동의 산물들 사이에 존재하는 사회적인 관계로 제시되기 때문이다.4)

마르크스는 여기서 세계의 노동자들과 그들이 생산하는 상품들 사이의 전형적인 관계를 묘사했다. 마르크스가 사용하는 "노동의 산물", "생산자들의 관계", "사회적 관계" 등의 용어들을 따라가기는 쉽지 않다. 하지만 하나의 기본 개념을 이해하면 따라가기가 쉬워진다. 마르크스는 차, 컴퓨터, 소프트웨어, 구두, 가구, 책 등 세상의 모든 상품들이 존재하는 것은 누군가가 자신의 개별 '노동력'을 그것을 생산하는 데 투입했기 때문이라고 본다. 심지어 우리가 어떤 상품을 사기 위해 사용하는 화폐도 누군가의 노동에 의한 생산품이다.

문제는 우리가, 즉 세상의 노동자들이, 자신이 구매하는 상품들을 '물신화한다'는 점이다. 다시 말해 우리는 종종 다음과 같은 사실을 인식하지 못한다. 우리가 구매하는 상품들은 우리와 똑같은 노동자들에 의해 생산된다. 우리가 버는 돈으로 우리가 구입하는 구두는 노동자들에 의해 노동자들을 위해 만들어진다. 우리는 노동 착취가 자행되는 아시아의 공장에서 고통받고 있는 동료 노동자들에 대한 이야기를 듣는다. 그러나 우리 대부분은 이에 개의치 않고 자신이 선호하는 상표의 운동화를 구입한다. 우리는 차를 몰고 직장으로 간다. 우리가 운전하는 차는 바로 노동자들이 제조한 것이다. 우리는 우리를 둘러싸고 있는 노동의 시스템을 인지하지 못한다. 우리가 이러한 관계를 알고 무시하든 모르고 무시하든, 우리들 대부분은 정도는 다를 지라도 '상품물신주의'를 실천하며 산다.

다시 네오와 그가 몸담은 지하 조직을 움직이게 한 문제로 돌아가서 생각해 보자. 마르크스는 아마도 모피어스의 설명을 확장했을 것이다. 매트릭스는 분명히 꿈의 세계이고 그것의 목적은 우리를 통제하는 것이다. 게다가 매트릭스는 매일 매 시간 그것을 생산하는 인간 '노동력'의 총계이다.

그러나 '불가해한' 이유로 이러한 현실은 '물신화' 되거나 사이퍼의 표현대로 더없이 행복하게 망각된다. 마르크스가 앞의 인용문에서 말한 것처럼 "생산자와 그들 노동의 총계 사이의 관계는 그들에게 사회적인 관계로 제시된다. 이때 사회적인 관계는 그들 사이에 존재하는 관계가 아니라 그들 노동의 산물들 사이에 존재하는 관계이다."

다시 말해, 전세계적인 노동 인구가 하나의 계급으로서 공유하는 관계는, 우리에게 좀더 직접적으로 관련된 상품들이 연출하는 '꿈의 세계'로 인해 흐려진다. 노동자들은 단결할 수 없다. 상품이 제공하는 달콤한 맛과 소리와 시각적 즐거움이 그들이 공유하고 있는 노동자 계급으로서의 전 지구적 경험을 가로막기 때문이다.

사이퍼가 먹고 있는 스테이크에 불가해한 것이란 전혀 없다. 그는 발전소의 노동력이 그 스테이크의 연한 육질과 맛을 그에게 가져다 준 것이라는 사실을 잘 알고 있다. 그러나 그는 형편없는 '진짜' 음식을 먹기 위해 그리고 궁핍한 '진짜' 삶을 살기 위해, 매트릭스의 달콤한 가짜 세계에 대항하여 싸우는 것에 지쳐 버렸다.

실재 세계보다 매트릭스가 낫다
그들은 노동한 만큼 보상받는다

그렇다면 영화가 그리는 '매트릭스'는 우리 세계의 매트릭스, 즉 자본주의를 비유하는 것인가? 20세기의 마르크스주의자 막스 호르크하이머Max Horkheimer와 테오도어 아도르노Theodor Adorno라면 그렇다고 말할 것이다. 〈문화 산업 : 대중 현혹으로서의 계몽〉이라는 글에서 그들은 자본주의에서 라디오, 텔레비전, 영화를 포함한 대중 매체는 새로운 수준의 '상품물신주의'에 기여한다고 주장한다.[5]

할리우드적 가치들과 회사 상표들이 연출하는 '별세계'는 **실제로 존재**하는 꿈의 세계이다. 그리고 그것은 우리를 인공 감미료의 달콤함으로 유혹한다. 바로 이 이유 때문에 위의 두 마르크스주의자들은 우리가 거기에서 깨어나기를 바란다. 역설적으로 〈매트릭스〉는 호르크하이머와 아도르노가 비판하는 **문화 산업의 일부**이다. 어떻게 이럴 수 있을까? 〈매트릭스〉는 분명 착취와 민중의 저항에 대한 영화인 것 같은데 말이다. 아니, 그게 아니라는 것일까?

마르크스의 '잉여 가치 이론'은 자본주의의 노동력 착취 정도에 관한 그의 가장 탁월한 통찰력을 보여 주는 부분이다. 마르크스는 자본가들이 이익을 산출하는 대상과 방법을 밝히고 싶어했다. 그는 자본주의 생산 주기의 모든 다양한 측면들을 신중히 분석한 후 다음과 같은 결론에 이르렀다. "자본가는 노동자들에게 그들이 벌어들인 것보다 덜 지불함으로써 이익, 즉 **잉여 가치**를 얻는다." 이익은 종종 수요와 공급의 리듬을 신중하게 조절함으로써 창출할 수 있게 된다. 자본가는 그가 매기는 값이 생산 비용을 초과할 수 있도록 하며, 그렇게 되었을 때 상품을 판다.

 그러나 마르크스는 이러한 경우는 너무나 드물게 발생하기 때문에 이익의 토대가 될 수 없다는 것을 깨달았다. 그는 생산에 들어가는 원자재의 비용은 본질적으로 고정되어 있고, 자본가들이 체계적으로 착취할 수 있는 유일한 대상은 노동자의 임금이라는 것을 깨달았다.

 마르크스는 자본가들이 노동자들에게 그저 근근히 살아갈 수 있을 정도의 임금만을 지불하고 나머지는 착복하려 한다고 주장한다. 가령 노동자가 여덟 시간 단위로 일한다면, 그는 기본적으로 대여섯 시간에 해당하는 임금만을 받는다. 자본가의 이익은 바로 이 (임금을 주지 않은) 나머지 두세 시간에서 비롯되는 것이다.

 〈매트릭스〉는 기억에 남을 만한 영화이다. 그러나 그것은 관객들에게 "깨어 일어나" 실재 세계에서 우리 대다수를 건전지로 만드는 착취 세력에 대항하여 싸우라고 설득하지는 않는다. 이 영화에는 그러한 설득력이 결여되어 있다. 그것은 인류가 매트릭스에 갇혀 있는 동안 무엇을 간과하고 있는지를 우리에게 구체적으로 보여 주지 않기 때문이다.

 이 영화는 사실 두 종, 즉 인간과 기계가 공생적인 관계로 살고 있으며, 사이퍼가 돌아가고 싶어하는 꿈의 세계도 그다지 나쁜 곳이 아니라는 것을 보여 준다. 그곳은 "정말로 맛있는 국수", 안정된 직장, 근사한 클럽이 있는 비교적 세련되고 도회적인 곳이다. 매트릭스 안에서 인류는 기계들을 위한 에너지를 생산하기 위해 일해야 한다. 그러나 매트릭스에는 무제한의 대역폭통신에 사용되는 주파수의 범위 - 옮긴이이 있고, 화려한 색깔들로 충만하다! 다시 말해, 매트릭스의 인류는 정확히 그들이 노동한 만큼 보상받는다.

만약 〈매트릭스〉가 정말로 '마르크스주의적' 진술을 하고 싶었다면 그리고 매트릭스가 반드시 깨어야 할 꿈이라면, 매트릭스의 세계는 흑백 화면으로 촬영되었어야 마땅했다. 흑백 화면이었다면 기계들이 인간의 노동력을 착취하는 실상을 좀더 적절하게 상징했을 것이다. 또, 만약 매트릭스가 흑백 화면으로 재연되었다면 그리고 네브카드네자르의 '진짜' 세계가 화려한 색감으로 재연되었다면, 아마도 인류가 싸워 쟁취해야 할 혁명적인 미래는, 〈오즈의 마법사〉에서 오즈가 그랬던 것처럼, 밝고 화려해 보였을 것이다.

마틴 A. 대너헤이 Martin A. Danahay는 알링턴 소재 텍사스 대학의 영문과 교수이며, 빅토리아시대 문학과 문화, 현대의 자서전 그리고 억압과 저항의 이론들에 대해 광범위하게 저술 활동을 해 왔다. 그는 어째서 인공 지능 기계들이 인간들을 모두 대학 교수로 만들지 않았는지를 이해하지 못한다. 네오가 조그만 알약 하나를 먹음으로써 무엇을 배웠는지를 이해하려면 아마 엄청난 양의 학술 서적과 논문들을 읽어야 할 것 같다.

데이비드 리더 David Rieder는 알링턴 소재 텍사스 대학의 영문과에서 학생들을 가르치고 있으며 〈무게 없는 글쓰기 : 불선명의 시대의 수사와 글쓰기Weightless Writing : Rhetoric and Writing in an Age of Blur〉라는 제목의 논문을 쓰고 있는 중이다. 그는 〈문화 적응 : 수사법, 글쓰기 그리고 문화 학술지Enculturation : A Journal of Rhetoric, Writing and Culture〉의 공동 편집자이자, 〈글쓰기 강사The Writing Instructor〉라는 온라인 잡지의 칼럼 작가이다. 학생들에 따르면 그의 강의는 "헤겔, 칸트, 데카르트, 유대교, 기독교 그리고 그 이상"이라고 한다.

〈매트릭스〉, 현실과 시뮬레이션의 사라지는 경계

데이비드 웨버먼 DAVID WEBERMAN

1966년과 1974년 사이의 어느 시점에 세상은 **변했다.** 즉 우리의 세상이 변했다는 것이다. 그것도 아주 크게. 논란의 여지가 없는 것은 아니지만, 많은 역사가들과 학자들은 이 시기를 지나면서 우리가 근대를 뒤로한 채 새로운 시대에 들어섰다고 믿는다. 우리는 이제 우리가 매우 다른 환경에 놓여 있다는 것을 발견한다. 우리는 지금 '**포스트 모던**' 혹은 '**포스트 모더니티**'로 지칭되는 환경에서 살고 있다.

도대체 무슨 일이 일어났는가? 탈산업화, 근교화^{도시 인구의 이동 현상. 근교 자체가 대도시권의 일부라는 점에서 넓은 뜻으로 보았을 때 도시화에 포함된다 - 옮긴이} 그리고 자본 축적의 극적인 증가로 야기된 소위 세계화 등 많은 일들이 일어났다.* 예술과 건축에서 순수성과 깊이의 이상들은 아이러니와 피상성의 유희에 자리를 내주었고, 고급 예술과 저급 혹은 대중 예술 사이의 구분은 무의미한 것이 되었다. 앤디 워홀^{Andy Warhol : 미국 팝아트의 대표적}

인 화가-옮긴이 이나 마돈나를 생각해 보라. 많은 철학자들은 인식론적 혹은 윤리적 기초주의(우리의 지식과 가치를 뒷받침하는 바위처럼 단단하고 자명한 토대)에 대한 그들의 신념을 포기하기에 이르렀다. 그리고 명백히, 빼놓을 수 없는 요소가 '기술technology'이다. 텔레비전이라는 식단으로 꾸준하게 '양육된' 최초의 어린이 세대가 이 시기에 이르러 성년이 되었다. 그리고 텔레비전의 뒤를 이어 케이블, 비디오, 팩시밀리, 향정신성 의약품, 컴퓨터, 휴대전화 그리고 인터넷이 확산되었다.

실재에 대한 감각을 상실해 가는 사이버 세계의 유목민

결국 이 모든 것들은 우리의 사고와 바람과 느낌에 영향을 주었다. 어떻게 그러지 않을 수 있겠는가? 인간 경험의 본질은 변화를 겪어 왔고, 또 계속 진행 중이다. 실제적인 공간에 대한 감각이 없는 사이버 세계에서 우리는 정신적인 유목민이 되었다. 진지함이 없는 세계에서 우리는 냉소주의자이자 믿음을 거부하는 사람들이 되었다. 헉슬리A. L. Huxley의 〈멋진 신세계Brave New World〉에서처럼, 인간의 성격을 약으로 조절할 수 있는 세계에서는 사람의 인격이 얼마든지 성형 가능한 것이 되고 본래성은 그저 속임수로 남는다. 그리고 미디어의 철저한 영향력 아래에 놓인 우리는…… 자, '우리'는 도대체 무엇인가?

---

* 포스트모더니티의 조건'이라는 표현뿐만 아니라 "유연적 축적flexible accumulation"이라는 발상 역시 이 주제에 관한 가장 훌륭한 책들 가운데 하나인 데이비드 하비David Harvey의 〈포스트모더니티의 조건 The Condition of Postmodernity〉(케임브리지, MA : 블랙웰, 1990)에서 비롯된 것이다. 하비의 책은 또한 포스트모더니티가 시작된 구체적인 날짜를 개시하고 있다. 이 책 39쪽에서 하비는 폴 젱크스Paul Jencks의 다음의 말을 인용한다. "1972년 7월 15일, 표준 시각 오후 3시 32분, 모더니즘 건축을 대표하는 푸르트 아이고 주거 단지를 폭파함과 동시에 모더니즘은 끝나고 포스트모던 시대가 시작되었다."

이러한 질문은 우리를 〈매트릭스〉와 매트릭스로, 다시 말해 워쇼스키 형제의 영화 〈매트릭스〉와 굴절된 이미지들의 네트워크인 매트릭스 자체로 우리를 이끈다. 그러한 네트워크 안에서 우리는 이전에는 결코 경험해 보지 못했던 방식으로 얽혀 있으며, 이것은 부인할 수 없는 사실이다. 그것을 진실이라 불러도 좋고, 실재라 불러도 좋고, "토끼 구멍"이라 불러도 좋다. 어쨌든 이것은 우리 자신을 되돌아보는 일에 관한 것이다. 우리는 이 영화를 통해 우리의 현재 모습뿐만 아니라 앞으로의 모습까지 그려 볼 수 있다.

영화 〈매트릭스〉는 1969년이 아니라 1999년에 개봉되었다. 이 때문에 관객은 이 영화에 쉽게 공감한다. 우리는 미래를 묘사한 SF 영화로서만이 아니라, 우리 자신의 정체성에 대한 기록으로서 이 영화가 가지고 있는 힘을 인식한다. 물론 〈매트릭스〉가 그러한 조류를 실험하는 최초의 영화나 예술 작품은 아니다. 그러나 이것은 포스트모던적인 경험의 주요한 특징 가운데 하나인, 현실과 모사 사이의 경계가 흐려지거나 사라진 상황을 다루는 영화 중에 아마도 가장 일관되게 (또한 암묵적으로) 철학적인 면을 유지하는 영화일 것이다.

〈매트릭스〉가 이러한 '사라지는 경계'를 다룬 영화라는 점은 명백하다. 등장 인물들이 나누는 대화 전반에 걸쳐 이에 관한 내용들이 등장한다. 영화 제작자들은 처음부터 우리에게 힌트를 준다. 디지털 정보를 필요로 하는 해커들이 네오의 아파트에 방문했을 때 네오는 책 가운데를 파내어 감춰 두었던 디스크를 꺼낸다. 카메라에 잡힌 이 책

---

* 원제는 〈시뮬라크르와 시뮬라시옹Simulacres et Simulation〉(파리 : 에디시옹 갈릴레, 1981)이다. 영화 후반부의 모피어스의 말, "이것이 오늘날 존재하는 모습대로의 세계야. 진실의 사막에 온 것을 환영하네" 역시 아마도 보드리야르에게 영감을 받았을 것이다. 보드리야르에게 포스트모던 미국은 하나의 거대한 사막이다. "(거기에서) 당신은 모든 깊이로부터 해방된다. (……) 화려하고 움직이며 괴상적인 중립성, 의미와 지적인 깊이에 대한 도전, 자연과 문화에 대한 도전, 기원도 판단 기준도 없는 외부의 초공간……." 6)

은 장 보드리야르Jean Baudrillard의 〈시뮬레이션과 시뮬라크라Simulations and Simulacra〉*이다. 이것은 위조된 이미지들이 실재를 잠식하여 그것을 대체하는 상황을 다루는 포스트모더니즘에 관한 저작이다.

이 영화가 사라지는 경계를 다루고 있는 것은 사실이지만 그것에 대해 무엇을 말하고 있는지, 아니 그보다 무엇을 보여 주고 있는지는 금세 분명해지지는 않는다. 우리 시대에 대한 알레고리로서, 이 이야기에서 정확히 무엇이 포스트모던적이고, 또 정확히 무엇이 새로운지도 분명치 않다. 이 글에서 우리는 그 사라지는 경계를 주의 깊게 바라볼 것이고, "토끼 구멍" 주변을 살펴볼 것이며, 우리에게 어떤 변화가 일어나는지 지켜볼 것이다.

우리가 살고 있는 첨단 기술의 시대에서 현실과 시뮬레이션의 차이에 관해, 이 영화가 말하거나 주장하거나 보여 주고 있는 것에는 네 가지 해석이 가능하다. 내가 사용할 방법은 바로 이 네 개의 명제 혹은 제안을 검토하는 것이다. 그 네 가지는 다음과 같다.

(1) 현실과 비현실의 차이를 말하는 것은 궁극적으로 불가능하다.
(2) 현실은 위조될simulated 수 있고 개선될 수 있다.
(3) 위조된 현실 혹은 가상현실이 실제 현실보다 더 나을 수도 있다 (아마도 더 나을 것이다).
(4) 위조된 현실은 위조되지 않은unsimulated 현실만큼 형이상학적으로 실제적이다. 그보다 더 실제적이지는 않다 하더라도.

우리는 처음부터 단순히 이 명제들을 참이라고 추정해서는 안 된다. 여기에서 주안점이 되는 것은 이 영화가 이 명제들을 수용하거나 생각하는 방식, 그리고 이 명제들이 포스트모던 시대를 이전 시대와 대비하여 어떻게 특징지었는지를 숙고하는 일이다. 그것을 통해 우리가 우리의 "토끼 구멍"을 더 잘 이해할 수 있게 되기를 바란다.

현실과 비현실 사이의 차이를 말하는 것은 불가능하다

모피어스를 처음 만난 후 네오는 자신이 줄곧 옳았다는 것을 알게 된다. 그가 생각했던 대로 "이 세상은 뭔가 잘못되어" 있고, 그것은 매트릭스와 관련되어 있다. 그는 빨간 약을 선택하고 "토끼 구멍이 얼마나 깊은지" 알아보기로 한다. 그리고 우리가 알다시피, 그는 자신이 지금까지 알고, 보고, 맛보았던 유일한 세계는 사이버 공간 밖에서는 아무런 현실성도 없는 '환상'이라는 것을 알게 된다. 그리하여 실재를 향한 그의 여행이 시작되기 직전, 모피어스는 네오가 혼란스러워하며 믿지 못하는 것을 느끼고 그에게 묻는다. "자네는 꿈의 세계와 실재 세계를 어떻게 구분하나?" 그가 말하고자 하는 의도는 분명하다. 네오는 무엇이 현실이고 무엇이 현실이 아닌지 확실히 알 길이 없는 것이다.

　이것은 물론 **철학적인** 문제이며, 보다 엄밀히 말하자면 인식론적인 문제이다. 이것은 또한 아주 오래 전부터 제기되어 온 문제이다. 우리가 믿고 있는 **모든 것**들이 거짓이라고 해서 우리가 아무 것도 모른다고 말할 수 있을까? 우리가 모든 것에 대해 전적으로 착각하고 있는 것은 아니라는 사실을 보여 줄 방법이 과연 있을까?

　2400년 전에 쓰여진 플라톤의 〈국가〉에 등장하는 동굴 거주자들은 벽 위에 비친 그림자를 실재라고 여겼다. 그들은 무엇이 실재인지 알 수가 없었다. 그것을 한 번도 본 적이 없기 때문이다. 그리고 그들은 자신들의 무지를 깨닫지 못했다. 이것은 오직 물질계만을 알고, 물질계의 뒤에서 그들을 가능하게 만드는 이데아나 형상들은 알지 못하는 인간들이 처해 있는 상황에 대한 플라톤의 알레고리이다.

    17세기에 이르러 데카르트는 우리가 믿고 있는 모든 것이 거짓일 수도 있다는 가능성을 제시한다. 그는 〈제1철학에 관한 성찰〉에서 지식에 대한 확고한 기초를 찾고자 한다. 그는 맨 처음부터 다시 시작하기를 원했고 따라서 첫 번째 성찰에서 우리의 믿음들이 모두 의심의 대상이 된다는 것을 보여 주었다. 그는 감각에 대한 우리의 신뢰를 의심하는 것에서부터 시작한다. 그러나 그는 이것으로 자신의 임무가 끝나는 것은 아니라고 생각한다. 계속해서 그는 우리가 이 모든 것을 꿈꾸고 있을지도 모른다는 가능성까지 확대하여 고려한다. 우리가 꿈꾸고 있지 않다는 것을 증명할 확실한 방법은 없다. 그러나 데카르트는 우리가 **언제나** 꿈을 꾸어 온 것은 아닐 수도 있다고 추론한다. 꿈의 내용이 꿈에서만 산출되는 것은 아닐 것이고, 그러므로 어떤 다른 원천에서도 비롯될 수 있기 때문이다. 데카르트는 이번에는 어떤 악령이 우리를 체계적으로 기만하고 있을 가능성을 고려한다. 그러므로 우리가 믿고 있는 모든 것이 거짓일 수 있다는 것이다. 그리고 이러한 가능성이 존재한다면, 그리고 이것이 거짓이라는 것을 증명해 내지 못한다면, 우리는 근본적인 혹은 포괄적인 회의론에 이르게 된다. (데카르트는 이후의 성찰에서 여러 가지 방법들을 설명하며 그 방법들을 통해 그것을 극복할 수 있을 것이라 생각했다.)

    그렇다면 우리가 경험하는 세계가 진짜인지 아닌지 우리는 확실히 알 수 없다는 모피어스의 암시는 상당히 훌륭한 철학적인 제안이다. (물론 그것에 대한 훌륭한 반론도 있겠지만 말이다.) 모피어스의 말에 달리 새로운 것이 있는가? 이것밖에 없다.

  17세기에 그리고 최근까지도 악령 운운하는 것은 엉뚱한 발상이었다. 단지 극소수의 사람들만이 어떤 전능하고 악의적인 존재가 우리의 마음에 일정한 믿음들을 심어 놓는다는 것을 상상할 수 있었다. 하지만 컴퓨터 시뮬레이션이 등장하고, 사람들이 뇌가 전자극에 반응한다는 것을 알게 된 요즘에는 이 모든 것이 가능해 보인다. 여전히 절실하게 피부에 와 닿는 것은 아니지만 말이다.

  〈매트릭스〉를 비롯해 여러 SF 영화와 소설들은 철학 교사들의 수고를 덜어 주었다. 그것들을 통해 살펴보면 포괄적인 회의론이 그렇게 우스꽝스러울 정도로 억지스럽지는 않아 보인다. 컴퓨터와 두뇌 과학이 빠르게 진보함에 따라, 아마도 언젠가는 실물 그대로 위조된 이미지들과 경험들이 우리의 뇌와 중앙 신경 체계 속으로 훌륭하게 공급될 수 있을지도 모른다. 어쩌면 이미 우리는 그 시점에 와 있는지도 모른다. 혹시 아는가, 지금 이 순간에도 실은 우리가 끈적끈적한 물질이 담긴 통 어딘가에 누워 있는 건지……. '과연 당신이 그것을 어떻게 구분할 수 있겠는가?'

  여기서의 요점은, 우리가 인지하는 현실과 환상의 차이를 확신할 수는 **없다**는 모피어스의 주장이 철학적으로 그리 새롭지 않다는 것이다. 하지만 〈매트릭스〉에는 이러한 철학적 주장 외에도 더 많은 이야기가 담겨져 있다.

현실은 위조될 수 있고 개선될 수 있다

일단 오직 하나의 현실 세계가 있고, 그것은 정확히 그 모습 그대로 존재하며, 다른 것이 될 수 없다는 생각에서 출발하도록 하자. 그렇다면 비현실, 환상은 어디에서 비롯되는가? 그리고 어째서 우리는 종종 그것에 속는가? 환상은 꿈속에서 자연스럽게 생겨나 꿈을 꾸고 있는 동안 우리를 속이는 것처럼 보일지도 모른다. 환상은, 또한 감각상의 혹은 인식상의 오류에서 역시 자연스럽게 기인하여, 우리를 기만으로 이끌 수 있다. 그러므로 인간의 정신적 능력 혹은 그에 따른 약점으로 인해 결국 세계는 (현실이 아닌) 다른 무언가와 공존한다.

현실 세계가 (현실이 아닌) 다른 어떤 것과 공존하는 데는 또 다른 방식도 있다. 인간은 세계를 기호, 언어, 이미지로 **재현할** 수 있다. 결과적으로 우리는 사물들의 세계 그리고 사물들이 재현하는 세계에서 살고 있다. 재현은 동굴 벽화가 그려지고 기호 언어가 시작된 이래로 존재해 왔다. 포스트모더니즘 이론가들은 오늘날 인간이 언어와 그림을 통해 이루어진 재현들로 포화된 세계에서 살고 있다고 주장한다. 말, 기호 그리고 특히 이미지들이 도처에 존재하여 물질계의 직접성을 찬탈하기 때문에, 우리가 경험하는 세계는 물체들로 가득 찬 시공 연속체로서보다는 **스펙터클**로서 더 잘 묘사될 수 있다. 이런 이유로 기 드보르 Guy Debord 는 매우 독창적인 그의 저서 〈스펙터클의 사회 The Society of the Spectacle〉 (1967년) 에서 다음과 같이 적고 있다.

현대적인 생산 조건들이 지배하는 모든 사회에서 삶 전체는 스펙터클의 거대한 축적물로 나타난다. 직접적으로 경험되던 모든 것들은 표상으로 물러난다.

> 삶의 모든 측면에서부터 분리된 이미지들은, 삶의 통합이 더 이상 회복될 수 없는 공통의 흐름 속에서 융합된다. (……) 스펙터클은 단순한 이미지들의 집적이 아니다. 그것은 이미지들이 매개하는 사람들 사이의 사회적인 관계이다.7)

드보르에 의하면 오늘날 인간 세계는 이전보다 훨씬 더 많은 재현과 이미지들이, 단순히 존재하는 데 그치는 것이 아니라 스펙터클을 구성하는 네트워크(어쩌면 매트릭스와도 같은)를 형성한다. 그리고 그러한 네트워크는, 비#재현적인 것들보다 우리 곁에 훨씬 더 가까이 있기에 비재현물은 재구성할 수 없는 추상이 되었다. 주위를 둘러보면 이러한 상황을 곧 알 수 있을 것이다. 스펙터클의 사회에서는 모든 현실이 그것의 궁극적인 소비를 위해 구성되고 생산된다. 예를 들면 공항 라운지 같은 곳에 놓여진 텔레비전이나 모니터 스크린처럼 이미지들은 도처에서 우리의 일상적 삶으로 침투한다.

다음 단계는 컴퓨터 시뮬레이션과 함께 온다. 인간은 그들이 만든 세계의 재현물들을 생산하고 소비할 수 있으며, 소비할 뿐만 아니라 이제는 그것들을 통해 세계를 **위조**할 수도 있다. 시뮬레이션은, 이전에 존재했을 수도 있고 하지 않았을 수도 있는 객관적인 처리 과정과 주관적인 경험을, 통상 컴퓨터의 도움을 받아 실재와 똑같이 재현하는 수단이다. 따라서 우리는 자동차의 충돌이나 튀긴 양파 냄새나 무중력 상태의 경험 등을 얼마든지 위조할 수 있다. 그리고 지금도 텍사스와 뉴저지의 실험실에서 그리고 지역 박물관의 아이맥스 영화관에서 실제로 이것을 하고 있다. 그 결과 우리는 그러한 시뮬레이션의 산물들, 즉 시뮬라크라 simulacra 로 가득 찬 위조된 세계에서 산다.

21세기가 시작된 현재 컴퓨터 시뮬레이션은 아직 유년 단계에 있다. 그러나 그것은 빠르게 진보하고 있다. 컴퓨터 시뮬레이션의 가장 어려운 과제는 보이고 냄새나고 들리고 행동하는 방식들을 복제하고 수정하는 일이 아니라, 주위의 위조되지 않는 세계에 대한 어떤 인식도 무시하면서 이 모든 것을 뇌에 입력하는 일일 것이다. 그러나 과학과 기술이 이 단계까지 이르렀다고 상상해 보라. 아니면 차라리 〈매트릭스〉로 하여금 당신 대신 그것을 상상하도록 해도 좋겠다. 바로 그것이 이 영화가 하는 일이니까.

시뮬레이션은 컴퓨터 자판을 '탁 탁 탁' 경쾌하게 두드리는 소리로 시작된다(이것은 최근 할리우드 영화에서 뭔가 흥미로운 일들이 시작된다는 것을 관객에게 예고하기 위해 잘 활용하는 수법이다). 그리고 그렇게 자판을 두드림으로써 가상현실이 창조된다. 〈매트릭스〉에서 사이버 공간은 벽도, 바닥도, 천장도 없이 눈부시게 흰 공간으로 근사하게 그려진다. 모피어스가 네오에게 두 개의 빨간 가죽 팔걸이 의자와 텔레비전 수상기로 꾸며진 컴퓨터 프로그램의 '내부'를 보여 주는 장면에서도 그렇고, 네오와 트리니티가 모피어스를 구하기 위해 몸에 지닐 수 있는 만큼 최대한의 무기를 갖추는 장면에서도 그렇다. 그리고 그 흰 공간에는 총과 고층 건물은 물론이고 직장인 무리 사이를 지나가는 빨간 옷의 여자까지 원하는 건 무엇이든 채워 넣을 수 있다. 이 모든 것을 철침을 통해 뇌에 삽입하고, 전선으로 적절한 감각 기관에 연결하면…… 자, 우리는 완벽하게 위조된 1999년의 세계를 얻는다. 그리고 **끔찍하게도** 이것이 우리가 아는 **유일한** 세계다!

이 모든 것을 일단 인정한다면, 위조된 세계가 어떻게 창조되며 우리의 현실 판단력이 어떻게 그것에 굴복하는지를 원칙적으로는 쉽게 알 수 있을 것이다. 그러나 이 영화의 작가들이 조금은 어설프게 생각한 탓에 약간 혼동되는 부분이 있다. 바로 자아와 그것의 정신력이다.

모피어스는 네오에게, 인간이 매트릭스 같은 컴퓨터 프로그램 안에 들어가더라도 그것은 "자기의 잉여 이미지"*이며 "디지털 자아의 정신적인 투영물"**이 된다고 말한다. 이것은 무엇을 의미하는가? 그것이 무엇을 의미하는지는 확실하지 않다. 그러나 추측할 수는 있다.

일단 매트릭스에서 벗어나 컴퓨터에 접속하여 사이버 공간에 들어선 네오는, 실재 세계에서 즉 네브카드네자르에서 그가 어떤 사람이었든 간에 그것의 잔여물이다. 그는 같은 인격(무엇인지 알 수는 없지만 동일한 네오라는 인물), 같은 기억들(그런데 이상하게도 진짜 세계에서가 아니라 가상 세계에서 형성된 기억들), 같은 의지(자유로워지고자 하는 본래의 의지), 같은 무술 실력(반대로 이것은 컴퓨터 프로그램을 통해 습득한 것) 등등을 가지고 있다. 하지만 동시에 다른 한편으로, 사이버 공간에서의 그의 됨됨이와 능력은, 그의 정신적인 투영 능력에 영향을 받는다. 그래서 네오는 모피어스와의 대련에서 이기려면 신체가 아닌 마음으로 싸워야 한다는 충고를 듣는다. 그의 마음은 중력에 저항하고 숟가락을 구부릴 만큼(그의 의지나 자신감이 언제나 그런 것은 아니지만) 강하다. 이러한 힘이 어디에서 비롯된 것인지는 확실치 않다. 물론 컴퓨터 자판을 몇 번 두드리는 것만으로도 네오에게 이러한 힘을 부여할 수 있을 것이다.

그러나 이것은 경우가 다르다. 네오 자신은 의자에 가만히 누워 있는데, 그의 신체와 사이버 공간의 물리적 세계를 조작하는 작업이 이루어지고 있는 것이다. 무엇이 이것을 가능하게 하는가?

* 〈매트릭스〉 영화 속 대사의 한 부분 "residual self image"
** 〈매트릭스〉 영화 속 대사의 한 부분 "a mental projection of your digital self"

컴퓨터 시뮬레이션은 그것의 작동자에게는 무한한 힘을 주고 위조된 세계를 경험하고 있는 (의자에 앉아 있는) 사람에게는 전혀 힘을 부여하지 않는 것 같아 보인다. 과연 그런가? 만약 시뮬레이션이 이것보다 더한 것이라면 어떨까? 세계는 당신의 뇌에 연결된 관을 통해 입력되고, 당신의 뇌는 그 세계로부터 정보를 받아들일 뿐만 아니라 그것에 영향을 미칠 수도 있는 힘을 가지고 있다(마치 비디오 게임을 할 때처럼 말이다). 그리고 그것은 현실 세계가 아니라 사이버 세계이기 때문에 당신의 능력은 익숙한 과학 법칙에 제한되지 않는다.

어쩌면 〈매트릭스〉는 결국 이 점에 대해서는 옳을지도 모른다. 아주 아주 정교한 시뮬레이션은 일종의 사이버 자아를 계산에 넣을 것이다. 또 이때 사이버 자아는 실제 자아의 특성을 많이 투사할 뿐만 아니라 강력하고 훈련된 의지를 통해 그것을 능가할 수도 있을 것이다. 〈매트릭스〉에 의하면 컴퓨터보다 강력한 것은 그것과 싸우는 마음이다. 이것에 대해 정확히 알려면 우리는 많이 기다려야 할 것 같다. 그러나 호기심을 갖지 않을 수 없다. 그러니 한 이백 년이나 삼백 년 후에 나를 깨워 주는 건 어떨까. 지금 당장 컴퓨터 시뮬레이션을 통해 나를 이백 년이나 삼백 년 후로 데려다 주면 더 좋고…….*

그러므로 현실은 위조될 수 있을 뿐만 아니라 **개선**될 수도 있다. 그런데 어째서 그것을 (개선이 아닌) 다른 식으로는 위조하지 않는가? 이것은 현실을 위조하는 것이, 단지 그것의 기본 구조를 복제하는 것이 아니라 현실을 우리가 바라는 대로 만들기 위해 필요한 변형을 가하

---

* 〈매트릭스〉의 마니아들을 위한 퀴즈. '〈매트릭스〉에서 가장 강력한 것은 무엇인가?' 틀린 답변: 마음 혹은 그것의 의지력. 옳은 답변: 사랑. 영화의 후반부에서 네오가 요원들과 싸울 때, 정신력만으로는 요원들을 이길 수 없었다는 것을 기억하라. 그가 누워 죽어갈 때, 혹은 죽어 누워 있을 때, 그를 구하고 그에게 요원들을 이길 수 있는 힘을 준 것은 트리니티의 키스다.

는 것이라는 점을 의미한다. 〈매트릭스〉의 가상현실이 모사하는 것은 2199년의 황량하고 우울한 황무지가 아니라 1999년의 활기찬 세계의 모습이다. 2199년의 세계와 비교해 볼 때 그것은 밝은 색깔과 푸른 하늘과 맛있는 음식으로 충만하다. 심지어 1999년의 '진짜' 현실 세계와 비교해 보아도 우월하다. 이를테면 그것은 빨간 옷을 입은 여인이 첨가되거나 기아가 사라지는 등 어떤 식으로든 개선된 형태로 존재한다. (매트릭스 안에는 주로 사무직 유형의 인물들만 보인다. 여기서 우리는, 기계들이 유순한 인간 집단을 원하며 양질의 에너지를 공급해야 하는 인간들이 기아와 결핍으로 불만족스러워하는 것은 기계들 입장에서 결코 바람직한 일이 아니라는 점을 잊어서는 안 된다.)

그렇다. 시뮬레이션의 의도와 목적은 기본적으로 '현실의 향상'이다. 이것은 우리 자신과 우리 사회를 되돌아보게 한다. 우리는 가상의 것이 실재의 것보다 더 나은 지점에 이미 도달하지 않았는가. 바나나 맛의 인공 감미료가 바나나 그 자체보다 더 만족스러울 수도 있지 않은가? 아니면 그랜드캐니언을 실제로 방문하는 것보다, 끝내 주게 멋진 아이맥스 영화를 통해 그랜드캐니언을 경험하는 것이 훨씬 더 낫다고 상상할 수 있지 않은가?

철학적인 영감이 넘치는 소설가 워커 퍼시Walker Percy는 예기치 않게 그랜드캐니언을 맞닥뜨리는 것이 관광버스를 타고 그곳을 방문하는 것보다 훨씬 더 나을 거라고 지적한 적이 있다. 아이맥스 영화관에서 그랜드캐니언을 관람할 때, 당신은 거기에 너무도 몰입한 나머지 진짜 그랜드캐니언의 존재에 대해 알고 있던 것들을 일시적으로 잊어버리고 마치 그곳에 실제로 가서 깜짝 놀랄 만한 경험을 하고 있다고 착각할 수도 있다.

그러한 상황을 가정한다면 사람들이 다음과 같이 말한다 해도 전혀 이상한 일이 아니다. "만약 당신에게 오직 세 시간의 여유만 있다면 그랜드캐니언을 포기하고 아이맥스 영화관으로 곧장 가라. 그것은 정말 장엄하다. 하지만 만약 당신에게 시간이 좀더 있다면 실제 그랜드캐니언을 방문해도 무방하다. 나쁘지는 않다. 하지만 약간 실망할 준비를 해 두는 것이 좋다." 누가 이들을 비난할 수 있겠는가? 이것이 우리를 다음 단계로 이끈다.

가상현실이 진짜 현실보다 더 나을 수도 있다

어떤 것이 바람직한가, 실재 세계인가 아니면 위조된 혹은 개선된 가상 세계인가? 또 당신은 어떤 약을 선택할 것인가, 파란 약인가 빨간 약인가? 방금 살펴보았듯이, 능력 있고 마음 좋은 프로그래머와 적당한 기술적 진보라는 조건들이 갖춰진다면, 가상현실은 대개 진짜 현실보다 더욱 매력적으로 보일 것이다. 훨씬 더 그럴 것이다.

이것은 사이퍼가 동료들을 배신하고 스미스 요원을 만나는 장면에서 잘 드러난다. 사이퍼는 부드러운 육질의 쇠고기 조각과 훌륭한 포도주를 즐기면서 이렇게 말한다. "나는 이 스테이크가 존재하지 않는다는 것을 알아. 내가 이걸 입에 넣으면, 매트릭스가 나의 뇌에다 이게 아주 부드럽고 맛있다고 말해 준다는 걸 알고 있다고. 9년이란 세월을 보낸 후에 내가 깨달은 게 뭔지 알아? 무지가 바로 행복이라는 거야."

매트릭스에는 부드러운 육질의 스테이크가 있다. 그러나 진짜 세계에는 밍밍한 죽이 있을 뿐이다. 매트릭스에는 멋진 무도회장이 있다. 그러나 실재 세계에는 아무 것도 없다. 매트릭스에는 빨간 옷을 입은 여인이 있다. 그러나 실재 세계에는…… 트리니티가 있다! (자, 자, 언제나 예외는 있게 마련이니까).

결국 요점은, 실재 세계와 비교할 때 매트릭스는 감각적 쾌락의 낙원이라는 것이다. 그리고 사이퍼는 철두철미한 쾌락주의자이다. 끊임없이 지연되는 꿈과 이상주의적 헛소리에 질려 버린 쾌락추구자이다. 그는 차라리 사이버 현실로 되돌아가기를 원한다. 앞으로 9년이라는 세월을 또다시 '꿀꿀이죽' 같은 음식으로 연명하고 싶지 않다. 그는 이러한 삶에서 빠져나오기 위해서라면 무엇이든 할 용의가 있다. 하지만 다른 네브카드네자르 대원들은 그렇지 않다. 그들에게는 쾌락 이상의 중요한 무언가가 있다. 즉 진실과 자유이다. "나는 내가 내 삶을 통제할 수 없다는 생각이 마음에 들지 않는다"며 운명론에 대한 자신의 염오厭惡와 불신을 일찍이 밝혔던 네오에게는 더욱 그렇다.

그래서 언뜻 보기에 실재 세계는 진실, 자유, 자율, 본래성 등 좀더 의미 있는 것에 관심을 가지는 고상한 사람들이 선호할 만한 세계인 반면, 가상 세계는 자기 기만의 죄를 개의치 않는 천박한 쾌락주의자들이 선호할 만한 세계인 것처럼 보인다. 그리고 이러한 메시지로 영화를 읽을 때, 우리는 케케묵은 할리우드 식 교훈극 하나를 얻게 된다. 그것은 매우 '비非포스트모던적'이다. 물론 이 영화의 전체적인 줄거리를 추진시키는 것은 기계들의 독재와 그들의 사악한 매트릭스로부터의 해방을 위한 고귀한 투쟁이지만 말이다. 그러나 이 영화는 우리에게 두 가지 세계를 제시하면서 은연중에 사이퍼의 선택이 옳을 수도 있다는 것을 보여 준다. 솔직히 나는 분별력이 있는 유일한 결정은 실재 세계보다 위조된 세계를 선택하는 것이라고 믿는다.

그 이유는 이렇다. 매트릭스는 그저 감각적인 쾌락만을 제공하는 것이 아니다. 그보다 훨씬 더 많은 것을 포괄한다. 사실 매트릭스는 가장 피상적인 만족감부터 가장 깊은 만족감에 이르기까지 우리가 바랄 수 있는 모든 것을 우리에게 준다. 기계들이 인간의 삶을 불필요하게 메마른 것으로 만들지는 않았으리라는 것을 추정하면, 가상 세계는 우리에게 박물관과 콘서트장을 방문하고, 셰익스피어와 스티븐 킹을 읽고, 사랑에 빠지고, 성교하고, 아이들을 기르고, 깊은 우정을 맺는 등의 기회를 준다. 전세계는 우리의 발 밑에 복종한다. 그것은 아마도 우리의 실재 세계보다 나을 것이다. 기계들은 이용 가능한 에너지 공급을 증가시키기 위해 인간이 고통, 사고, 병, 전쟁 없이 살아갈 수 있도록 최선을 다하여 세계를 창조하고 보존할 것이기 때문이다.

또 다른 이유는 실재 세계가 황무지라는 것이다. 도서관과 극장들은 모두 파괴되었고 하늘은 언제나 잿빛이다. 사정이 이런데도 실재 세계를 선택한다면, 당신은 아마 제정신이 아니거나 적어도 정신적으로 심각한 문제가 있다고 봐야 한다. (키아누 리브스가 그 역할에 그렇듯 잘 어울리는 것도 바로 그 때문이 아닐까?) 우리는 지금 저질의 쾌락주의를 말하고 있는 것이 아니다. 존 스튜어트 밀의 말을 인용하자면, "고차원의 능력들"과 그것들로부터 파생한 깊고 다양한 유형의 만족에 대해 말하고 있는 것이다. 그리고 그러한 만족감은 "진실의 사막"에서보다 매트릭스에서 훨씬 더 쉽게 찾을 수 있을 것이다.*

---

* 그러므로, 네오는 빨간 약을 선택했지만, 나는 사이퍼를 따라 파란 약을 선택할 것이다. 사이퍼가 원하는 식의 단순한 생명체적 안락과 즐거움을 위한 것은 아니지만 말이다. 그러나 제3의 입장도 있다. 《현대 철학 Philosophy Now》 (2000년 12월/2001년 1월) 35-36쪽에서 《당신은 차이를 알 수 없으므로, 당신은 선택을 할 수 없다》로빈 베크Robin Beck는 "결정을 내릴 어떤 합리적인 근거도 없다"고 주장한다. 일단 어떤 약이든 삼켜지고 나면 두 세계가 "동등하게 실재인 것처럼 보인다"는 것을 전제할 때, "인식론적으로, 세계들은 다 똑같기 때문"이라는 것이다. 어떤 방식을 선택하든 우리는 자신이 선택한 세계를 진짜 세계로 여길 것이므로 그 점에 있어서 차이가 없다고 말하는 점에서는 베크의 말이 옳다. 그러나 어떤 약을 선택했느냐에 따라 우리가 만나게 될 세계는 매우 달라진다. 그리고 파란 약은 우리에게 훨씬 더 좋은 세계를 안겨 준다.

진실과 자유, 자율 그리고 본래성에 대해서는 어떠한가? 기계들은 아마도 가상 세계가 그곳에 존재하는 한 당신이 거기서 무엇을 하든 신경 쓰지 않을 것이다. 당신은 그림을 그릴 수도 있고, 음악을 만들 수도 있고, 정부를 지지하거나 그것에 대항해 싸울 수도 있다. 당신은 모든 면에서 자유롭다. 다만 오직 한 가지, 즉 이곳을 탈출하거나, 다른 사람들의 탈출을 돕거나, 사람들의 탈출을 막으려 애쓰는 요원들을 죽이는 것을 못 할 뿐이다. 여기에는 당신이 의도적으로 외면하는 단 하나의 중요한 진실이 있을 뿐이다. 즉 이 모든 것이 실재가 아니라 가상에 불과하다는 것. 그러나 그것은 거의 진짜처럼 느껴진다. 그리고 모피어스나 그의 대원들이 당신을 방문하지 않는 한, 그것이 비현실이라는 것을 의심할 아무런 이유가 없다.

자, 그래도 신경이 좀 쓰이겠는가? 그것이 중요한가? 결국 그래도 비현실적인가? 무엇이 그것을 비현실로 만드는가? 이제 우리의 마지막 명제로 나아가자.

위조된 현실은 위조되지 않은 현실만큼 형이상학적으로 실제적이다

우선 포스트모더니즘 이론가인 장 보드리야르의 글을 인용해 보자.

> 실재에 대한 정의 자체가 실재에 대응하는 것을 **재생산**한다. 이 재생산 과정의 한계로 인해, 실재는 재생산될 수 있는 것일 뿐만 아니라 언제나 **이미 재생산되어 있는 것**이다. 초실재는 단지 그것이 전적으로 시뮬레이션 상태라는 이유로 재현을 초월한다. (……) 인공적인 기교는 현실성의 핵심에 있다.[8]

모피어스가 네오를 컴퓨터 프로그램화된 사이버 공간에 처음 데려갔을 때, 네오는 눈부신 흰색의 텅 빈 공간 속에 놓여 있는 가죽 팔걸이 의자를 붙잡으며 모피어스에게 묻는다. "지금 내게 이것이 실재가 아니라고 말하고 있는 겁니까?" 모피어스는 대답한다. "무엇이 실재지? 어떻게 '실재'를 정의하지?"

이것은 그저 툭 내뱉는 말도 단순한 수사적 질문도 아니다. 이 영화의 기묘한 문맥에서, 그리고 훨씬 더 기묘한 우리의 현란한 기술 세계에서 그것은 정당한 질문이다. 모피어스가 뒤이어 하는 말은 이것을 더욱 확신시켜 준다. 그는 실재는 우리가 "느끼고, 냄새 맡고, 볼 수 있는 것"이며, 이것은 "뇌가 해석하는 전자 신호"라고 말한다. 그러나 모피어스의 말대로 실재가 뇌가 해석하는 전자 신호의 문제일 뿐이라면, 가상현실 경험 또한 뇌가 해석하는 전자 신호일 것이고, 그렇다면 그것은 가상현실도 현실만큼 실제적이라는 결론으로 이어진다.*

또 다른 장면을 보자. 네오는 차를 타고 예언자가 있는 곳으로 안내된다. 창 밖을 보다가 그는 갑자기 무언가를 알아보고 탄성을 지른다. "세상에, 내가 저기서 음식을 먹곤 했는데······. 정말 맛있는 국수였지." 하지만 그는 곧이어 '나는 이러한 삶의 기억들을 가지고 있군······. 그것들 중 실제로 일어난 것은 아무 것도 없는데'라는 생각으로 실망하며 다시 등을 기댄다. 그는 과거의 기억들을 회상한다.** 네오의 기억들은 현재에 일어나고 있는 것처럼 언젠가 경험되었던 것들이다. 그는 그 식당에서 맛있는 국수를 먹었기 때문에 그곳에 더

---

* 여기에 대한 자세한 내용은 이 책의 11장 〈신유물론과 주체의 죽음〉에 나오는 '제거적 유물론'에 관한 서술을 참조할 것.
** 이것은 싱어스 언리미티드Singers Unlimited가 부른 1960년대의 노래 'Both Side Now'를 떠오르게 한다. "그것은 내가 기억하는 삶의 환상이라네 / 나는 정말 인생을 전혀 모르지(It's life's illusions I recall / I really don't know life at all)."

자주 가게 되었다. 다시 말해 그가 식당에서 한 경험은, 그의 다른 경험이나 행동들에 비추어 일관성을 가지고 있다. 그것은 심지어 상호주관적*으로 공유하는 가상 세계에서 네오가 그 식당에 데려갔던 다른 사람들의 행동과도 일관성을 갖는다. 그렇다면 어떤 식으로든 그러한 기억들은 무언가 발생했던 일에 실제로 대응한다. 원칙적으로 우리는 매트릭스에 연결된 채 통 안에 누워 있는 다른 인간들의 뇌에서 무언가 발생했었던 흔적들을 발견할 수 있다.

조금 전에 언급한 바와 같이, 현실에 대한 우리의 지식이 우리가 가지고 있는 **감각적인 인상들**(시각, 촉각 등)에 뿌리박고 있다는 생각은 철학적 경험론의 기본 원칙이다. 철학적 경험론은 오늘날에도 17~18세기에 그것이 처음 전개되었을 때 못지않은 영향력을 행사하고 있다. 데이비드 흄 David Hume 에 의하면 우리의 지식과 어떤 것을 실재라고 받아들이는 우리의 믿음에는, 우리가 보고 듣고 냄새 맡고 맛보고 접촉하는 것 이상의 다른 정당화가 있을 수 없다. 혹자는 네오와 매트릭스 안에 있는 다른 인간들이 실제로는 전혀 아무 것도 보거나 듣지 못한다고 말하면서 이것에 반대할지도 모른다. 그러나 그들은 우리가 가지고 있는 것과 동일한 유형의 감각적 인상을 가지고 있다. 그리고 그들의 감각적 인상과 우리의 그것을 구분할 수 있는 근거도 없다. 즉 그들이 가지고 있는 인상들이 그저 상상한 것에 불과하다는 것을 증명할 어떤 외부적인 증거도 우리에겐 없는 것이다. 따라서 우리는 우리의 세계가 우리에게 그런 것처럼 그들에게는 매트릭스가 실재라는 결론을 받아들여야 한다. 둘 다 같은 유형의 감각적 인상들에 의해

---

* 어째서 상호 주관적인가? 〈매트릭스〉에서는 각 개인이 자신의 사적인 매트릭스를 가지고 있는 것이 아니라, 인류 전체가 같은 매트릭스를 경험하고 있기 때문이다. 한 사람이 그곳에서 하는 일은 다른 사람들에 의해 목격되고 경험된다.

보증되기 때문이다.*

  이제까지 우리는 네오가 매트릭스 안에서 했던 경험들 역시 실제의 경험이라는 것을 살펴보았다. 그것은 그 경험들이, 단지 네오 자신의 경험과 행동만이 아니라 다른 사람들의 경험이며 행동과도 일관성을 갖기 때문이다. 그것은 진실이 요구하는 일관성의 원칙을 따른다. 이에 따르면, "나는 내 친구들과 저 식당에서 식사하곤 했다"라는 믿음은 만약 그것이 우리가 가지고 있는 대부분의 다른 믿음들과 일치한다면 진실이다. 경험이 우리의 다른 행동과 일관되고 우리의 행동을 위한 신뢰할 만한 토대라는 것은 실용주의의 중심 원칙이다.

실재에 대한 공간성의 원칙 :
사이버 세계는 사이버 공간에 존재한다?

하지만 여전히 이 모든 것에 대한 회의론자, 즉 사이버 회의론자는 다음과 같이 말할 것이다. '사람들이 가상 세계에 대한 감각적 인상을 아무리 많이 갖고 있다 하더라도, 그리고 그 인상들이 자기 내부에서 그리고 타인들 사이에서 아무리 일관된다 하더라도, 사이버 실재가 아니다. 그것은 구체적인 공간에 존재하지 않기 때문이다. 다른 가공의 사물들(상상 속의 연인이나 산타클로스)이 사람들의 머릿속에만 존재하듯이, 그것은 사람들의 머릿속말고는 어디에도 없다.'

  그러나 사이버 공간을 믿는 사람들은, 사이버 세계는 정말로 존재하며 바로 사이버 공간에 존재한다고 대답할 것이다. 여기에 대해 회

---

* 이 점에서 일정한 확인의 원칙을 받아들이는가 그렇지 않은가가 중요한 관건이 된다. 이 원칙에 따르면 어떤 주장은 그것을 입증할 수 있는 가능한 방법이 있을 때에만 의미 있고 참되다. 그러나 이 원칙은 그 자체로 철학적 논란이 없지 않다.

의론자는 사이버 공간은 진짜 공간이 아니라고 반박할 것이다. 그러면 사이버 공간을 믿는 사람들은 다시 이렇게 말할 것이다. "어이, 이 봐요, 물론 그것은 '진짜' 공간은 아니지요. 달리 사이버 공간이겠어요?" 회의론자는 여전히 진짜 공간이 아닌 어떤 공간도 결코 공간으로 간주할 수 없다고 대답할 것이다. 그의 관점에서 보면 '사이버 공간'은 단순한 은유이다. 엄밀히 말해 '사이버 공간'은 논리에 맞지 않는 모순어법이다.

하지만 '사이버 공간'이 그저 은유에 불과하다는 것을 인정한다 해도 우리는 여기서 사이버 회의론자가 **공간성**을 실재가 갖추어야 할 본질적인 특성으로 추정하고 있다는 점을 주목해야 한다. 그의 생각은 시공 연속체는 유일무이한 것이며, 우리의 믿음들과 경험들의 일부는 그 연속체 안에 있는 것에 부합하고, 일부는 부합하지 않는다는 것이다. 만약 믿음들(혹은 경험들)이 부합하지 않으면 그것들은 거짓이다(혹은 진실하지 않다). 이와 비슷하게, 만약 어떤 것을 그 시공 연속체 안에서 발견할 수 없다면, 그것은 진짜가 아니다.

실재에 대한 이러한 공간성(그리고 물질성. 그것이 공간성의 견지에서 정의되는 한)의 원칙은 분명 몇몇 철학자들이 거부할 만한 개념이다. 플라톤은 이미 그것을 거부한 바 있다. 그는 이데아나 관념들이 실재하긴 하지만 그들 모두가 공간적이지는 않다고 여겼다. (한편 칸트는 공간이 물物 자체로 존재하는 것이 아니라, 주체들이 세계를 직관하는 방식에 따라 결정된다고 생각했다.) 그래서 나는 경험론자, 일관론자, 실용주의자들만이 아니라 플라톤주의자들 그리고 어쩌면 칸트주의자들까지도, 사이버 공간을 믿는 사람들과 철학적 근거를 일부 공유한다고 본다. 많은 경우에서 포스트모더니스트들이 그렇듯이 말이다.

플라톤은 형상 혹은 이데아가, 공간에 자리잡을 수 있는 물체성이 있는 사물들보다 더 실제적이라고 여겼다. 그의 이유는 복잡하지만 우리는 다음과 같이 간략하게 말할 수 있을 것이다. 플라톤에게 형상이나 이데아는 더 실제적인데, 왜냐하면 그것들이 영원하고 변하지 않으며 물질계와 물질계에 대한 우리의 지식을 가능하게 하기 때문이다. 가상현실은 영원하거나 불변하지도, 혹은 우리가 알고 있는 위조되지 않는 세계를 가능하게 하지도 않는다(적어도 아직까지는).

그렇다면 위조된 세계들이 위조되지 않은 세계들보다 **더 실제적**이라는 주장에 어떤 의미를 부여할 수 있을까? 아마도 오직 이러한 의미만을 부여할 수 있을 것이다. 만약 위조된 현실이 위조되지 않은 현실보다, 우리에게 다가올 미래의 실제 경험과 행동에 더욱 큰 인과적인 영향력을 갖는다면 그리고 그런 것으로 밝혀진다면, 그렇다면 어떤 의미에서 즉 실용주의적인 의미에서 그것은 더욱 실제적일 것이다. 하지만 정말 그렇게 될 수 있을지 지금 이 시점에서는 쉽게 예견할 수 없다. 그러니, 한 이백 년 정도 기다려 보기로 하자.

데이비드 웨버먼 David Weberman은 조지아주 애틀랜타 소재 조지아 주립대학의 철학과 교수이다. 그는 독일의 뮌헨 대학과 콜롬비아 대학에서 학위를 받았고, 그의 저술은 20세기 유럽 철학과 역사 철학에 중점을 두고 있다. 그는 실재 세계를 선택하는 사람은 제정신이 아니거나 정신적으로 심각한 문제가 있으며, 키아누 리브스가 그 역할에 잘 어울리는 이유도 그것 때문이라고 생각한다.

〈매트릭스〉, 가해자의 히스테리 또는 새도매저키즘의 징후

슬라보예 지젝 SLAVOJ ŽIŽEK

슬로베니아의 한 지방 극장에서 〈매트릭스〉를 봤을 때, 공교롭게도 나는 이 영화에 어울리는 이상적인 관객, 말하자면 어떤 '얼뜨기' 옆에 앉게 되었다. 내 오른쪽 옆에 앉은 그 20대 후반의 남자는 영화에 푹 빠져서는 상영 시간 내내 감탄사를 크게 연발하며 다른 관객들의 영화 관람을 방해하고 있었다. "세상에! 와, 그러면 실재란 없는 거네!"

　나는 솔직히 영화에 세련된 철학적 혹은 정신분석학적 개념의 틀을 갖다 붙이며 자신의 서푼짜리 지식을 과시하는 것보다는 그렇게 순진하게 몰입하는 것을 더 좋아한다.* 하지만 나는 〈매트릭스〉에 대해 지적인 매력을 느끼는 사람들을 십분 이해할 수 있다. 〈매트릭스〉는 일종의 로르샤흐 검사http://rorschach.test.at/의 구실을 하는 영화이지 않는가? 어느 방향에서 쳐다보아도 그림 속의 신이 곧바로 당신을 응시하고 있는 듯이 느껴지는 어느 유명한 성화처럼, 그것은 보편적인 인식 기능을 작동시킨다. 당신이 어떤 관점을 가지고 이 영화를 본다 해도, 그 안에서 자신의 관점에 부합되는 무언가를 발견할 수 있을 것이다.

일례로 라캉 Jacques Lacan을 전공하는 나의 친구들은 이 영화의 작가들이 분명히 라캉을 읽었을 것이라고 말한다. 그런가하면 프랑크푸르트 학파로 분류되는 사람들은, 〈매트릭스〉에서 그들이 말하는 문화 산업 Kulturindustrie이 현실 속에 구현된 모습을 본다. 즉 이들은 〈매트릭스〉에서 소외되고 물화物化된 (자본의) 사회적 실체가 우리의 내적인 삶을 점령하고 식민화하여, 우리를 에너지원으로 사용하는 모습을 보는 것이다. 또 뉴에이지 New Age : 기존 서구식 가치와 문화를 배척하고 종교 의학 철학 천문학 환경 음악 등 광범위한 영역의 집적된 발전을 추구하는 신문화 운동 - 옮긴이 운동에 동참하는 사람들은 이 영화가, 우리가 살고 있는 세상이 월드와이드웹으로 구현된 지구촌 의식이 산출한 신기루에 불과할지도 모른다는 가능성에 대해 사유하고 있다고 본다.

이러한 일련의 생각들은 플라톤의 〈국가〉로 거슬러 올라간다. 〈매트릭스〉는 바로 플라톤의 동굴의 비유를 정확히 재연하고 있지 않은가? (여기서 대부분의 평범한 사람들은 그들의 자리에 단단히 묶인 채, 그들이 실재라고 잘못 믿고 있는 것의 그림자 공연을 봐야만 하는 수인들이다.) 둘

---

* 최초의 대본(인터넷에서 볼 수 있다)과 완성된 영화를 비교해 보면, 워쇼스키 형제가 언뜻 보기에 폐 심오한 생각을 담고 있는 듯한 언급들을 가끔 끼워 넣을 만큼 충분히 지적이라는 것을 알 수 있다. "저들을 봐, 저 로봇들 말야. 그들이 무엇을 하고 있는지, 혹은 왜 그렇게 하고 있는지에 대해 생각하지 마. 컴퓨터가 그들에게 해야 할 일을 말해 주면 그들은 그것을 할 뿐이야", "악의 진부함"...... 그들은 자신들의 독서력을 과시하듯 아렌트(H. Arendt : 독일의 대표적인 여성 정치 철학자. '관행보다 더 무서운 죄악은 없다'는 말을 했다. - 편집자)를 인용하고 있지만 사실 그것은 초점을 벗어난다. 매트릭스의 가상현실에 몰입되어 있는 사람들은 홀로코스트의 집행인들과 비교해 볼 때 완전히 다른, 거의 반대되는 입장에 처해 있는 것이다. 동양적인 기술들에 대한 참조도 빼놓을 수 없다. 워쇼스키 형제는 매트릭스의 통제에서 벗어나는 방법으로 마음을 비우는 것을 제시하는데, 이것은 인물들의 대사 가운데 지나치리만큼 직접적으로 언급되고 있다. "자네는 분노를 버리는 법을 배워야 해. 자네는 모든 것을 훌훌 털어 버려야 해. 자네는 마음을 자유롭게 하기 위해서는 자신을 비워야 해."

사이의 중요한 차이점은 누군가가 동굴을 탈출하여 지표 밖으로 걸어 나온다 해도, 그가 발견하는 것은 태양 빛으로 찬란히 빛나는 세계, 혹은 지상선 supreme Good 으로 충만한 세계가 아니라 황량한 "진실의 사막"일 뿐이라는 점이다.

여기에서 가장 중요하게 대두되는 것이 바로 프랑크푸르트 학파와 라캉의 추종자들 간의 대립이다. 우리는 〈매트릭스〉를 문화와 주체성 subjectivity 을 식민화해 온 자본의 은유로서 역사화해야 하는가, 아니면 그것을 상징계 자체의 물화 reification 로 봐야 하는가? 그러나 만약 그러한 대안 자체가 거짓이라면 어떻게 되는가? 상징계 '그 자체'의 가상 성격이 다름 아닌 역사성의 조건이라면 어떻게 되는가?

세계 너머에 '진정한 현실'이 존재한다는 편집증적 환상의 이유는?

주인공이 철저하게 조작되고 통제된 인공의 세계에 살고 있다는 것은 이 영화만의 독창적인 발상은 아니다. 〈매트릭스〉는 가상현실을 들여옴으로써 그것을 급진적으로 만들었을 뿐이다. 여기서의 요점은 우상 파괴 Iconoclasm : 로마 황제가 성상聖像에 대한 숭배 금지를 명한 것에서 나온 말. 여기에서는 은유적인 표현으로 쓰였다 - 편집자 의 문제와 관련한 가상현실의 근본적인 모호성이다.

가상현실은 우리의 감각적 경험의 풍부함을 전자 신호의 전송과 비전송, 즉 0과 1이라는 최소한의 디지털 급수로 환원하는 것을 특징으로 한다. 그런데 이 디지털 기계는 '진짜' 현실과 더 이상 구분되지 않는 현실의 '위조된' 경험을 산출하고, 그 결과 '진짜' 현실이라는 개념 자체를 훼손한다. 그러므로 가상현실은 이미지들의 유혹적인 힘을 가장 급진적으로 대변한다.

　미국인은 근본적으로, 소비자의 천국인 캘리포니아 같은 소박하고 전원적인 도시에 살면서 문득 자신이 살고 있는 세계가 가짜라고 의심하기 시작하는 편집증적 환상을 가지고 있는 것은 아닐까? 자신이 살고 있는 세계는 자신으로 하여금 진짜 세계에 살고 있다고 믿게 만들기 위해 무대 위에 올려진 하나의 스펙터클 쇼이며, 주위의 모든 사람들은 그 거대한 쇼에서 적절한 배역을 맡아 연기하는 배우들이자 엑스트라들이라고 의심하는 것 말이다. 이러한 환상을 다룬 영화 가운데 가장 최근의 것이 피터 와이어 감독의 〈트루먼 쇼 The Truman Show〉이다. 이 영화에서 짐 캐리는 자신이 24시간 내내 생방송되는 텔레비전 쇼의 주인공이라는 진실을 점차 발견해 가는 작은 마을의 보험회사 직원을 연기한다. 그가 살고 있는 마을은 거대한 스튜디오 세트 위에 건축되었고, 수십 대의 카메라가 그의 일거수일투족을 바쁘게 담아 낸다.

　슬로터디예크 Peter Sloterdijk : 유전 공학을 활용해 새로운 인간형을 창출하자고 주장한 독일의 철학자 - 옮긴이 의 "구체球體"는, 이 영화에서 문자 그대로 도시 전체를 둘러싸서 고립시키는 거대한 금속 구체로 실현된다. 〈트루먼 쇼〉의 마지막 장면은, 우주의 관념상의 봉합선을 뚫고 관념의 내부에서는 보이지 않는 그것의 외부로 빠져나오는 해방적인 경험을 표현하는 것으로 보일지도 모른다. 그러나 만약 주인공이 세트장을 빠져나와 곧 그의 진실한 사랑을 만나게 되는(여기에서 우리는 다시 한 번 할리우드 식 연인 만들기 공식을 확인한다) 이 '행복한' 대단원이야말로(잊지 말자. 전세계 수백만 명의 사람들이 이 쇼의 마지막 몇 분을 보면서 박수를 아끼지 않았다) 가장 순수한 형태의 이데올로기라면 어떻게 할 것인가? 만약 유한한 세계가 끝나는 경계 너머 어떤 '진정한 현실'이 나타날 것이라는 믿음 자체가 이데올로기라면 어떻게 할 것인가?*

〈트루먼 쇼〉에 앞서 이와 유사한 주제를 다루는 소설로 필립 딕$^{Phillip\ K.\ Dick}$의 〈뒤죽박죽 된 시간$^{Time\ Out\ of\ Joint}$〉(1959년)이 있었다. 이 소설의 무대는 1950년대 후반, 캘리포니아의 어느 전원적인 소도시다. 이 세계는 너무나도 완벽한 나머지, 주인공은 점차 도시 전체가 자신을 끊임없이 만족시키기 위해 상연되는 거짓 연극이라고 의심하게 된다.

〈뒤죽박죽 된 시간〉과 〈트루먼 쇼〉에 잠재되어 있는 경험, 즉 캘리포니아로 대변되는 후기 자본주의 소비자들의 천국은, 그것이 초실재$^{hyper-reality}$라는 점에서 비非실재적이고, 어떤 점에서는 실체가 없으며 물질적인 관성이 결여되어 있다. 할리우드만이 구체성의 무게와 관성이 제거된, 실제적인 삶의 외관을 무대 위에 올리는 것은 아니다. 후기 자본주의 소비 중심 사회에서는 '실제적인 사회적 삶' 자체가 어떤 식으로든 마치 연극과 같은 특성을 띤다. 그리고 그 안에서 우리 이웃들은 무대에 선 배우와 엑스트라로서 실제적인 삶을 연기한다. 영혼이 박탈된 자본주의적 공리주의 세계의 궁극적인 진실은, 실제적인 삶이 그것의 구체성을 잃고 공허한 쇼로 역전된다.

공상 과학 소설의 영역에서는 브라이언 앨디스$^{Brian\ Aldiss}$의 〈우주선^{Starship}〉을 언급할 수 있다. 이 책에는 우주선 내의 거대한 터널이라는 폐쇄된 공간에 살고 있는 한 종족의 이야기가 등장한다. 그들은 울창

---

* 〈트루먼 쇼〉의 주인공이 그의 조작된 세계를 간파하고 탈출할 수 있었던 것은 그의 아버지의 예기치 못한 개입 때문이었다는 사실 또한 매우 중요하다. 이 영화에는 아버지 역할을 하는 두 명의 인물이 있다. 하나는 현실의 상징적인 생물학적 아버지이고, 다른 하나는 에드 해리스가 연기하는 편집증적인 '진짜' 아버지다. 후자는 이 텔레비전 쇼의 감독으로 트루먼의 세계를 완전히 조작하고 폐쇄된 환경 내에서 그를 보호한다.

한 식물들에 의해 우주선의 나머지 부분들로부터 고립되어 있고, 그 너머에 다른 세상이 존재한다는 것을 알지 못한다. 마침내 몇 명의 아이들이 그 덤불 숲을 뚫고 나가 다른 종족들이 살고 있는 별세계에 다다른다.

좀더 '순진한' 옛날 작품들 가운데 1960년대 초기 영화인 조지 시어튼의 〈36시간 36Hours〉을 빼놓을 수 없다. 이 영화는 노르망디 상륙 작전과 관련된 모든 계획을 알고 있던 한 미국인 장교(제임스 가너 분)가 작전 실행일을 불과 며칠 앞두고 독일군에게 포로로 잡힌다는 것을 중심 사건으로 설정하고 있다. 폭발 뒤 무의식 상태에서 포로로 잡힌 주인공을 위해 독일인들은 재빨리 미군 병원을 본뜬 작은 건물을 지어 놓는다. 그리고 그가 현재 1950년대에 살고 있으며, 미국이 이미 전쟁에서 승리했고, 그는 지난 6년 동안의 기억을 모두 잃었다는 것을 그에게 납득시키려고 시도한다. 그가 상륙 작전에 대해 자신이 알고 있는 모든 것을 누설하게 될 것이라는 기대에서다. 하지만 사소한 결함들이 이 신중하게 건축된 건물에서 발견되기 시작한다. (레닌 역시 그가 죽기 전 2년 동안 이와 거의 비슷하게 통제된 환경에서 살았다고 한다. 당시 스탈린은 레닌 한 사람만을 위해 〈프라브다〉신문을 인쇄했다. 물론 발생하는 모든 정치적인 소요와 관련된 소식들은 전부 검열을 통해 삭제한 상태였다. 레닌 동지는 휴식을 취해야 하고 불필요한 자극으로 흥분해서는 안 된다는 것이 스탈린이 자신을 정당화하며 내세운 이유였다.)

그 배경에는 다다를 수 있는 '세상 끝'이 있다고 믿었던 근대 이전의 개념이 잠재되어 있다. 이러한 개념을 표현한 유명한 판화들 가운데 하나를 보면, 한 방랑자가 자신이 세상 끝에 도착한 것을 알고 깜짝 놀라서 별들이 그려져 있는 평평한 하늘의 장막을 뚫고 그 너머로 나아가는 모습이 묘사되어 있다. 이것이 바로 정확히 〈트루먼 쇼〉의 끄트머리에서 일어나는 일이다. 트루먼이 수평선이 그려져 있는 '푸른 하늘'의 벽에 붙은 계단을 올라가 문을 여는 이 영화의 마지막 장면은 명백하게 마그리트 René Magritte : 1898~1967년. 벨기에의 화가이자 초현실주의의 지도자 - 옮긴이 적인 분위기를 연출한다. 오늘날 이와 같은 감수성이 다시 극단적으로 유행하고 있지 않는가? 무한한 수평선이 '인공적인' 배경 영사막에 의해 막혀 있는 모습을 보여 주는 지버베르크 Hans-Jürgen Syberberg 의 〈파르시팔 Parsifal〉 같은 작품 역시, 이제 데카르트적인 무한한 원근법의 시대는 그 수명이 다해, 우리가 중세 원근법 이전의 세계로 돌아가고 있음을 알리고 있지 않은가?

마르크스주의자이자 문화비평가인 프레드릭 제임슨 Fredric Jameson 은 추리 소설 작가인 챈들러 R.Chandler 의 몇몇 소설들과 히치콕의 영화들에서 이와 같은 현상에 주목하는 통찰력을 보여 주었다. 챈들러의 〈안녕, 내 사랑 Farewell, My Lovely〉에서 태평양 해안은 일종의 '세상의 끝 혹은 한계'이며 그 너머에는 미지의 심연이 펼쳐진다. 그리고 그것은 히치콕 감독의 스릴러 영화 〈북북서로 진로를 돌려라〉에서 에바 마리 세인트와 캐리 그랜트가 그들을 추적하는 무리들에게 쫓겨 다다른 러시모어 산 정상과 비슷하다. 산 정상에서 바라보면 협곡들이 광활하게 펼쳐지는데, 에바 마리 세인트가 이 협곡 아래로 떨어지려는 찰나, 캐리 그랜트가 그녀의 손을 잡아 끌어올린다.

이러한 일련의 장면들에, 혹자는 베트남과 캄보디아 국경의 다리 위에서 벌어지는 〈지옥의 묵시록〉의 유명한 전투 장면을 추가하고 싶은 생각이 들 것이다. 그 장면에서 다리 너머의 공간은 '우리가 알고 있는 세계 너머의' 곳이 된다. 지구가 무한한 공간을 떠다니는 행성이 아니라 사실은 끝없이 이어지는 만년설 덩어리 내부에 뚫려 있는 원형의 구멍이고, 그 중심에는 태양이 있다는 견해까지 있는데 이는 나치들이 선호하는 사이비 과학적 환상들 가운데 하나이다. 몇몇 보고된 바에 의하면, 나치들은 심지어 미국을 감시하기 위해 실트 군도에 망원경을 설치할 생각까지 했다고 한다.

**모든 것의 배후에 진정한 실재를 은폐하는
'대타자'가 있다, 그것이 매트릭스다**

그렇다면 매트릭스는 무엇인가? 단순히 라캉의 '대타자大他者'인가, 가상의 상징계인가, 우리를 위해 현실을 구성하는 네트워크인가? 여기서 대타자는 상징계에서 주체를 조직적으로 소외시키며, 모든 것을 배후에서 조종하는 무엇이다. 주체는 스스로 말하는 것이 아니라 상징 구조에 의해 '말해질' 뿐이다. 간단히 말해 이 대타자는 사회적 실체를 지칭하는 이름이다. 이러한 사회적 실체 때문에 주체는 결코 자신의 행동을 완전히 지배하지 못하며, 그가 행동한 최종적인 결과는 언제나 그가 목표하거나 기대했던 것과는 다른 무엇이 되고 만다.

그러나 라캉은 그의 저서인 〈세미나 XI〉에서, 소외의 뒤를 잇고 어떤 의미로는 소외의 보완물이라 할 수 있는 '분리의 작용'을 기술하기 위해 고군분투한다. **대타자 안에서의 소외** 다음에 오는 것은 **대타자로부터의 분리**이다. 분리는, 대타자 자체가 얼마나 모순되고 순수하게 가상적이며 '빗장이 질러져 있고' 사물이 박탈되어 있는지를 주체가 인식할 때 발생한다. 환상은 대타자의 일관성을 재구성하기 위해서 주체의 결핍이 아니라 타자의 결핍을 채우려는 시도에서 발생한다.

환상과 편집증은 본질적으로 서로 연결되어 있다는 점에서 그 이유를 설명할 수 있다. 편집증은 가장 기본적으로는 '타자의 타자'에 대한 믿음에서 출발하며, 명백하게 드러나 있는 '사회적 구조'라는 타자 뒤에 숨어서 사회적 삶의 예기치 못한(우리에게는 그렇게 보이지만) 효과들을 계획하고, 그럼으로써 그것의 일관성을 보장하는 또 다른 타자에 대한 믿음에서 기인한다. 나치는 시장의 혼돈, 도덕의 타락 그리고 그 외 여러 가지 사회 현상의 저변에 유대인의 음모라는 의도적인 책략이 있다고 믿었다.

오늘날 우리의 일상적인 삶이 디지털화됨으로써 이러한 편집증적 태도는 한층 더 힘을 얻었다. 컴퓨터 네트워크라는 대타자 안에서, 사회적 존재 전체가 점진적으로 외면당하고 구체화될 때, 어떤 사악한 프로그래머가 나타나 우리의 디지털 정체성을 지워 버린다면 어떻게 될까. 그렇게 함으로써 그는 우리의 사회적 존재를 박탈하고 우리를 비인간화할 수도 있을 것이다.

〈매트릭스〉는 이와 똑같은 삐딱한 편집증적 시선으로, 이러한 대타자가 실제 존재하는 거대 컴퓨터를 통해 구체화되어 있다고 본다. 영화 속에서 매트릭스는 존재한다. 존재한다고 볼 수밖에 없다. 왜냐하면 '모든 상황이 올바로 진행되지 않고 모든 기회들은 사라지며 언제나 무언가가 잘못되어 가기' 때문이다. 다시 말해 이 영화는 이와 같은 일이 일어나는 이유가, 이 모든 것의 배후에 진정한 실재를 은폐하는 매트릭스가 존재하기 때문이라고 암시하고 있는 것이다.

결과적으로 이 영화의 문제점은 충분히 '미치지 않았다'는 데 있다. 왜냐하면 이 영화는 매트릭스에 의해 유지되는 일상적인 현실의 배후에 존재하는 또 다른 진정한 실재를 '가정'하고 있기 때문이다. 또한 '존재하는 모든 것은 매트릭스가 만들어 낸 것'이라든지, '궁극적으로 볼 때 실재란 **존재하지 않으며**, 그저 서로 자신들을 비추는 무한한 일련의 가상현실들이 존재할 뿐'이라는 등의 치명적인 오해를 피하기 위한 역^逆명제 역시 무척 관념적이다. 〈매트릭스〉의 속편들에서 우리는 아마도 "진실의 사막" 역시 매트릭스가 만들어 낸 세계라는 사실을 알게 될 것이다.

그러나 이러한 가상 세계의 증식보다 훨씬 더 파괴적인 것은 실재 세계 자체의 증식일 것이다. 그리고 이것은 최근에 몇몇 물리학자들이 고속 가속기 실험에서 발견한 역설적인 위험을 통해 드러날 것이다.

과학자들은 현재 매우 무거운 원자들의 핵을 빛의 속도로 서로 충돌시키는 가속기를 개발하려 하고 있다. 이러한 충돌이 원자의 핵을 구성하는 양성자와 중성자를 분리하는 동시에, 양성자와 중성자 자체를 분쇄하여 '플라즈마_{고온에서 음전하를 가진 전자와 양전하를 띤 이온으로 분리된 기체 상태로서 전하분리도가 상당히 높으면서도 전체적으로는 음과 양의 전하수가 같아서 중성을 띠는 기체-옮긴이}'를 남길 것이라는 게 그들의 발상이다. 플라즈마는 쿼크_{quark : 소립자의 복합 모델에서 그 기본을 이루는 구성인자-옮긴이}와 글루온_{gluon : 쿼크 간의 강한 상호 작용을 매개하는 소립자-옮긴이}의 성긴 입자들로 구성된 일종의 연료로서 물질을 구성하는 기본 요소이다. 하지만 실제 플라즈마 상태로 연구가 이뤄진 적은 한 번도 없다. 그러한 상태는 오직 빅 뱅 이후 매우 짧은 시간 동안에만 존재하기 때문이다.

그러나 이러한 전망은 악몽 같은 예측을 낳기도 했다. 만약 이러한 실험이 성공하여 인류 파멸을 야기하는 흉기로 개발되면 어쩔 것인가? 모종의 괴물이 나타나 세계를 모두 먹어 치우고 그 주위의 평범한 물질들을 가차없이 파괴하여 우리의 세계를 멸망시키면 어쩔 것인가? 여기서 아이러니한 것은 이 세계의 끝 그리고 우주의 붕괴라는 것이, 그러한 과학 실험의 이론을 증명하는 반박의 여지가 없는 증거가 될 것이라는 점이다. 그것은 모든 물질을 블랙홀로 빨아들이고 새로운 우주를 낳음으로써 빅 뱅 시나리오를 완벽하게 재창조할 것이기 때문이다.

그러므로 지금까지 설명한 이 영화에 대한 두 가지 해석, 즉 첫째 하나의 가상현실에서 다른 가상현실로 자유롭게 이동하는 주체나 모든 실재가 가짜라는 것을 인식하고 있는 순수한 영혼이 존재한다는 것, 둘째 매트릭스의 저변에는 진정한 실재가 존재한다는 편집증적인 가정이 모두 틀렸다는 것은 역설적이다. 그들은 모두 실재를 빗나간다. 이 영화는 가상현실 시뮬레이션의 저변에 어떤 실재가 **존재한다**고 주장하는 점에서는 틀리지 않았다. 모피어스는 네오에게 파괴된 시카고의 모습을 보여 주면서 이렇게 말한다. "진실의 사막에 온 것을 환영하네."

그러나 실재는 가상 시뮬레이션의 배후에 있는 '진정한 현실'이 아니다. 그것은 현실을 불완전하게 하거나 모순되게 만드는 텅 빈 공간이다. 그리고 모든 상징적인 매트릭스의 기능은 바로 이러한 모순을 은폐하는 것이다. 이러한 은폐를 달성하는 방법의 하나로서 제시하는 것이, 바로 우리가 알고 있는 불완전하고 모순된 현실의 배후에 또 다른 현실이 존재하며 그것을 구성하는 데는 전혀 문제가 없다고 주장하는 것이다.

대타자는 붕괴되고 있다

대타자는 또한, 사람들이 자유로운 숙고 뒤에 도달할 수 있는 상식의 영역을 상징한다. 상식에 대한 최근의 중요한 철학적 해석으로는 하버마스의 것을 들 수 있다. 그는 의사 소통을 통해 이상적인 합의를 도출해 내는 대화적 공동체를 언급한 바 있다. 그리고 오늘날 점진적으로 붕괴되고 있는 것이 바로 이 대타자이다.

오늘날 우리가 목도하는 것은 어떤 근본적인 분열이다. 한편으로는, 전문가들과 과학자들이 사용하는 객관화된 언어가 있다. 이들의 언어는 더 이상 모든 사람들이 이해할 수 있는 공통의 언어로 번역될 수 없다. 그 언어들은 사실상 아무도 이해할 수 없는 물신화된 상투적인 문구의 형태로 공통의 언어 안에 존재한다. 그러나 이것은 우리의 예술적이고 대중적인 상상의 우주들(블랙홀, 빅 뱅, 초끈, 양자 진동……)을 형성한다. 자연 과학에서뿐만 아니라 기타 사회 과학 분야에서도 전문 용어는 하나의 객관적인 지식으로 제시된다. 누구도 사실상 그것에 의문을 제기할 수 없으며 우리의 공통된 경험으로 해석될 수도 없다. 간단히 말해 과학적 지식과 상식 사이의 간극은 메울 수 없다. 바로 이 간극이야말로 과학자들을 '(모든 것을) 으레 알 만한 주체'로 만들며 그들을 대중적인 숭배의 대상으로 격상시킨다(스티븐 호킹 현상을 생각해 보라.)

다른 한편으로 이러한 객관성과 완전히 반대되는 현상을 찾을 수 있다. 우리 삶의 양식은 문화적인 면에서 서로 공통 분모를 찾기가 힘들 만큼 너무나도 다양해져 버렸다. 우리가 할 수 있는 것이라고는 다문화적 사회에서 서로에게 관용을 베풀면서 공존하기 위한 조건을 확보하는 것뿐이다. 오늘날의 이러한 주체를 대표하는 상징적인 인물은 아마도 인도인 컴퓨터 프로그래머일 것이다. 전문적인 기술을 지닌 그는, 낮에는 자신의 분야에서 탁월한 능력을 보이다가 밤이면 집으로 돌아와 지역 힌두 사원에 촛불을 밝히며 소를 신성시하는 계율도 철저히 지킨다.

이러한 분열은 사이버 공간에서 그 현상이 더욱 확실하게 나타난다. 사람들은 사이버 공간이 우리 모두를 지구촌으로 불러모으리라고 기대했다. 그러나 우리는 오히려 모순되고 양립할 수 없는 다양한 세계들과 수많은 메시지들의 홍수 속에서 허우적거리게 되었다. 지구촌 대신, 즉 대타자 대신 우리는 수많은 '소타자들', 다시 말해 우리의 선택을 기다리는 수많은 부족들을 얻게 된 것이다.

오해를 피하기 위해서 다음을 명시해야겠다. 라캉은 여기에서 궁극적으로 과학을, 그저 "정치적으로 올바른 politically correct : 사회적 상대성을 감안해 소수 집단에 대한 차별적 언행을 삼가자는 자유주의자의 이념을 따르는 태도 - 옮긴이" 이야기들과 동등한 입장에 있는 독단적인 내러티브들 가운데 하나로 상대화하고 있는 것은 결코 아니다. 과학은 정말로 '실재와 접촉하며' 그것의 지식은 '실재에서의 지식' 이다. 여기서 해결할 수 없는 문제는 바로 과학적 지식은 **상징적인** 대타자로 기능할 수 없다는 사실이다. 근대 과학과 아리스토텔레스의 상식 철학적 존재론 사이의 간극은 여기에서 극복 불가능하다. 이 간극은 갈릴레오와 함께 출현하여, 양자 물리학에서 그 극단에 이른다. 양자 물리학에서는, 분명 작용은 하지만 결코 (재현 가능한) 우리의 현실 경험으로 다시 번역될 수는 없는 법칙들을 다루고 있기 때문이다.

위험 사회 이론 Theory of The Risk : 근대화가 만들어 내는 위험 · 환경파괴 · 실업 · 불안정성 등에 관한 이론. 울리히 벡의 〈위험 사회와 반성적 근대화〉 참조 - 옮긴이)과 그것에 대한 포괄적인 반성은, 오늘날 우리가 근본적인 문제들은 결국 전문가들의 '객관적인 지식'을 참조함으로써 해결될 수 있다고 상정하는, 고전적인 계몽 보편주의 이데올로기의 반대편 끝에 서 있다는 점에서는 옳다. 어떤 새로운 생산물(이를테면 유전자에 변형을 가한 채소)의 환경적인 결과를 놓고 서로 의견이 충돌하는 상황에 직면했을 때 사람들은 전문가의 절대적인 의견을 찾지만 결국 대부분 그것은 실패하고 만다. 이것은 단순히 과학이 대기업과 국가 기관에 재정적으로 의존하게 되면서 타락했기 때문이라거나 또는 그로 인해서 실제적인 사안들이 흐려질 가능성이 농후하기 때문만은 아니다. 그 자체적으로도 과학은 이미 해답을 제공할 능력을 상실했다.

일례로, 15년 전에 생태학자들은 지구의 숲이 죽어 갈 것이라고 예언했다. 그러나 우리는 이제 숲이 지나치게 증가하는 것도 오히려 문제가 될 수 있다는 것을 안다. 이러한 위험 사회 이론의 문제점은 비합리적인 곤경을 강조하며 그것을 우리에게, 즉 평범한 주체들에게 주입한다는 데 있다. 우리는 우리가 무언가를 결정할 만한 입장이 아니며, 우리의 결정이 독단적일 것이라는 점을 잘 알고 있음에도 불구하고 결정할 수밖에 없는 처지에 자꾸 내몰린다. 울리히 벡 Ulrich Beck과 그의 추종자들은, 모든 선택 사항들을 결정하고 여론을 형성하는 데 있어 민주적인 토론을 강조한다. 그러나 여기에는 딜레마가 있다. 인식론적으로 다수가 무지할 가능성이 존재하는데도, 다수가 참여하는 민주적 결정이 반드시 더 나은 결과를 낳을 거라는 보장이 어디 있는가?

다수파의 정치적인 좌절은 그러므로 이해할 만하다. 그들은 무언가를 결정해야만 하는 상황에 놓인다. 하지만 동시에 그들은 자신들이 효과적으로 결정하고 객관적으로 찬반 양론을 비교 검토할 수 있을 만한 위치에 있지 않다는 결론을 얻는다. 음모 이론 conspiracy theory : 어떤 상황이든 거기에는 모종의 음모가 개입되어 있다는 일종의 궤변설 - 편집자에 의존하는 것은 이러한 막다른 골목에서 벗어나기 위한 필사적인 노력이며, 프레드릭 제임슨이 "인식론적 지도 cognitive mapping : 더 큰 체계 내에서 자신을 인식론적으로 위치시키는 것 - 옮긴이"라고 부른 것의 최저 한도를 회복하기 위한 시도이다.

자기 생각을 대타자의 영역에 통합시킬 수 없는 한 우리는 정신병자다

조디 딘 Jodi Dean 9)은, UFO를 연구하고 피라미드의 비밀 따위를 해독하고 싶어하는 사람들을 일컫는 이른바 '유사 과학'과 제도화된 과학과의 사이에서 이루어지는 소위 "벙어리들의 대화 Dialogue of The Mutes"에서 벌어지는 이상한 현상에 주목했다. 공인된 과학자들이야말로 독단적이고 폐쇄적인 방식으로 연구를 진행하며, 반면 유사 과학자들은 일반적인 편견을 무시한 채 사실과 논증을 참조한다는 것이다. 조디 딘은 그것을 공인된 과학자들은 대타자의 권위, 즉 제도로서의 과학의 권위를 갖고 있기 때문이라고 해석한다. 그러나 문제는, 이 과학적인 대타자야말로 협의에 의하여 성립된 '상징적인 허구'라는 사실이 계속해서 폭로된다는 것이다. 그러므로 우리는 헨리 제임스 Henry James의 〈나사의 회전 The Turn of The Screw〉을 읽는 방식과 똑같은 방법으로 음모 이론에 접근해야 한다. 우리는 유령들의 존재를 현실의 일부로 받아들여서도 안 되며, 그들을 '유사 프로이트'적으로 읽어

여주인공의 히스테리적 성적^{性的} 좌절을 '투사' 한 것으로 환원해서도 안 된다.

음모 이론을 '사실' 로 받아들여서는 물론 곤란하다. 그러나 그것을 현대적인 대중 히스테리 현상으로 환원해서도 안 된다. 그러한 견해는 여전히 대타자에, 즉 공유된 사회적 현실의 '정상적인' 인식의 모범에 의존하고 있는데, 그것은 오늘날 지지 기반을 잃어 가고 있는 세계관이기 때문이다. 문제는 UFO 연구가들과 음모 이론가들이 (사회적) 현실을 받아들이지 못하는 편집증적인 태도로 퇴행한다는 것이 아니라, 이러한 현실 자체가 편집증적이 되어 간다는 점이다.

오늘날 우리는 경험을 통해 우리의 현실 감각과 현실에 대한 정상적인 태도가 어떻게 '상징적인 허구' 에 근거하고 있는지를 주목할 수밖에 없는 상황에 직면하고 있다. 그러한 상황에서 우리는, 무엇을 정상적이고 용인된 진실로 간주할 수 있는지를 결정하고 특정 사회에서 의미의 지평이 무엇인지를 결정하는 대타자가, 결코 '실재에 대한 과학적인 지식' 이 제공하는 '사실들' 에 직접적으로 근거하고 있는 것이 아니라는 것을 인식할 수밖에 없다.

근대 과학이 아직 '지배 담론' 으로 부상하지 않았던 전통 사회를 예로 들어보자. 만약 그곳에서 어떤 사람이 근대 과학의 주장들을 옹호한다면 그는 '광인' 으로 치부될 것이다. 여기서 중요한 점은, 그가 '진짜로 미친' 것이 아니라고 말하거나 그를 이러한 위치로 내몬 것은 단지 편협하고 무지한 사회라고 말하는 것만으로는 충분치 않다는 것이다. 광인 취급을 받는 것, 즉 사회적인 대타자로부터 배제되는 것은 어떤 식으로는 사실상 미친 것과 **마찬가지이다.** '광기' 는 직접적인 '사실들' 에 근거할 수 있는 호칭이 아니라(광인은 그의 환각에 사로잡혀 사물들을 있는 그대로 지각할 수 없다는 의미에서), 단지 한 개인이 대타자에 관계하는 방식에 근거하는 호칭이다.

라캉은 늘 이러한 역설의 반대되는 측면을 강조한다. 그는 이렇게 말한다. "광인은 자신이 왕이라고 생각하는 거지뿐만 아니라 자신이 왕이라고 생각하는 왕이기도 하다." 다시 말해 광기는 상징계와 실재계 사이의 거리가 붕괴되는 것이며, 상징적인 명령을 직접적으로 동일시하는 것이다. 라캉의 다른 예를 들어보자. 어떤 남편이 자기 아내가 다른 남자들과 동침한다는 망상에 사로잡혀 병적으로 질투한다면, 설령 그가 옳고 그의 아내가 실제로 다른 남자들과 동침했다는 것이 증명된다 하더라도 그의 강박관념은 병적이라고 볼 수밖에 없다.

그러한 역설이 주는 교훈은 명백하다. 병적인 질투심은 사실들을 잘못 아는 문제가 아니라, 이러한 사실들이 주체의 리비도적 경제 libidinal economy 에 통합되는 방식의 문제인 것이다. 그러나 우리는 여기서 똑같은 역설이 반대로도 실행되어야 한다고 단언할 수 있다. 사회(사회적·상징적 영역, 즉 대타자)는 그것이 사실에 입각하여 틀렸다는 것이 증명될 때조차도 '제 정신' 이고 '정상' 이다. 아마도 라캉이 자신을 '정신병자' 로 자처한 것은 바로 이러한 의미에서였을 것이다. 자신의 담론을 대타자의 영역에 통합시킬 수 없었다는 점에서, 그는 사실상 정신병자였다.

사람들은 칸트 식으로, 음모 이론의 착오는 어떤 식으로든 "순수 이성의 배리背理," 그리고 다음의 두 수준을 혼동하는 데서 빚어진다고 주장하고 싶어 한다. 즉 형식적인 방법론적 태도로서의 (용인된 과학적·사회적 또는 기타 상식에 의한) 의심, 그리고 모든 것을 설명하는 또 다른 포괄적인 유사 이론으로서 상정되는 의심이 바로 그것이다.

매트릭스는 현실을 왜곡한다
동시에 현실로부터 우리를 보호한다

다른 견지에서 볼 때, 매트릭스는 또한 우리를 실재로부터 분리시키고 "진실의 사막"을 견딜 만한 것으로 만드는 '보호막'으로 기능한다. 그러나 우리가 라캉적인 실재의 근본적인 모호성을 잊지 말아야 할 부분이 바로 여기에 있다. 실재는 환상이라는 보호막에 의해 은폐되고 고상하게 꾸며지고 길들여지는 궁극적인 지시 대상이 아니다. 실재는 지시 대상에 대한, 즉 어딘가에 있는 현실에 대한 우리의 지각을 왜곡하는 장애물로서의 보호막 그 자체이다.

철학적인 견지에서 보자면 여기에는 칸트와 헤겔 사이의 차이점이 존재한다. 칸트에 의하면 실재는 초월적인 범주들의 보호막을 통해 '도식화된' 것으로 지각하는 본체론적인 noumenal 영역이다. 반대로 헤겔에 의하면, 그가 〈현상학 Phenomenologe〉의 서문에서 예를 들어 단언했듯이 이러한 칸트적인 '간극'은 거짓이다.

헤겔은 여기에 세 가지 용어 즉 본질In-Itself, 물物 자체Thing-Itself, 응시gaze라는 개념을 도입한다. 보호막이 우리 자신과 실재 사이에 개입할 때, 그것은 언제나 (외양의) 보호막 너머에 존재하는 본질적인 것에 대한 관념을 산출한다. 따라서 외양과 본질In-Itself 사이의 괴리는 언제나 이미 '우리에게' 있다. 결과적으로 만약 우리가 사물로부터 보호막의 왜곡을 제거한다면 우리는 물 자체를 잃는다(종교적인 견지에서 보자면 그리스도의 죽음은 한 인간의 죽음일 뿐만 아니라 그 내부의 신의 죽음이기도 하다). 이것이 바로 라캉에게 (여기서 그는 헤겔을 따른다) 물 자체가 지각된 대상이 아니라 궁극적으로 응시gaze인 이유이다. 자, 이제 매트릭스로 돌아가자. 매트릭스는 현실에 대한 우리의 지각을 왜곡하는 실재이다.

레비 – 스트로스$^{Lévi-Stauss}$가 〈구조 인류학$^{Structural\ Anthropogy}$〉에서 모범적으로 분석한 5대호 종족들 가운데 하나인 위네바고족이 건물들을 공간적으로 배열하는 방법을 참조하면 매트릭스를 이해하는 데 도움이 될 것이다. 그 종족은 두 개의 하위 집단(반족半族)으로 나뉘는데 이들은 각각 "위에서 온 사람들"과 "밑에서 온 사람들"이다. 두 개의 집단에게 종이나 모래 위에다 마을의 평면도(작은 집들의 공간적인 배치)를 그려 달라고 부탁했을 때, 그들은 그 대상이 어떤 하위 집단에 속하는가에 따라 각기 상당히 다른 그림을 그렸다. 두 집단 모두 마을을 하나의 원으로 지각한다는 점에서는 일치했다. 그러나 한 하위 집단이 그린 평면도에는, 중심의 집들이 원 안에 또 하나의 원을 이루어 두 개의 동심원으로 그려졌다. 반면 다른 하위 집단의 평면도에서는 그 원이 분명한 구분선에 의해 반으로 나뉘어 있었다. 다시 말해 첫 번째 하위 집단(이들을 '보수주의적 조합주의자'라고 부르기로 하자)은 중앙의 사원을 둘러싸고 집들이 원 모양으로 조화롭게 둘러싸는 형태로 마을의 평면도를 구상한 반면, 두 번째 하위 집단(이들은 '적대적 혁명주의자'라고 부르기로 하자)은 마을이 보이지 않는 경계에 의해 뚜렷이 구분되어, 양쪽에 각각 집들이 무리 지어 있는 모습으로 구상했다.[10]

레비 – 스트로스가 여기서 강조하고자 하는 바는 이러한 예가 우리를 문화적 상대주의로 이끌어서는 결코 안 된다는 것이다. 문화적 상대주의에 따르면 사회적인 공간의 지각은 관찰자가 어떤 집단에 속해 있느냐에 따라 달라진다. 두 개의 '상대적인' 지각들로 나누어지는 것 자체가 어떠한 불변의 요소에 대한 숨겨진 언급을 암시한다. 그런데 이 불변의 요소는 집들의 객관적이고 '실제적인' 배열 자체를 뜻하는 것이 아니다. 그것은 어떤 억압된 정신적인 충격의 핵심이자 그 마을의 주민들이 상징화하고 '내면화하고' 화해할 수 없었던 근본적인 적대감이며, 그 공동체를 하나의 조화로운 전체로서 안정되지 못하게 한 사회적 관계에서의 불평등이다.

평면도에 대한 서로 다른 두 가지의 인식은, 외상적traumatic 적대감을 극복하고 균형 잡힌 상징적 구조를 부과함으로써 그것의 상처를 치유하려는 두 개의 상호 배타적인 노력이라고 볼 수 있다. 성별에 대해서도 똑같은 상황이 적용된다는 것을 굳이 부언할 필요가 있을까? '남성'과 '여성'은 레비–스트로스가 언급한 마을에서 집들을 배열하는 두 가지 방식에 각각 상응한다. 그리고 소위 '문명화된' 오늘날의 세계에서 우리가 그와 같은 논리에 지배받지 않는다는 환상을 깨뜨리는 데는, 우리의 정치적 공간이 우파와 좌파로 나뉜다는 것을 상기하는 것만으로도 충분하다.

좌파와 우파는, 레비–스트로스가 언급한 마을의 서로 대조되는 두 하위 집단들의 성원들과 정확히 똑같이 행동한다. 그들은 정치적인 무대에서 서로 다른 장소들을 차지하고 있을 뿐만 아니라 정치적인 공간의 배열 자체를 서로 다르게 지각한다. 좌파는 그것을 어떤 근본적인 적대감에 의해 본래적으로 분열되어 있는 영역으로 지각하는 반면, 우파는 그것을 외부의 침입자에 의해 방해받지 않는 한 공동체의 유기적인 통일체로 지각한다.

그러나 레비–스트로스는 더 나아가 다음과 같은 중요한 사실을 강조한다. 그럼에도 불구하고 그 두 개의 하위 집단들은 같은 마을에 살면서 하나의 동일한 종족을 구성하며, 이러한 정체성은 어떤 식으로는 상징적으로 등록되어야 한다는 것이다. 하지만 그 종족의 전체적인 상징적 표출과 모든 사회적 제도들이, 중립적인 것이 아니라 근본적이고 구조적인 적대적 분열에 의해 중층결정^{overdetermined} 되는 것이라면 어떻게 그것이 가능하겠는가?

이것은 레비 – 스트로스가 '영 – 제도$^{Zero\text{-}institution}$' 라고 독창적으로 명명한 것에 의해 가능해진다. 영 – 제도는 그 유명한 **마나**$^{Mana\,:\,초자연적,\,신비적인\,힘\,-\,옮긴이}$에 대한 일종의 제도상의 대응물이다. 마나는 의미의 부재에 반反하여, 의미의 현존 그 자체만을 뜻하기 때문에 어떤 정해진 의미가 없는 텅 빈 기표$^{signifiant\,:\,언어의\,형식\,-\,편집자}$이다. 이와 마찬가지로 영 – 제도는 어떤 확실하게 정해진 기능이 없는 특정한 제도를 의미한다. 그것의 유일한 기능은 사회적인 제도의 부재, 즉 사회 이전의 혼돈에 반하여 사회적 제도의 현존과 현실성 그 자체를 나타내는 매우 소극적인 것이다.

부족의 모든 성원들이 스스로를 그 자체로, 즉 같은 종족의 성원들로서 경험할 수 있는 것은 그러한 영 – 제도를 참조했기 때문이다. 그렇다면 이러한 영 – 제도는 가장 순수한 형태의 이데올로기가 아닌가? 영 – 제도는 모두를 포괄하는 중립적인 공간을 제공하는 관념으로서 기능한다. 그러한 공간 안에서 사회적인 적대감은 망각되고, 사회의 모든 성원들은 스스로를 인정하게 된다. 그리고 누가 주도권을 잡느냐는, 정확히 이러한 영 – 제도가 어떻게 중층결정 되고 채색될 것인가에 달려 있다.

구체적인 예를 들자면 근대적인 국가 개념도 바로 그러한 영 – 제도라 할 수 있다. 근대적인 의미의 국가는, 직계 가족이나 전통적이고 상징적인 매트릭스들에 근거를 둔 사회적인 유대의 소멸과 함께 출현했다. 근대화의 전반적인 확산과 더불어, 사회 제도들은 토착화된 전통을 점점 덜 의식하게 되었고, 점점 더 '계약' 의 문제로서 경험하게 되었다.[11] 여기에서 중요한 것은 국가적인 정체성이 적어도 '토착화된naturalized' 것으로서, '핏줄과 토양' 에 근거한 귀속물로서 경험된다. 그것은 엄격한 의미의 사회 제도들(신분, 직업 등)에 속하는 '인공적인' 것에 반대되는 것으로서 경험된다는 것이다. 근대 이전의 제도들은 '토착화된' 상징적 실체들(의문의 여지가 없는 전통에 근거를 둔 제도로서)의 역할을 했다. 하지만 제도들이 사회적인 인공물들로 여겨지는 순간, 그들은 중립적인 공통의 근거로서 기능할 토착화된 영-제도가 필요하게 되었다.

다시 성별의 문제로 돌아가면, 나는 영-제도와 똑같은 논리가 사회의 통합에서만이 아니라 그것의 적대적인 분열에도 적용되어야 한다는 가설을 감히 제기하고 싶다. 만약 성적인 차이가, 궁극적으로 볼 때 일종의 인류의 사회 분열의 영-제도라면 어쩔 것인가? 그것이 토착화된 최소한의 영-차이Zero-difference이자, 어떤 일정한 사회적 차이를 나타내기 이전에, 그러한 차이를 그 자체로 나타내는 분열이라면 어쩔 것인가? 그렇다면 역시 누가 주도권을 잡느냐는, 이 영-차이가 다른 특정한 사회적 차이들에 의해 어떻게 중층결정 되는가에 달려 있다. 우리는 라캉의 도식에 관한 중요한(비록 통상적으로 간과되곤 하지만) 특징을 바로 이러한 배경에 비추어 읽어 낼 수 있다. 라캉은 소쉬르Ferdinand de Saussure : 스위스의 언어학자 - 편집자의 표준 도식(가로줄 위에 '나무arbre'라는 단어가 쓰여 있고, 줄 밑에는 나무가 그려져 있는 것)을 가로줄 위에 '남자homme'와 '여자femme'라는 단어가 나란히 적혀 있고,

줄 밑에는 두 개의 똑같이 생긴 문이 그려져 있는 것으로 대체했다.

  기표의 차별적인 특성을 강조하기 위해서, 라캉은 우선 소쉬르의 단일 도식을 짝을 이루는 기표로, 남 – 녀의 대립으로, 성적인 차이로 대체했다. 그러나 정말 놀라운 사실은 상상의 지시 대상의 수준에서는 **어떤 차이도 없다**는 점이다. (라캉의 도식에는 오늘날 화장실 문 앞에 흔히 그려져 있는 것 같은 성적인 구별을 나타내는 표지, 즉 남자와 여자를 모습을 단순화시킨 그림이 없다. 그저 **똑같은** 문이 두 번 그려져 있을 뿐이다.) 성적인 차이는 '실제적인' 특성에 근거를 둔 어떤 생물학적인 대립을 가리키는 것이 아니라, 지시된 대상들에서 어떤 것도 대응되는 것이 없는 순전히 상징적인 대립이며, 기의^{signifie} : 언어의 내용 - 편집자의 이미지가 결코 포착할 수 없는 어떤 불확정한 존재의 실재에 불과하다고 좀더 명확하게 진술할 수 있을까?

  레비 – 스트로스가 예로 들었던 두 가지 유형의 마을 그림으로 돌아가 보자. 여기에서 사람들은 정확히 어떤 의미로 실재가 왜상^{歪像}을 통해 개입하는지 볼 수 있다. 우선 집들의 '현실적' 이고 '객관적' 인 배열이 있다. 그리고 두 개의 하위 집단은 그들을 각각 다른 방식으로 상징화하는데 이들 모두는 사실적인 배열을 일그러뜨려 왜곡한다. 그러나 여기서 '실재' 하는 것은 현실의 배열이 아니라, 현실의 적대감에 대한 종족 성원들의 관점을 왜곡하는 사회적인 적대감의 외상적^{traumatic} 핵심이다. 실재는 그러므로 부인된 무언가이다. 그리고 그 때문에 우리의 현실에 대한 시각은 일그러져 왜곡된다. (우연하게도 이러한 3자 구조는 프로이트가 꿈을 해석할 때 사용하는 3자 구조와 정확히 일치한다. 꿈의 진짜 핵심은 꿈속에 잠재되어 있는 생각이 아니라 무의식적인 욕망이다. 꿈속에 잠재된 생각은 공공연히 드러나는 구조로 치환되거나 번역되며, 무의식적인 욕망은 그 잠재된 생각을 왜곡하여 그것을 명백한 구조로 번역함으로써 스스로를 기록한다.)

오늘날 예술 무대에서도 같은 것이 적용된다. 그곳에서 '실재'는 주로 배설과 관련된 물체, 사지가 잘려진 시체, 배설물 등의 충격적이고 잔인한 침입을 가장하여 (실재로서) 돌아오지 **않는다**. 이러한 물체들은 분명히 장소에 어울리지 않는다. 그러나 그들이 장소에 어울리지 않으려면, (빈) 공간이 반드시 이미 그곳에 있어야 한다. 이러한 (빈) 장소는 말레비치Kazimir Malevitch가 주창한 '미니멀 아트 minimal art : 1960년대 후반, 최소한의 조형 요소로 제작했던 회화나 조각을 가리킴 - 옮긴이' 에 의해 제시되었다. 그 공간에는, 서로 상반되는 고급 모더니즘을 대표하는 두 가지 상징적인 예술 행위들, 즉 말레비치의 "흰 바탕에 검은 네모꼴"과 마르셀 뒤샹Marcel Duchamp의 "레디메이드 ready - made : 기성품을 예술 작품으로 전시하는 것 - 편집자" 사이의 모종의 공모 관계가 존재한다.

일상의 사물들을 예술 작품으로 격상시키는 말레비치의 예술 행위에는, 어떤 물체가 예술 작품이 될 수 있는 것은 그 물체 자체의 고유한 특성 때문이 아니라는 생각이 들어 있다. 어떤 물체를 선택하여 일정한 장소에 놓음으로써 그것을 예술 작품으로 만드는 것은 다름 아닌 예술가 자신이다. 예술 작품이 된다는 것은 '왜'의 문제가 아니라 '어디에'의 문제인 것이다. 따라서 말레비치의 미니멀리즘적 배치가 하는 일은, 단순히 이러한 장소를 그 자체로 고립시키는 일이며 그것의 범위 안에 존재하는 모든 물체를 예술 작품으로 변모시키는 원시 마술적인 특성을 가진 빈 장소(혹은 틀)를 마련하는 일이다.

간단히 말해, 말레비치가 없으면 뒤샹도 없다. 예술적인 실천에 의해 틀 또는 장소의 모든 내용물을 비우고 그 자체로 고립시킨 다음에야 비로소 기성품 전시로 나아갈 수 있다. 말레비치 이전에, 변기는 그것이 아무리 가장 저명한 화랑에 전시되었다 하더라도 뒤샹은 도기로 된 변기에 '레디메이드'라는 제목을 붙여 출품한 바 있다. 그는 기성품이 그 일상적인 환경이나 장소에서 벗어나면 본래의 목적성을 상실하고 단순히 사물 그 자체의 무의미만 남게 된다고 말했다 - 옮긴이 그저 변기에 불과했을 것이다.

　장소에 어울리지 않는 배설과 관련된 물체들의 출현은 이렇듯 그 안에 어떤 물체도 있지 않은 장소의 출현, 빈 틀 그 자체의 출현과 엄격한 상관관계가 있다. 결과적으로 현대 예술에서 실재는 세 가지 차원을 가지며, 그것은 어떤 식으로든 실재 내부에서 상상계 - 상징계 - 실재계 라는 3원 체제를 반복한다. 우선 실재는 여기에서 왜상적인 얼룩으로서(현실의 똑바른 이미지의 왜상적인 왜곡으로서), 왜곡된 이미지로서, 객관적인 현실을 '주관화하는' 순수한 가장假裝으로서 존재한다. 그리고 그 다음으로 실재는 빈 장소로서, 구조로서 존재한다. 실재는 여기서는 결코 경험들 그 자체가 아니며 단지 소급적으로만 구성될 수 있고 그 자체로 상정되어야 하는 구조물로서 존재한다. 즉 실재는 상징적인 구조물로서 존재한다.

　마지막으로 실재는 실재 '그 자체'이며, 장소에 어울리지 않은 역겨운 배설물이다. 이러한 실재는 고립될 경우 물신fetish에 불과하게 되며, 그것의 매혹적인 존재는 나치가 반反유대주의를 통해 사회적 적대감이라는 참을 수 없는 '구조적' 실재를 유대인들을 통해 은폐했던 것과 똑같은 방식으로 구조적인 실재를 은폐한다.

　이러한 실재의 세 가지 차원들은 '평범한' 현실로부터 거리를 두는 다음과 같은 세 가지 양태에서 기인한다. 첫째, 사람들은 이러한 왜상적 왜곡을 통해 현실을 바라본다. 둘째, 사람들은 그 안에 어떤 장소도 가지고 있지 않은 물체를 도입한다. 셋째, 사람들은 현실의 모든 내용(물체들)을 제거하여, 남아 있는 것이라곤 이러한 물체들이 채우고 있는 바로 그 빈 장소뿐이다.

프로이트적 해석 : 인간은 현실을 부정한다
그러므로 현실에 대한 시각은 왜곡된다

〈매트릭스〉의 허위성은 아마도 네오를 '일자$^{The\ One}$'로 지칭하는 것에서 가장 직접적으로 드러난다고 볼 수 있을 것이다. 일자는 누구인가? 사회적인 유대 관계 속에는 사실상 '일자'로 지칭되는 지위가 있다. 우선 일자로 지칭되는 상징적인 권위가 있다.

 가장 끔찍한 형태의 사회적 삶을 겪은 강제 수용소 생존자들조차 자신들의 회고록에서 하나같이 일자에 대해 언급한다. 견딜 수 없는 상황의 한가운데서 다른 모든 사람들이 이기적인 생존 본능으로 자신들의 목숨을 부지하기 위해 발버둥칠 때에도 그 일자는 결코 무너지지 않았고 기적적으로 '비합리적인' 관대함과 존엄을 유지하고 발산했다는 것이다. 그는 생존 전략의 틀 안에서, 진정한 사회적 유대를 규정짓는 최소한의 결속을 위한 토대 역할을 했다.

 여기에 두 가지 중대한 특징이 있다. 첫째, 이러한 개인은 언제나 하나의 개체로서 인지된다(어떤 분명치 않은 필요성에 따라 설명할 수 없는 기적 같은 결속의 과잉이 일어날 때 그것은 한 명의 일자에 의해서만 구현되지 다수로서 존재한 적은 없었다). 둘째, 정작 중요했던 것은 이 일자가 다른 사람들을 위해 실제로 무슨 일을 했었는가가 아니라 그들 가운데 그가 현존했다는 사실 자체였다(그들이 살아남을 수 있었던 것은 그들이 생존 기계로 전락한다 하더라도 인간의 존엄성을 유지하는 일자가 존재한다는 인식 때문이었다). 이것은 (좀 우스꽝스러운 비유지만) 효과음으로 녹음된 웃음소리와 유사하다고 볼 수 있다. 우리는 여기서 미리 준비된 존엄성 같은 무언가를 가지게 되는 셈이다. 일자는 나를 위해 그리고 나를 대신해서, 나의 존엄성을 유지해 준다. 혹은 좀더 정확하게 말하자면 나는 나의 존엄성을 일자를 **통해** 유지한다. 나는 아마도 생존을 위해 처참하게 발버둥쳐야 할지도 모른다. 그러나 나는 자신의 존엄성을 유지하고 있는 일자의 존재를 인식하는 것만으로도 인간성과 최소한의 유대를 지속시킬 수 있다.

때때로 이러한 일자가 무너지거나 그의 정체가 가짜라는 것이 밝혀질 수도 있다. 그러면 우리들은 살아 나갈 의지를 잃고 살아도 산 것이 아닌 무기력한 존재로 변한다. 역설적으로 그들이 기를 쓰고 자신들의 목숨을 연명하고자 노력했던 것은 자신들과는 다른 예외적인 존재가 있다는 사실, 이러한 수준으로 전락하지 않은 일자가 존재한다는 사실 때문이었다. 그러므로 이러한 예외가 사라지면 생존을 위한 노력 자체도 힘을 잃는 것이다.

이것은 이러한 일자가 그의 '실제적인' 자질들에 의해서만 배타적으로 규정되는 것이 아니라는 점을 의미한다(이 수준에서는 그와 같은 개인들이 더 있었을지도 모르고, 혹은 심지어 그는 실제로 무너지지 않은 것이 아니라 그저 거짓으로 그 역할을 연기하고 있었을지도 모르는 것이다). 그의 예외적인 역할은 오히려 전이Transference의 역할이었을지도 모른다. 그는 다만 군중이 상정한 위치를 차지했던 것뿐이었는지도 모른다.

〈매트릭스〉에서의 일자는, 우리의 일상적인 현실이 진짜가 아니라 암호화된 가상의 세계에 불과하다는 것을 볼 수 있는 사람이다. 그러므로 그는 그것으로부터 탈출할 수 있고 그것의 규칙들을 조작하거나 그것의 효력을 정지시킬 수 있다(허공을 날아다니거나 총알들을 멈추게 하는 등). 이러한 일자의 자질에서 결정적인 것은 '현실의 가상화'이다. 즉 현실은 인공적인 구조물이며 그것의 규칙들은 효력이 중지되거나 다시 쓰여질 수 있다. 거기에는 일자가 실재의 저항을 무력화시킬 수 있다는 편집증적인 관념이 존재한다. ("나는 마음만 먹으면 두꺼운 벽 사이를 뚫고 지나갈 수도 있어……." 이것이 불가능하다는 것은 곧 주체의 의지가 나약한 탓으로 돌려진다.)

여기서 다시, 이 영화는 충분히 나아가지 못한다. 네오가 정말 일자인지를 결정할 예언자의 대기실 장면에서, 염력으로 숟가락을 구부리는 아이는 깜짝 놀라 쳐다보는 네오에게 다음과 같이 말한다. "숟가락을 구부리는 방법은 그 숟가락을 구부릴 수 있다고 자신에게 확신시키는 것이 아니라, **숟가락이 없다**고 자신에게 확신시키는 것이에요." 하지만 **나 자신**Myself은 어떤가? 이 영화는 한 걸음 더 나아가 '나'라든지 '자신'이라든지 '주체'는 존재하지 않는다는 불교적인 명제를 수용했어야 하지 않는가?

〈매트릭스〉의 허위성을 좀더 심도 있게 설명하기 위해서는 단순한 '기술적인 불가능'과 '환상의 허위성'을 구분해야 한다. 시간 여행은 (아마도) 불가능할 것이다. 그러나 그것에 대해 상상하는 각본은, 그럼에도 불구하고 '진실'하다. 결과적으로 〈매트릭스〉가 가지고 있는 문제점은 영화가 사용하는 속임수가 과학적으로 순진하다는 데 있지 않다. 전화를 통해 현실에서 가상현실로 이동한다는 생각은 이해할 수 있다. 우리가 필요한 것은 단지 우리가 탈출할 수 있는 통로의 구실을 하는 틈이나 구멍이기 때문이다.

아마도 훨씬 더 나은 해결책은 변기였을 것이다. 변기의 물을 내리면 배설물이 사라지는 그 영역은, 사실상 사물들이 사라지는 소름 끼치도록 숭고한, 근원적이고 전前존재론적인 혼돈의 저 편을 상징하는 은유들 가운데 하나가 아닌가? 비록 우리는 그 배설물들이 어디로 나오게 되는지를 이성적으로는 알고 있지만 그래도 상상의 신비는 지속된다. 배설물은 우리의 일상적인 현실에 맞지 않는 어떤 여분의 것, 즉 과잉이다. 라캉은 한 짐승이 그의 배설물을 가지고 어찌할 바를 모르게 되는 순간, 즉 그것이 그를 불쾌하게 만드는 과잉으로 변하는 순간, 짐승의 단계에서 인간의 단계로 이동한다고 주장했고, 그는 옳았다. 그러므로 실재는 우선 변기 속에서 다시 출현한 소름 끼치도록 역겨운 사물이 아니다. 그것은 구멍 그 자체이며 다른 존재 계界order로 이동하는 통로 구실을 하는 틈이다. 그것은 위상位相적인 구멍 혹은 우리의 현실 공간을 '구부리는' 비틀림이다. 그래서 우리는 배설물이 우리의 일상적인 현실의 일부가 아닌 다른 차원으로 사라지는 것이라고 지각하게, 또는 상상하게 되는 것이다.

문제는 더욱 급진적인 환상의 모순이다. 이것은 모피어스(네오를 일자, 즉 '그'라고 믿는 저항 집단의 아프리카계 미국인 지도자)가 여전히 혼란스러워하는 네오에게 매트릭스가 무엇인지를 설명하려고 시도할 때 가장 명백하게 드러난다. 그는 상당히 결과론적으로, 매트릭스를 세계의 구조적인 실패에 연결시킨다.

모피어스 : "그것은 자네가 삶에 넌덜머리가 났다는 느낌이지. 세상이 뭔가 잘못되었다는 느낌. 그게 뭔지는 모르지만 어쨌든 자네 마음속에 박힌 가시처럼 자네를 미치게 만드는 거야……. 매트릭스는 모든 곳에 있어. 사방에 있지. 바

로 이 방 안에도 있어……. 그것은 진실을 보지 못하도록 자네의 눈을 가리는 세계야."
네오 : "무슨 진실이오?"
모피어스 : "자네가 노예라는 진실이지, 네오. 자네가 다른 모든 사람들처럼 날 때부터 노예 신세라는 진실 말야……. 자네도 다른 모든 사람들과 마찬가지로 냄새를 맡거나 맛을 보거나 만질 수 없는 감옥에서 태어난 거야. 자네 마음의 감옥 말야."

여기서 이 영화는 그것의 궁극적인 모순과 마주친다. 모피어스의 말에 따르면, 결핍·모순·장애의 경험은 우리가 현실로 경험하는 것은 거짓이라는 사실을 입증한다. 그러나 영화의 결말에 가까워지면 매트릭스의 요원인 스미스가 이와는 상반된, 훨씬 더 프로이트에 가까운 설명을 해 준다.

"최초의 매트릭스가 완벽한 인간 세계로 설계되었다는 것을 알고 있었나? 아무도 고통을 겪지 않고 모든 사람들이 행복한 세계 말야. 그건 재앙이었어. 아무도 그 프로그램을 받아들이려 하지 않았지. 건전지의 기능을 하는 인간들의 수확물 전체를 잃고 말았어. 우리들 중 일부는 너희들의 완벽한 세계를 묘사하는 프로그램 언어가 부족하다고 믿었지. 하지만 나는 종으로서의 인류는 고통과 불행을 통해 그들의 현실을 인식한다고 믿어. 완벽한 세계는 너희들의 원시적인 뇌가 계속해서 꿈에서 깨어나려고 애쓰게 만들었지. 매트릭스가 너희들의 문명의 절정으로 다시 설계된 것은 바로 그 때문이야."

우리 세계의 불완전성은 그러므로 그것의 가상성의 증거인 동시에 현실성의 증거이다. 우리는 사실상 스미스 요원이 영화 내부에서, 분석가적 인물의 역할을 한다고 주장할 수도 있을 것이다(잊지 말자. 그는 다른 사람들과 같은 인간이 아니라, 매트릭스(대타자) 그 자체의 직접적인 가상의 구현이다). 그가 주는 교훈은 넘을 수 없는 장애물의 경험이야말로 우리 인간들이 무언가를 현실로 지각하게 하는 긍정적인 조건이라는 것이다. 궁극적으로 현실은 인류가 저항하게 마련인 어떤 것인지 모른다.

사이버 공간은 인간을 그들의 신체로부터 해방시킨다
또한 기계들을 '그들의' 인간들로부터 해방시킨다

〈매트릭스〉에서 발견할 수 있는 또 하나의 모순은 죽음과 관련된 것이다. 어째서 매트릭스가 지배하는 가상현실에서 죽으면 '실제로도' 죽는가? 이 영화는 고의적으로 모호한 답변을 제시한다.

> 네오: "매트릭스에서 죽으면 여기서도 죽나요? 가상현실 안에서만이 아니라, 실제 현실에서도?"
> 모피어스: "육체는 정신이 없으면 살 수 없어."

이러한 해법의 논리는 '진짜' 육체란 오직 마음, 즉 자신이 몰입해 들어가는 정신세계와 연계했을 때에만 작용할 수 있다는 것이다. 그러므로 만약 가상현실에 있다가 죽으면, 이 죽음은 또한 실제 육체에도 영향을 미친다는 이야기다. 하지만 뭔가 불충분하다. 반대로 현실에서 죽을 때에만 진짜로 죽는다는 해석 역시 지나치게 불충분하다.

여기서 뜻하지 않은 문제도 발생한다. 주체는 매트릭스가 지배하는 가상현실에 **완전히** 몰입하는가? 아니면 그는 실제 상황을 알고 있거나 적어도 매트릭스가 거짓이라고 **의심**은 하는가? 만약 첫 번째 질문에 대한 답이 '그렇다'라면, 그저 타락 이전의 아담의 상태로 물러나기만 해도 우리는 가상현실에서 불멸할 수 있을 것이다. 그리고 결과적으로 이미 가상현실에의 완전한 몰입에서 해방된 네오는, 매트릭스가 통제하는 가상현실 안에서 발생하는 스미스 요원과의 싸움에서도 **살아남아야**만 한다(그가 총알들을 멈추게 할 수 있는 것과 마찬가지로, 네오는 자기 몸에 상처를 어떤 입히는 타격도 탈현실화할 수 있어야 한다). 이것은 다시 우리를 프랑스의 철학자 말브랑슈Nicolas Malebranche의 우인론偶因論 : 신의 피조물인 물체나 정신 등이 원인으로서 작용할 수 있다는 것을 인정하지 않고 일체 현상의 진정한 작용인(作用因)으로 신만을 인정하는 설 - 옮긴이으로 이끈다. 매트릭스는, **궁극적으로** 세계를 그의 마음속에서 지탱하고 있는 버클리George Berkeley : 영국의 철학자이자 성직자. 버클리 철학의 근본 명제는 '존재한다는 것은 지각된다는 것'으로 요약된다 - 옮긴이의 신보다는 말브랑슈의 우인론적인 신에 훨씬 더 가깝다.

말브랑슈는 의심할 여지 없이 가상현실을 설명하기 위한 최고의 개념적인 도구를 제공했던 철학자였다. 말브랑슈는 데카르트의 사도였지만 물질적인 실체와 정신적인 실체, 즉 육체와 영혼 사이의 조화를 뇌의 송과선을 들어 설명하는 데카르트의 우스꽝스러운 방식을 폐기처분한다. 만약 둘 사이의 접촉이 없다면, 즉 영혼이 원인이 되어 육체에 작용하거나 혹은 그 반대로 작용할 수 있는 지점이 없다면, 우리는 어떻게 그들의 조화를 설명할 수 있겠는가? 두 인과 관계의 네트워크(내 마음속 생각들의 네트워크와 육체적인 상호 연결의 네트워크)가

전적으로 독립적이므로 유일한 해법은 제3의 진정한 실체, 즉 신이 연속성의 외관을 유지하면서 둘 사이를 끊임없이 조정하고 중개한다고 보는 것이다.

그에 따르면, 손을 들어올리는 것에 대해 생각한 후 내 손이 실제로 들어 올려질 때 내 생각은 내 손이 들어 올려지는 것을 직접적으로 조정하는 것이 아니다. 그것은 오직 '우연에 의해' 야기될 뿐이다. 신은 내 손을 들어 올리려는 내 생각을 알아차리고 실제로 내 손이 들어 올려지는 것으로 이끄는 다른 물질적인 인과적 연쇄를 작동시킨다.

만약 '신을' 대타자, 즉 상징계로 대체한다면 우리는 우인론이 라캉의 입장에 근접한다는 것을 발견할 수 있을 것이다. 라캉이 '텔레비전'[12])에서 전개한 아리스토텔레스를 반박하는 논쟁에서 설명했듯이, 정신과 육체의 관계는 결코 직접적이지 않다. 왜냐하면 대타자가 언제나 그 둘 사이를 간섭하기 때문이다.

그러므로 우인론은 본질적으로 '기표의 자의성'에 대한 이론이고, 육체의 (실제적인) 인과 관계의 네트워크에서 생각들의 네트워크를 분리시키는 틈gap에 대한 이론이며, 두 네트워크를 조화시키는 것은 대타자이고 그래서 나의 몸이 사과를 한 입 베어 물면 나의 정신이 쾌감을 경험한다는 사실에 대한 이론이다.

태양이 다시 뜨는 것을 보장받기 위해 인간을 희생물로 바치는 제의를 준비했던 고대 아즈텍Aztec 제사장도 이과 같은 '틈'을 표적으로 삼았던 것이다. 그는 인간을 희생시키는 제의를 통해 육체적인 필요성과 상징적인 사건들의 연결 사이에서 조화를 유지시켜 줄 것을 신에게 호소했다. 아즈텍 제사장의 인신공양이 아무리 '비합리적'으로 보일지라도, 그것의 저변에 깔려 있는 전제는 우리의 평범한 직관보다 훨씬 더 통찰력 있다. 우리의 평범한 직관에 따르면 육체와 정신 사이의 조정은 직접적이다. 내가 사과를 베어 물 때 쾌감을 느끼는 것은 '자연스럽다.' 이러한 감각은 사과가 직접 야기한 것이기 때문이다. 여기서 우리가 흔히 간과하는 것은, 현실과 그것에 대한 정신적인 경험 사이의 조화를 보장하는 대타자의 중개 역할이다.

그렇다면 그것은 우리가 가상현실에 몰입하는 것과 똑같지 않은가? 내가 가상 공간에서 어떤 물체를 밀어 움직이기 위해 내 손을 들어 올리면 이 물체는 실제로 움직인다. 이때 내 손이 그 물체의 이동을 직접 야기했다는 것은 물론 나의 환상이다. 이렇게 몰입할 때 나는 컴퓨터화 된 조정의 복잡한 메커니즘, 즉 우인론에서 두 개의 일련의 단계를 조정하는 신의 역할과 일치하는 메커니즘을 간과하는 것이다.[13]

우리는 누구나 승강기에 흔히 있는 '닫힘' 단추가 실제로는 없어도 된다는 것을 잘 알고 있다. 단추는 그저 사람들에게, 자기가 승강기 여행의 속도를 높이는 데 어떤 식으로든 참여하고 기여한다는 인상을 주기 위해 그곳에 있다. 우리가 이 단추를 누르면 문은 닫힌다. 그러나 그때 문이 닫히는 속도는 우리가 굳이 '닫힘' 단추를 눌러 '속도를 높이는' 일 없이 그저 가고자 하는 층의 단추를 누르기만 했을 때와 똑같다. 이러한 거짓 참여는 개인들이 '포스트모던'적 정치 과정에 참여하는 것에 대한 적절한 은유가 될 수 있다. 이것은 가장 순수한 형태의 우인론이다. 말브랑슈에 의하면 우리는 언제나 그러한 단추들을 누른다. 하지만 그 행위와 그 뒤를 따르는 (문이 닫히는) 사건 사이를 조정하는 것은 신의 단절 없는 활동이다. 우리는 자기가 그 단추를 눌렀기 때문에 그 사건이 발생했다고 생각하겠지만 말이다.

그런 이유 때문에, 사이버 공간이 우리의 삶에 영향을 미치는 방식에 대한 근본적인 모호성을 계속 열어 둔다는 것은 매우 중요하다. 이것은 기술 자체가 아니라 그것의 사회적인 등록 양식에 달려 있다. 사이버 공간에 몰입하면 우리의 육체적인 경험은 더욱 강화될 수 있다 (새로운 관능, 더 많은 기관을 가진 새로운 신체, 새로운 성……). 하지만 그것은 또한 사이버 공간을 작동시키는 기계 장치를 조작하는 사람이 문자 그대로 우리 자신의 (가상의) 신체를 훔쳐 우리에게서 그것에 대한 통제권을 빼앗을 가능성을 남긴다. 그렇게 된다면 사람들은 더 이상 그들의 신체를 '자기 자신의 것'으로 다루지 못하게 된다.

여기서 우리는 '병합 mediatization'이라는 개념이 구성하는 모호성과 마주친다.[14] 원래 이 개념은 주체로부터 그것의 직접적인 결정권을 박탈하는 형식적인 의사 표시를 가리켰다. 정치적 병합의 위대한 대가는 나폴레옹이다. 그는 자신이 정복한 군주들에게 힘의 외양은 유지할 수 있도록 해 주되 사실상 그것을 행사하지는 못하도록 했다. 좀 더 일반적인 수준에서 군주들을 그런 식으로 '병합'하면 곧 입헌 군주국의 정치 형태가 된다. 입헌 군주국의 군주는 (i에 점을 찍고 t에 가로선을 긋는) 순전히 형식적이고 상징적인 지위로 전락한다. 그가 하는 일이라고는, 선거를 통해 선출된 정부가 그 내용을 이미 다 결정해 놓은 칙령에 서명하고 그것에 실행력을 부여하는 것뿐이다.

여기에 약간의 변화를 주어 보자. 오늘날 우리의 일상적인 삶이 점차 전산화되어 가는 것에도 이와 똑같은 해석을 적용할 수 있지 않을까? 일상의 삶이 전산화되어 가는 과정에서, 겉으로 보기에는 주체의 힘이 마치 증가하는 것처럼 보이지만 사실 주체 역시 점점 시스템에

'병합되어' 가며 자기도 모르는 사이에 그 힘을 박탈당한다. 우리의 신체가 (전자 매체의 네트워크에 사로잡혀) 병합될 때 그것은 동시에 급진적인 '무산 계급화' 의 위험에 노출된다. 즉 주체는 잠재적으로 순전히 달러 기호로 전락한다. 기계적인 타자가 나 자신의 개인적인 경험마저 훔치고 조작하고 규제하기 때문이다.

여기서 우리는 앞으로 발생하게 될 가상 세계화 virtualization가, 말브랑슈의 우인론이 말하는 신의 위치와 정확히 일치하는 위치를 컴퓨터에 부여하고 있는 것을 볼 수 있다. 컴퓨터가 나의 마음과 가상현실에서의 나의 움직임 사이의 관계를 조정함으로써 사악한 신처럼 행동하게 될 수 있다는 것을 우리는 쉽게 상상할 수 있다. 컴퓨터는 나의 마음과 나의 신체 경험 사이의 조화를 방해할지도 모른다. 손을 들어 올리려는 내 마음의 신호가 (가상) 현실에서 중단되거나 심지어 거꾸로 행동하도록 방해를 받을 때 '내 것' 으로서의 가장 근본적인 신체 경험은 훼손당한다. 그러므로 사이버 공간은 독일인 판사 슈레버Schreber가 (프로이트는 그의 회고록을 분석한 바 있다) 정교하게 만들어 낸 편집증적 환상을 사실상 실행하고 있는 것처럼 보인다.[15] '유선화된 세계The wired world' 는, 그것이 신성한 광선에 대한 슈레버의 환각을 구체화하고 있는 듯 보이는 한, 정신병적이다. 슈레버는 그 신성한 광선을 통해 신이 직접적으로 인간의 마음을 통제한다고 믿었다.

다시 말해 컴퓨터에서 대타자가 구체화되는 것은, 유선화된 세계의 본질적인 편집증을 설명한다고 볼 수 있다. 혹은 다른 식으로 표현한다면, 사이버 공간에서는 의식을 컴퓨터에 내려 받는 능력이 마침내 사람들을 그들의 신체로부터 해방시킨다. 그러나 그것은 또한 기계들을 '그들의' 인간들로부터 해방시킨다.

인류가 세계에 지나치게 개입한 데 대한
대가를 치르는 공상의 각본

마지막 모순은 영화의 마지막 장면에서 네오가 선언하는 인류 해방의 모호한 지위와 관련된 것이다. 네오가 개입함으로써 매트릭스에는 '시스템 오류'가 발생한다. 동시에 네오는 여전히 매트릭스의 노예로 살고 있는 사람들에게 구세주로서 말을 건다. 그는 그들에게 매트릭스의 속박으로부터 스스로를 해방시킬 수 있는 방법을 가르쳐 주려 한다. 그렇게 되면 그들은 물리적인 규칙들을 깨고 금속을 구부리고 허공을 날 수 있을 것이다.

그러나 문제는 이러한 모든 '기적들'이 우리가 매트릭스에 의해 유지되는 가상현실 안에 남아서 그것의 규칙들을 바꿀 때에만 가능하다는 것이다. 그렇다면 우리의 '진짜' 신분은 여전히 매트릭스의 노예이다. 말하자면 우리는 단지 우리의 정신적인 감옥의 규칙들을 변화시킬 수 있는 부가적인 힘을 얻고 있을 뿐이다. 그렇다면 매트릭스로부터 완전히 빠져나와 '진짜 현실'로 들어가는 것은 어떤가? 진짜 현실 속의 우리는 파괴된 지구 위에 살고 있는 불쌍한 존재들이다.

독일의 사회 철학자이자 음악가인 아도르노 Theodor Adorno 식으로 보자면 이러한 모순들*이 드러나는 순간이야말로 이 영화 속의 진실의 순간이라고 주장할 수 있을 것이다. 이 모순들은 우리 속에 잠재된 후기 자본주의적 사회 경험에 대한 적대감을 나타낸다. 이러한 적대감은 현실과 고통(쾌락 원칙의 지배를 방해하는 것으로서의 현실), 자유와

---

* 이와 관련된 좀더 눈에 띄는 불일치 역시 매트릭스가 운영하는 세계에서의 주체 상호성의 지위와 연관되어 있다. 어째서 모든 개인들이 똑같은 가상현실을 공유하는가? 왜 그런가? 왜 개인들은 각자가 선호하는 가상현실을 소유하지 않는가?

통제(그것의 완전한 전개를 가로막는 시스템 내에서만 가능한 자유) 등 서로 짝을 이루는 존재론적 쌍들과 관련된다.

하지만 이 영화의 궁극적인 힘은 다른 수준에 놓여 있다. 몇 년 전 〈자르도즈 Zardoz〉 혹은 〈로건의 도주 Logan's Run〉 등의 SF 영화 시리즈들은 오늘날의 포스트모던적 곤경을 예측했다. 이들 영화는 예를 들면 '외딴 곳에서 무균의 삶을 살고 있는 고립된 집단이 부패의 현실 세계를 경험하고자 열망한다'는 식의 내용이 주류를 이룬다. 포스트모더니즘 이전의 유토피아는 역사적인 시간의 실재를 뚫고 나가 무시간의 타자성 Otherness으로 들어가려는 노력이었다. 하지만 포스트모던 시대가 도래하여 '역사의 끝'과 디지털화 된 기억 속에서 과거를 완전하게 이용할 수 있는 가능성이 생기게 되고, 우리가 무시간의 유토피아를 일상적이고 관념적으로 경험하며 살아가게 되면서, 유토피아는 역사 자체의 현실성에 대한 갈망, 기억에 대한 갈망, 진짜 과거의 흔적들에 대한 갈망이 되었다. 그것은 폐쇄된 돔 건물을 뚫고 나와 부패하고 냄새나는 날것의 현실로 들어가려는 시도로 표현된다.

〈매트릭스〉는 유토피아와 디스토피아(결함 사회)를 결합시키면서 이러한 반전에 마지막 손질을 가한다. 우리가 살고 있는 바로 이 현실, 매트릭스가 상연하는 무시간의 유토피아는, 사실은 우리를 매트릭스에 에너지를 공급하는 수동적인 상태의 '살아 있는 건전지'로 전락시키는 곳이다.

그러므로 이 영화가 주는 독특한 충격은 그것의 중심 주제(우리가 현실로 경험하는 것은 매트릭스, 즉 우리 모두의 마음에 직접적으로 부착된 거대 컴퓨터가 산출하는 인공적인 가상현실이라는 것)에서라기보다는, 그것의 중심적인 이미지 다시 말해 수백만의 인간들이 매트릭스에 공급할 에너지를 생산하기 위해 정체 모를 액체가 가득 찬 고치 안에 산 채로 갇혀 공포스러운 밀실의 삶을 영위하는 모습에서 비롯된다. 그래서 그 사람들이 (혹은 그 중 일부가) 매트릭스가 통제하는 가상현실에 대한 몰입에서 '깨어날' 때, 이러한 깨어남은 현실의 광활한 공간을 향한 열림에 앞서 우선 자신이 밀실에 갇혀 있다는 무시무시한 깨달음을 안겨 준다. 우리는 그 안에서 사실상 양수와 비슷한 액체에 담긴 태아 수준의 유기체에 불과하다. 이러한 철저한 수동성은, 능동적이고 자기 단정적인 주체로서 자기의식을 지탱하기 위해 배제되는 환상이다. 그것은 궁극적으로 도착적 환상이자, 우리가 결국 타자(매트릭스)의 주이상스 Jouissance : 라캉의 용어로 간단히 말해 자신을 고통으로 몰고 가면서까지 쾌락을 느끼는 것을 뜻한다 - 옮긴이 노릇을 하는 도구들일 뿐이라는 견해이다.

거기에 이런 수수께끼가 남는다. 매트릭스는 어째서 인간의 에너지를 필요로 하는가? 단순히 에너지와 관련된 해법만을 찾는 것은 무의미하다. 매트릭스는 굳이 수백만의 인간 단위들을 위해 가상현실을 극도로 복잡하게 배열하고 조정하는 수고를 할 필요 없이 다른 좀 더 믿을 만한 에너지원을 손쉽게 찾을 수도 있었을 것이다. 여기서 또 하나의 문제를 발견할 수 있다. 왜 매트릭스는 각 개인을 그 자신의 유아론唯我論적 인공의 세계자아 이외의 객관적인 세계는 존재하지 않고 모든 것은 자아의 내용에 지나지 않는 유아적인 인공 세계 - 편집자에 몰입시키지 않는가? 어째서 모든 인간이 하나의 똑같은 가상 세계에 살도록 프로그램을 조정함으로써 문제를 복잡하게 만드는가?

이들에 대한 유일하게 일관된 답변은 매트릭스가 인간의 주이상스로 산다는 것이다. 그래서 우리는 라캉의 기본적인 논제로 돌아간다. 즉 대타자 자체는 익명의 기계와는 거리가 멀며 끊임없는 주이상스의 유입을 필요로 한다. 바로 이것이 우리가 이 영화가 제시하는 상황들을 다르게 바라보는 방법이다. 이 영화는 인간이 자신의 진정한 상황에 눈뜨는 장면을 그리고 있지만 사실은 그 정반대이다. 즉 그 자체가 인간의 존재를 지탱하는 기본적인 환상인 것이다.

도착과 사이버 공간 사이의 밀접한 관련은 오늘날 흔한 일이다. 도착은 '죽음과 성욕'의 모티프, 즉 필멸성의 위협과 성별의 임의적인 부과에 대항하는 방어 기제로 볼 수 있다. 도착자가 상연하는 것은 만화에서와 같이 인간이 어떤 재난에서도 살아 남는 세계이다. 그 안에서는 성인의 성욕이 유치한 게임으로 전락한다. 그 안에서는 죽음을 강요당하지도 않고, 두 성별 가운데 하나가 억지로 주어지지도 않는다. 도착자의 세계는 그 자체가 순수한 상징계이고 유희의 세계로, 이것은 인간의 유한성이라는 실재의 제약을 받지 않는다.

사이버 공간 체험은 이 세계에 완벽하게 들어맞는 것처럼 보일지도 모른다. 사이버 공간 역시 실재의 제약을 받지 않고 오직 그것이 자체 부과한 규칙들에 의해서만 제한되는 세계가 아닌가? 그리고 〈매트릭스〉의 가상현실도 이와 마찬가지 아닌가? 우리가 살고 있는 '현실'은 그것의 냉혹한 특성을 잃는다. 그것은 (매트릭스가 부과한) 자의적인 규칙들의 영역이 된다. 그리고 인간의 의지가 충분히 강하다면 그는 그 규칙들을 깨뜨릴 수도 있다. 그러나 라캉에 의하면 이러한 표준적인 관념은, 도착에서 타자와 주이상스 사이의 독특한 관계를 도외시하고 있다. 이것은 정확히 무엇을 의미하는가?

아도르노와 호르크하이머는 〈계몽의 변증법The Dialectic of Enlightenment〉 중 결론 부분인 '진보의 대가(代價)Le prix du progres'에서 클로로포름을 이용한 의학적 마취에 반대했던 19세기 프랑스 생리학자 피에르 플로렌스의 주장을 인용했다. 플로렌스는 마취제가 오직 우리 기억의 신경 네트워크에만 작용한다는 것을 증명할 수 있다고 주장한다. 간단히 말해 수술대 위에서 산 채로 여기저기 칼질을 당하는 동안 우리는 그 끔찍한 고통을 완전히 느끼는데, 단지 깨어난 후에 그것을 기억하지 못할 뿐이라는 것이다. 아도르노와 호르크하이머에게 이것은 자연에 대한 억압을 기반으로 하는 이성의 운명에 대한 완벽한 은유이다. 주체에서 자연에 속하는 부분이라고 할 수 있는 신체는 그 고통을 완전히 느낀다. 억압 때문에 주체가 그것을 기억하지 못할 뿐이다. 이를 통해 자연은 우리가 그것을 지배한 데 대한 복수를 하고 있는 셈이다. 우리는 스스로의 몸에 산 채로 칼질을 하면서 자기도 모르는 사이에 스스로의 가장 큰 희생물이 된다. 이것을 우리가 세계에 지나치게 능동적으로 개입한 데 대한 대가를 치르는 공상의 각본으로 읽어 낼 수 있지 않겠는가? 이 각본에서 우리는 완전히 타자에 의해 조종된다.* 가학-피가학적 성애자는 존재에 접근하기 위해서 기꺼이 이러한 고통을 감수한다.

아마도, 히틀러의 전기 작가들이 1931년 히틀러의 뮌헨 아파트에서 히틀러와 함께 죽은 채로 발견된 그의 질녀 겔리 라우벨과의 관계에 대해 그렇듯 집착하는 것도 이와 같은 맥락에서 설명할 수 있을 것이다. 그들은 마치 근거 없이 주장되고 있는 히틀러의 성 도착이 그의 끔찍한 인격을 설명해 줄 숨겨진 변수, 누락된 연결 고리 혹은 환상의

---

* 헤겔은 자유의 전 존재론적인 심연을 채워 넣는 환상의 기능을 논증함으로써 이러한 환상을 '가로지른다.' 그는 주체가 본체론적 질서로 편입되는 긍정적인 장면을 다시 구성한다. 다시 말해, 헤겔에게 칸트의 비전은 무의미하고 모순된다. 왜냐하면 그것은 존재론적으로 완전히 구성된 신성한 전체성, 즉 오직 실체로서만 이해되며 주체로는 여겨지지는 않는 세계를 다시 도입하기 때문이다.

토대를 제공해 줄 것처럼 그들의 관계를 파헤친다. 여기 오토 스트라세Otto Strasser가 기록한 각본이 있다.

히틀러는 그녀에게 옷을 벗으라고 했다. 그녀가 옷을 벗는 동안 히틀러는 바닥에 누워 있었다. 그녀는 히틀러가 아주 가까운 거리에서 관찰할 수 있도록 그의 얼굴 위로 쭈그리고 앉아야 했다. 이것은 그를 매우 흥분시켰다. 이러한 흥분이 절정에 달했을 때 히틀러는 그녀에게 그의 얼굴 위로 오줌을 누도록 요구했다. 그리고 그것은 히틀러에게 쾌감을 주었다.

여기서 중요한 것은 이 각본에서 나타나는 히틀러의 철저한 수동성이다. 이것은 그를 파괴적인 대중 정치 활동에 광적으로 몰입하게 하는 환상의 버팀목이다. 겔리가 이러한 의식에 절망하고 역겨워했다는 것은 놀랄 일이 아니다.

〈매트릭스〉의 올바른 통찰력은 도착의 두 가지 측면을 병치한다는 데 있다. 한 가지는, 현실이라는 것이 일시적으로 무력화될 수 있는 자의적인 규칙들에 의해 규제당하는 가상의 영역으로 전락한다는 것이다. 다른 한 가지는, 주체가 순전히 도구화된 수동성으로 전락하는데 이것이 자유의 숨겨진 진실이라는 것이다.

슬라보예 지젝Slavoj Žižek은 류블랴나 대학의 철학과 교수이며, 서유럽 학자들이 '동유럽의 기적'으로 지칭한 세계적인 석학이다. 현실정치에도 적극적인 관심을 보여 1990년 슬로베니아 공화국 대통령 후보로 출마하기도 했다. 그의 대표적인 저서 가운데 우리나라에서 출간된 것은 〈믿음에 대하여On Belief〉〈향락의 전이The Metastases of Enjoyment〉〈당신의 징후를 즐겨라Enjoy Your Symptom!〉〈삐딱하게 보기Looking Awry〉 등이다. 많은 사람들은 그를 남자라고 생각한다.

옮긴이의 말

〈매트릭스〉는 최첨단의 컴퓨터 그래픽과 현란한 액션 그리고 짜임새 있는 줄거리의 속도감 있는 전개로 전세계의 영화팬들을 매료시켰다. 이것은 개봉되자마자 새로운 문화적 코드로 떠올랐고, 유행의 중심에 자리하게 되었다.

하지만 이 영화의 진정한 매력은 공상 과학 액션 블록버스터라는 화려한 포장지에, 자유와 실존의 문제, 현실과 가상현실의 문제 등 고전적이면서도 동시대적인 철학적 성찰들을 멋지게 담아낸 데 있다.

그러므로 윌리엄 어윈이 '대중문화와 철학' 총서를 기획하면서 이 작품에 주목한 것은 우연이 아니다. 아니, 사실 그는 〈매트릭스〉를 통해 철학을 이야기하고 싶어 하는 수많은 학자들 가운데 한 사람일 뿐이다. 〈매트릭스〉야말로 다양한 철학적인 문제들을 가장 대중적으로, 그리고 가장 흥미롭게 풀어낸 작품이기 때문이다.

〈매트릭스로 철학하기〉는 철학이 대학 연구실에만 있는 것이 아니라 우리들에게 익숙한 (대중문화를 비롯해) 일상에도 자리 잡고 있다는 것을 보여주기 위한 하나의 시도이다. 이 책은, '가상현실' 이라는 개념에 너무나도 익숙해져 그것이 더 이상 어떤 '성찰' 의 대상이 아니고, 소크라테스 예수 붓다 등 네오라는 인물이 가지고 있는 다양한 얼굴보다는 키아누 리브스라는 배우가 착용한 가죽옷이나 선글라스에

열광하는 관객들에게, 이 영화가 가지고 있는 철학적 함의를 이해할 수 있는 실마리를 제공한다. 또 〈매트릭스〉에 대해 자신만의 해석과 시각을 가지고 있던 사람들 역시 이 책에서 자신의 생각과 비슷한 혹은 다른 생각들을 발견하는 재미를 느낄 수 있을 것이다.

 이 책에 담긴 인식론, 형이상학, 실존주의, 종교 철학, 윤리학, 마르크시즘, 포스트모더니즘, 정신 분석학적 논의들은 모두 〈매트릭스〉를 다루고 있다.

 하지만 그것이 이 책의 전부는 아니다. 각각의 원고 중심에는 〈매트릭스〉라는 영화 자체보다는 그것이 제기하는 다양한 철학적 의문들이 자리 잡고 있으며, 이 책이 단순히 영화 〈매트릭스〉 분석서에 그치는 것이 아니라 윌리엄 어윈이 희망한 대로 철학 공부의 입문서가 될 수 있는 것은 바로 이 때문이다.

 그는 이 책을 통해 독자들이 "내가 무엇을 알 수 있는가? 실재란 무엇인가? 행복이란 무엇인가? 마음이란 무엇인가? 자유란 무엇이고, 우리는 과연 그것을 가지고 있는가? 인공 지능이 가능한가?" 등의 질문들을 탐구하기를 바란다.

 하지만 이러한 탐구 과정에는 고통이 수반될 지도 모른다. 그 고통이 겪을 만한 가치가 있는 것인지 여부는 이 책을 펼쳐 보기로 선택한 사람들만이 알 수 있다.

　자, 빨간 약과 파란 약을 앞에 둔 네오와 마찬가지로 우리는 선택의 상황에 놓여 있다. 이 책을 볼 것이냐, 말 것이냐?

　각기 다른 저자의, 각기 다른 철학 분야의 논문들을 번역하는 것은 쉬운 일이 아니었다. 함축적인 내용과 복잡한 비유들은 될 수 있는 한 쉽게 풀어서 번역하려고 노력했다. 오류를 피하기 위해 관련 서적 참조와 인터넷 검색을 게을리 하지 않았지만, 그럼에도 불구하고 걱정이 앞선다. 잘못된 점이 있다면 바로잡아 주길 바란다.

2003년 6월 19일

이운경

주_notes >>

1부

1) 플라톤과 소크라테스의 복잡한 관계에 대한 논의를 보려면 〈자인필드와 철학 : 모든 것과 무無에 대한 책Seinfeld and Philosophy : A Book about Everything and Nothing〉 (시카고 : 오픈코트, 2000) 3~5쪽에 수록된 나의 〈제리와 소크라테스 : 시험된 삶?〉을 참조할 것.

2) 르네 데카르트Rene Descartes 〈데카르트의 철학적 저술들The philosophical Writings of Descartes〉 J. 코팅엄, R. 스투토프, D. 머독이 옮기고 편집함 (케임브리지 : 케임브리지 대학 출판부, 1985) 12쪽.

3) 페터 웅거Peter Unger 〈무지Ignorance〉(옥스포드 : 클러렌돈, 1975) 7~8쪽.

4) 힐러리 퍼트넘Hilary Putnam 〈이성, 진실 그리고 역사Reason, Truth and History〉 (뉴욕 : 케임브리지 대학 출판부, 1981) 5~8쪽. 퍼트넘 자신은 이 각본을 회의론을 옹호하기 위해 사용하지는 않았지만, 그의 저작은 그러한 논의에 상당한 기여를 했다.

5) 데이비드 루이스David Lewis「파악하기 어려운 지식Elusive Knowledge」〈호주-아시아 철학 저널Australasian Journal of Philosophy)〉(1996) 74호 549~567쪽.

6) 이 쟁점에 대한 명확한 토론을 보고 싶다면 다음을 참조할 것 : 테오도어 시크 Theodore Schick, Jr.와 루이스 본 Lewis Vaughn 〈기표한 것들에 대해 생각하는 방법 How To Think about Weird Thing〉(마운틴 뷰 : 메이필드, 1995) 211~219쪽.

7) 주 6과 같은 책 100쪽.

8) 버나드 윌리엄스Bernard Williams 〈데카르트Descartes〉(애틀랜틱 하이랜즈 : 인문학 출판부, 1978).

9) 마틴 가드너Martin Gardner 〈철학적 저술가의 까닭들The Whys of a Philo-sophical Scrivener〉(뉴욕 : 퀼Quill, 1983) 15쪽 시크와 본의 책에서 인용함 87쪽.

10) 로버트 노지크Robert Nozick 〈무정부, 국가 그리고 유토피아Anarchy, State and Utopia〉(뉴욕 : 베이식 북스, 1974) 42~45쪽.

11) 제레미 벤담Jeremy Bentham 〈도덕과 입법의 원칙에 대한 서문(An Introduction to the Principles of Morals and Legislation)〉(뉴욕 : 하프너, 1948) 그리고 존 스튜어트 밀John Stuart Mill 〈공리주의Utilitarianism〉(인디애나폴리스 : 해켓, 1979)를 보라.

12) 주 10과 같은 책 43쪽.

13) 주 10과 같은 책 32~44쪽.
14) 주 10과 같은 책 44쪽.
15) 셀리 R. 애들러Shelley R. Adler 「몽 이민자들 사이의 갑작스럽고 원인 모를 야간사신드롬 : 악몽의 역할을 검토하기Sudden Unexplained Nocturnal Death Syndrome among Hmong Immigrants ; Examining the Role of the Nighimare」〈미국 민속 저널Journal of American Folklore〉 104 : 411 (1991) 54~71쪽.
16) 오언 플래너건Owen Flanagan 〈꿈꾸는 영혼들 : 잠, 꿈 그리고 의식적인 마음의 진화(Owen Flanagan, Dreaming Souls : Sleep, Dreams and Evolution of the Conscious Mind)〉 (옥스퍼드 : 옥스퍼드 대학 출판부, 2000) 15쪽.
17) 주 16과 같은 책 173쪽.
18) 아마도 이 부분과 관련하여 가장 잘 알려진 논의는 힐러리 퍼트넘의 다음 글에서 찾아볼 수 있을 것이다. 「큰 통 속의 뇌Brains on a Vat」〈이성, 진실 그리고 역사〉 (케임브리지 : 케임브리지 대학 출판부, 1981) 1~21쪽.
19) 캐롤린 코스마이어Carolyn Korsmeyer 〈맛을 이해하기 : 음식과 철학Making Sense of Taste : Food and Philosophy〉 (이타카 : 코넬 대학 출판부, 1999) 1장.
20) 냄새와 질병이라는 주제에 관해서는 다음을 참조할 것 : 알랭 코르뱅Alain Corbin 〈악취와 향기 : 냄새와 프랑스의 사회적 상상력 The Foul and the Fragrant : Odor and the French Social Imagination〉 M. 코첸, R. 포스터, C. 프렌더개스트 옮김 (케임브리지 : 하버드 대학 출판부, 1986).
21) 래리 워쇼스키Larry Wachowski와 앤디 워쇼스키Andy Wachowski 〈매트릭스 The Matrix〉 1996년 4월 8일.
〈http://www.geocities.com/Area1/Capsule/8448/Matrix.txt〉

2부

1) 철학에서, 그리고 미국의 동시대 대중 문화와 관련된 것으로서의 허무주의에 대한 논의를 참조하고 싶다면, 나의 책 〈무無에 대한 극들 : 엑소시스트에서 자인필드에 이르는 대중문화에서의 허무주의Shows About Nothing : Nihilism in Popular Culture from The Exorcist to Seinfeld)〉 (댈러스 : 스펜스, 1999)를 참조할 것.
2) 〈지하 생활자의 수기Notes from Underground〉의 역사적인 논쟁적 문맥에 관한 논의를 참조하려면 다음을 보라 : 조셉 프랭크, 〈도스토예프스키 : 해방의 움직임, 1860~1865 The Stir of Liberation, 1860~1865〉 (프린스턴 대학 출판부, 1986) 310~347쪽.
3) 〈지하 생활자의 수기〉의 본문은 모두 페비어와 볼로콘스키의 훌륭한 번역본에서 인용한 것이다. (뉴욕, 노프, 1993) 13쪽 인용.

4) 주 3과 같은 책 24쪽.
5) 주 3과 같은 책 24쪽.
6) 주 3과 같은 책 37쪽.
7) 주 3과 같은 책 129~130쪽.
8) 애드리언 매클린Adrienne Maclean「미디어 효과: 마샬 맥루한, 텔레비전 문화 그리고 'X-파일' Media Effects : Marshall Mcluhan, Television Culture and 'The X-Files'」〈계간 영화Film Quarterly〉(1998년 여름) 51호 2~9쪽.
9) 〈메인 스트리트의 악몽 : 천사들, 새도매저키즘 그리고 고딕 문화Nightmare on Main Street : Angels, Sadomasochism and the Culture of the Gothic〉(케임브리지 : 하버드 대학 출판부, 1997) 77쪽.
10) 〈달랑베르와 디드로의 대화Conversation Between D'Alembert and Didrot〉〈지하 생활자의 수기〉133쪽에서 인용됨.
11) 장 폴 사르트르 〈존재와 무無Being and Nothingness〉(뉴욕 : 워싱턴 스퀘어 프레스, 1956).
12) 알베르 카뮈Albert Camus「부조리한 추리Absurd Reasoning」〈시지푸스의 신화와 다른 에세이들The Myth of Sisyphus and Other Essays〉(뉴욕 : 빈티지, 1955)에 수록.
13) 모두 마르틴 하이데거Martin Heidegger 〈존재와 시간Being and Time〉에서 인용 40 · 119 · 181 · 245쪽.
14) '사르트르의 〈구토〉와 존재를 받아들이기'는 글 전체적으로 장 폴 사르트르의 〈구토Nausea〉를 인용해 풀어썼다. 2 · 4 · 5 · 13 · 16 · 17 · 55 · 77 · 100 125 · 127 · 129 · 134 · 160 · 174 쪽 등에서 인용함.
15) 주 13과 같은 책 172쪽.
16) 주 14와 같은 책 131쪽.
17) 주 14와 같은 책 133쪽.
18) 주 14와 같은 책 5쪽.
19) 주 11과 같은 책 78쪽.
20) 제롤드 레빈슨Jerrold Levinson은 이와 관련하여 경합하는 이론들을 훌륭히 설명한다. 메트 요르트, 수 레비버가 편집한 〈감정과 예술Emotion and the Arts〉(옥스퍼드 : 옥스퍼드 대학 출판부, 1997)에 수록된 그의「예술에 반응하는 감정 : 그 분야에 대한 조사Emotion in Response to Art : A Survey of the Terrain」20~34쪽을 보라.
21) 켄들 월턴Kendall Walton 〈가장으로서의 모방Mimesis as Make-Believe〉(옥스퍼드 : 옥스퍼드 대학 출판부, 1990)을 보라.
22) 노엘 캐롤Noel Carroll 〈공포의 철학 혹은 마음의 역설The Philosophy of Horror or Paradoxes of the Heart〉(뉴욕 : 루트리지, 1990) 그리고 피터 라마르크Peter Lamarque

「어떻게 우리는 허구에 대해 연민과 공포를 느낄 수 있는가? How Can We Pity and Fear Fictions?」〈영국 미학 저널British Journal of Aesthetics〉(1981) 21호 291~304쪽을 보라.
23) 로저 섕크Roger Schank 〈내게 이야기를 해다오 : 서사와 지성Tell Me a Story : Narrative and Intelligence〉(에반스톤 : 노스이스턴 대학 출판부, 1998) 115쪽.

3부

1) 〈中部 (Majjhima-nikaya)〉 1.415, 데이비드 J. 칼루파나David J. Kalupahna 〈불교 철학의 역사 : 계속과 단절A History of Buddhist Philosophy : Continuities and Discontinuities〉(호놀룰루 : 하와이 대학 출판부, 1992) 106쪽.
2) 제임스 포드James Ford는 그의 〈불교, 기독교 그리고 매트릭스Buddhism, Christianity and The Matrix〉와 〈종교와 영화 저널Journal of Religion and Film〉 4:2, 2000년 10월에서 이것이 대승 불교의 요가카라 학파의 결론이라고 통찰력 있게 지적한다.
3) 칼루파나, 주 1과 같은 곳.
4) 타쿠안 소호Takuan Soho 〈구속에서 벗어난 마음 : 선의 대가가 검의 대가에게 보내는 글The Unfettered Mind : Writings of the Zen Master to the Sword Master〉 윌리엄 스콧 윌슨 옮김 (도쿄 : 고담사 인터내셔널, 1986) 19쪽.
5) 샨티데바Shantideva의 〈교의 개론Siksasamuccaya〉 중에서, 윌리엄 테오도어 편집, 〈불교 전통The Buddhist Tradition〉 (뉴욕 : 랜덤 하우스, 1972) 84쪽에 있음. 강조는 필자.
6) 리처드 콜리스Richard Corlis와 제프리 레스너Jeffrey Ressner 「대중 형이상학 Popular Melaphysica」〈타임〉(1999년 4월 19일) 76쪽.
7) 예를 들어 다음을 참조하라. 〈가톨릭 교회의 교리문답Catechism of the Catholic Church〉(마화Mahwah : 폴리스트 프레스, 1994) 258쪽.
8) "시온" 〈新 브리태니커 백과사전〉(1990) vol. 12, 922쪽.
9) 콜리스Corliss와 레스너Ressner 〈대중 형이상학Popular Metaphysics〉 76쪽. 느부갓네살의 꿈에 대한 이야기는 다니엘서 2:1 - 49.
10) 「매트릭스 가상의 극장 : 워쇼스키 형제들의 원고 (1999년 11월 6일)」www.warnervideo.com/matrixevents/wachowski.html에서 찾을 수 있다.
11) 콜리스와 레스너 〈대중 형이상학〉 76쪽.
12) 존 힉John Hick 〈죽음과 영원한 삶Death and Eternal Life〉(샌프란시스코 : 하퍼 & 로, 1976) 296~396쪽.
13) 프리티오프 카프라Fritjof Capra 〈물리학의 도道The Tao of Physics〉, 두 번째 수정판 (보스턴 : 샴발라, 1983) 161~187쪽.

14) 주 10과 같은 곳.

15) 조지 바나George Barna 〈절대적인 혼란Absolute Confusion〉(벤츄라 : 리걸, 1994) 207쪽.

16) BBC 여론 조사는 「영국의 영혼 – 마이클 뷰어크와 함께Soul of Britain - with Michael Buerk」에 인용되어 있다. 온라인 주소 http://www.facingthechallenge.org/soul/htm에서 볼 수 있다.

17) 케이스 워드로부터 '극단적 다원론' 이라는 용어를 빌려 왔다. 다음 그의 글을 보라. 「진실과 종교의 다원성Truth and the Diversity of Religions」〈종교 연구Religious Studies〉(1990년 3월) 26호 ; 필립 퀸, 케빈 미커가 편집한 〈종교적 다원성의 철학적 도전The Philosophical Challenge of Religious Diversity〉(뉴욕 : 옥스퍼드 대학 출판부, 2000) 110쪽에 재인쇄.

18) 마이클 셔머Michael Shermer 〈우리는 어떻게 믿는가 : 과학의 시대 신에 대한 탐색 (How We Believe : The Search for God in an Age of Science)〉(뉴욕 : 프리맨, 2000) 140쪽에 인용되어 있음.

19) 인간 본성에 대한 성서적 묘사에 대해서는 다음을 보라. 조엘 B. 그린Joel B. Green 〈'몸들 즉, 인간이 사는 것' : 성경에 등장한 인간 본성의 재검토 'Bodies - That Is, Human Lives' : A Re - Exzmination of Human Nature in the Bible」, 워런 S. 브라운, 낸시 머피, H. 뉴튼 말로니가 편집한 〈영혼에 무슨 일이 일어났나? 인간 본성의 과학적이고 신학적인 초상Whatever Happened to the Soul? Scientific and Theological Portraits of Human Nature〉(미네아폴리스 : 포트리스, 1998) 149~173쪽.

20) 존 힉 〈종교에 대한 해석 : 초월적인 것에 대한 인간의 반응An Interpretation of Religion : Human Reponses to the Transcendent〉(뉴헤이븐 : 예일 대학 출판부, 1989).

21) 힉은 오직 순수하며 형식적이고, 또한 부정적인 특징들만이 실재에 적용될 수 있다고 주장한다. 주 20과 같은 책 239쪽.

22) 주 20과 같은 책 246쪽.

23) 앨빈 플랜팅어Alvin Plantinga 〈정당한 기독교 신앙Warranted Christian Belief〉 (뉴욕 : 옥스퍼드 대학 출판부, 1999) 56쪽. 힉에 대한 나의 비판은 이 작품으로부터 많이 끌어왔으며, 다음의 글들도 많이 참조했다 : 플랜팅어의 「다원론 : 종교적 배타주의의 옹호Pluralism : A Defense of Religious Exclusivism」, 토마스 D. 시노어 편집, 〈믿음의 합리성과 신앙의 다원성The Rationality of Belief and the Plurality of Faith〉(이타카 : 코넬 대학 출판부, 1995) ; 퀸과 미커 편집, 〈종교적 다원성에 대한 철학적 도전the Philosophical Challenge of Religious Diversity〉 72~92쪽에 재인쇄.

24) 주 23과 같은 책 61~62쪽.

25) 이 관점은 다음의 글들에서 받아들였다. 필립 퀸Philip Quinn, 케빈 미커Kevin

Meeker「서문Introduction」, 퀸과 미커 편집, 〈종교적 다원성에 대한 철학적 도전The Philosophical Challenge of Religious Diversity〉 3쪽.
26) 이어지는 논의는 대부분 다음 글들을 참조했다. 티모시 오코너Timothy O' Connor「종교적 다원론Religious Pluralism」, 마이클 J. 머레이 편집, 〈내부의 희망에 대한 이유 Reason for the Hope Within〉 (그랜드 래피즈 : 어드맨즈, 1999) 167~175쪽.
27) 예를 들어 다음을 보라. 존 힉「종교적 다원론과 구원Religious Pluralism and Salvation」 〈신앙과 철학Faith and Philosophy〉 (1988년 10월) 5호 ; 퀸과 미커가 편집한 〈종교적 다원성에 대한 철학적 도전The Philosophical Challenge of Religious Diversity〉 56~58쪽에 재인쇄.
28) 이러한 반대의 대표적인 진술을 보려면 다음을 참조할 것. 조셉 룬조Jeseph Runzo「신, 헌신 그리고 다른 신념들 : 다원주의 vs. 상대주의God, Commitment and Other Faiths : Pluralism vs. Relativism」 〈신앙과 철학Faith and Philosophy〉 (1998) 5호 348쪽 ; 윌프레드 캔트웰 스미스Wilfred Cantwell Smith 〈종교적 다원성Religious Diversity〉 (뉴욕 : 하퍼 & 로, 1976) 13~14쪽; 존 힉 〈신은 많은 이름을 가지고 있다 God Has Many Names〉 (필라델피아 : 웨스트민스터, 1982) 90쪽.
29) 주 26과 같은 책 171쪽(약간 고침).
30) 비슷한 논의를 보려면 플랜팅어「종교적 다원론의 옹호A Defense of Religious Pluralism」 177~178쪽과 오코너「종교적 다원론」 171쪽을 볼 것.
31) 플랜팅어「종교적 배타주의의 옹호」 177쪽.
32) 이러한 반대에 대한 대표적인 진술을 보려면 힉 〈종교의 해석Interpretation of Religion〉 235쪽과 힉 〈신은 많은 이름을 가지고 있다〉 90쪽을 볼 것.
33) 플랜팅어 〈정당한 기독교 신앙〉 62~63쪽.
34) 제임스 롤러James Lawler「심슨 가족의 도덕 세계 : 칸트적 시각The Moral World of the Simpson Family : A Kantian Perspective」 윌리엄 어윈, 마크 T. 코나드, 이언 J. 스코블이 편집한 〈심슨 가족과 철학The Simpsons and Philosophy〉 (시카고 : 오픈 코트, 2001) 147~159쪽.
35) 이마누엘 칸트 〈보편적 자연사自然史와 천국에 대한 이론Universal Natural History and Theory of the Heavens〉, 스탠리 L. 자키 옮김 (에딘버러, 스콧티쉬 아카데믹 프레스, 1981) 195~196쪽.
36) 요한복음 14:12; 〈성서The Holy Bible〉 킹 제임스 판 (시카고 : 기드온스 인터내셔널, 1961).

4부

1) 마이클 타이Michael Tye〈의식의 열 가지 문제Ten Problems of Consciousness〉(케임브리지, MA : MIT 출판부, 1995) 14쪽.
2) 폴 M. 처칠랜드Paul M. Churchland〈신경 컴퓨터적인 시각A Neurocomputational Perspective〉(케임브리지, MA : MIT 출판부, 1989).
3) 래어드 애디스Laird Addis〈자연적 전조Natural Signs〉(필라델피아 : 템플 대학 출판부, 1989) 24~25쪽.
4) 존 설John Searle〈마음, 두뇌 그리고 과학Minds, Brains and Science〉(케임브리지 : 하버드 대학 출판부, 1984) 16쪽.
5) 폴 M. 처칠랜드「대니얼 데넷과의 대화」〈자유 질의Free Inquiry〉(1995) 15호 19쪽.
6) 장 폴 사르트르Jean - Paul Sartre〈자아의 초월The Transcendence of the Ego〉(뉴욕 : 눈데이, 1957) 38쪽.
7)〈트락타투스 논리 철학Tractatus Logico - Philosophicus〉5.631, 강조는 인용자.
8) 파나요 부치바로프Panayot Butchvarov도 세계를 구성하는 데 있어서 동일성의 개념과 그것의 역할에 대해서 이와 같은 점을 지적했다. 부치바로프의〈존재로서의 존재Bing Qua Being〉(브루밍턴 : 인디애나 대학 출판부, 1979) 255쪽.
9) 존 설〈마음, 두뇌 그리고 과학Minds, Brains and Science〉(케임브리지 : 하버드 대학 출판부, 1984) 15쪽.
10) 폴 M. 처칠랜드〈물질과 의식Matter and Consciousness〉(케임브리지, MA : MIT 출판부, 1988) 26쪽.
11) 이마누엘 칸트Immanuel Kant〈도덕 형이상학의 기초Immanuel Kant, Groundwork of the Metaphysics of Morals〉H. J. 페이튼 옮김 (뉴욕 : 하퍼 & 로, 1964) 61쪽.
12) 로버트 노지크〈무정부, 국가 그리고 유토피아Anarchy, State and Utopia〉(뉴욕 : 베이직 북스, 1974) 42~43쪽.
13) 리처드 테일러Richatd Taylor〈형이상학Metaphysics〉(이글우드 클리프스 : 프렌티스~홀, 1974) 59쪽.
14) 주 13과 같은 곳.
15) 보이티우스Boetius〈철학의 위안The Consolation of Philosophy〉5권, W. V. 쿠퍼 옮김 (런던 : 덴트, 1902) 145쪽, 147쪽.
16) 장 칼뱅John Calvin〈기독교의 원리Institutes of the Christian Religion〉존 알렌 옮김 (필라델피아 : 장로회 출판부, 1813) 3권, 21장, 5절.
17) 테오도어 M. 드레인지Theodore M. Drange「양립할 수 없는 성질의 논쟁들 : 연구 조사Incompatible - Properties Arguments : A Survey〈필로Philo〉(가을 - 겨울

1998) 2호.
18) 성 토마스 아퀴나스St. Thomas Aquinas 〈최고 신학Summa Theologica〉 도미니코 신부회 옮김 (웨스트민스터 : 크리스챤 클래식, 1948) Volume I, 질문 25, 답변 3.
19) 〈가능성에 대한 철학적 논술A Philosophical Essay on Probabilities〉 F. W. 트러스콧, F. L. 에모리 옮김 (뉴욕 : 도버, 1951) 4쪽.
20) B.F. 스키너B.F Skinner 〈자유와 존엄 너머Beyond Freedom and Dignity〉 (뉴욕 : 밴텀, 1972).
21) 아서 에딩턴 경Sir Arthur Eddignton 〈과학의 새로운 길들New Pathways in Science〉 (뉴욕 : 맥밀란, 1935) 82쪽.

5부

1) 프레드릭 L. 벤더Frederic L. Bender가 편집한 〈공산주의 선언The Communist Manifesto〉 (뉴욕 : 노튼, 1988) 61~62쪽.
2) 로버트 C. 터커Robert C. Tucker 편집 〈마르크스-엥겔스 독본The Marx-Engels Reader〉 2판 (뉴욕 : 노튼, 1978) 204쪽.
3) 레온 트로츠키Leon Trotsky 「유물 변증법의 기초The ABC of Materialist Dialectics」 〈레온 트로츠키 논문집 : 트로츠키 인터넷 문서 보관소The Collected Writings of Leon Trotsky : Trotsky Internet Archive〉에 수록.
http://www.trotsky.net/works/1939-abc.htm
4) 다음의 마르크스Marx의 논문을 보라. 「상품 물신주의와 그에 대한 비밀The Fetishism of Commodities and the Secret Thereof」 〈자본 : 정치 경제학 비판Capital : A Critique of Political Economy〉 (뉴욕 : 모던 라이브러리, 1906) 83쪽에 수록.
5) 막스 호르크하이머Max Horkheimer와 테오도어 W. 아도르노Theodore W. Adorno의 〈계몽의 변증법Dialectic of Enlightenment〉 120~167쪽. 존 커밍 옮김 (뉴욕 : 컨티넘, 1995).
6) 장 보드리야르Jean Baudrillard 〈미국America〉 (런던 : 베르소, 1988) 1~13 · 66~71 · 123~126쪽 그리고 〈걸프전은 발생하지 않았다The Gulf War Did Not Take Place〉 (블루밍턴 : 인디애나 대학 출판부, 1995)를 참조할 것.
7) 기 드보르Guy Debord 〈스펙터클의 사회The Society of the Spectacle〉 (디트로이트 : 블랙 & 레드, 1983) 5쪽. 원본La societe du spectacle 프랑스어 판 (파리 : 에디시옹 부셰-샤텔, 1967).
8) 보드리야르 〈시뮬레이션Simulations〉 146 · 147 · 151쪽.
9) 여기에서는 조디 딘Jodi Dean의 글을 광범위하게 참조했다. 딘의 〈미국의 외계인 : 외계

에서 사이버 공간에 이르는 음모 문화들Aliens in America : Conspiracy Cultures from Outerspace to Cyberspace〉(이타카 : 코넬 대학 출판부, 1998)을 보라.

10) 클로드 레비 – 스트로스Claude Lévi-Strauss, 「이중 조직이 존재하는가?Do Dual Organizations Exist?」〈구조 인류학Structural Anthropology〉(뉴욕 : 베이식 북스, 1963) 131~163쪽에 수록. 그림은 133~134쪽.

11) 라스트코 모크니크Rastko Mocnik, 「'믿도록 만들어진 주체'와 영零-제도로서의 국가Sas 'Subjekt, dem unterstellt wird zu glauben」를 볼 것. H. 보케가 편집한 〈알튀세르에 의한 사고 과정Denk-Prozesse nach Althusser〉에 수록.

12) 자크 라캉Jacques Lacan 「텔레비전Television」을 볼 것. 〈10월October〉(1987) 40쪽 수록.

13) 니콜러스 말브랑슈Nicolas Malebanche의 주요 작품은 〈진실에 대한 탐구 Recherches de la Verite〉이다(1674~1675). 가장 일반적으로 사용되는 판은 (파리 : 브랭, 1975).

14) 이러한 모호성에 관해서는 폴 비릴리오Paul Virilio의 〈모터의 예술The Art of the Motor〉(미네아폴리스 : 미네소타 대학 출판부, 1995)을 볼 것.

15) 론 로센바움Ron Rosenbaum 〈히틀러에 대한 해석Explaining Hitler〉(뉴욕 : 하퍼, 1999) 134쪽

찾아보기_index

ㄱ

가드너 55
가장 게임 make-believe 125
갈릴레오 294
경험론자 280
〈계몽의 변증법〉 321
계몽주의 81~85
〈고스트 인 더 머신〉 195
고타마 싯다르타 132
공리주의 56~57
〈공산당 선언〉 249
공상 과학 소설 151
관념론 222
〈구조 인류학〉 300
〈구토〉 99, 103~114
〈국가〉 36, 38, 264, 283
그노시스주의 151~152
근교화 260
글루온 291
기시감 40, 153
기의 304
기표 302
기표의 자의성 314

ㄴ

〈나사의 회전〉 296
나폴레옹 316
낭만주의 82

내러티브 119~130, 294
네오 62, 114, 124, 138, 262
넬슨 만델라 35
노지크 56~57, 229~230
뉴에이지 153, 283
느부갓네살 151
니체 81, 84

ㄷ

다니엘서 151
다르마카야 159
다원주의 147, 154~157, 159, 161~165
〈다이 하드〉 93
데넷 217
다쿠안 소호 139
〈다크 시티〉 193
대타자 大他者 289, 293~294, 296~298, 312, 314~315, 317, 320
데라바다 157
데카르트 43, 45~49, 52~55, 62~63, 118, 192, 194~197, 265, 288, 313
〈데카르트〉 54
데카르트의 악령 168
델피 31
도스토예프스키 81~85, 90~91
두카 137~138
뒤샹 305~306
〈뒤죽박죽 된 시간〉 286
디드로 91

드보르 267~268
디스토피아 319
딕, 필립 286
딘, 조디 296
딥 블루 200~201

ㄹ

라캉 283~284, 288, 294, 297~299, 303~304, 310, 314, 320~321
라플라스 239
라플라스의 악마 242
라훌라 132, 137~138
레닌 82, 287
레디메이드 305
레비-스트로스 30~302, 304
레이지 어겐스트 더 머신 70
〈로건의 도주〉 319
로르샤흐 검사 8, 282
〈론머맨〉 116
〈론머맨2:사이버 공간 너머〉 116
루시퍼 150
리브스, 키아누 25, 275
리비도적 경제 298

ㅁ

마그리트 288
마나 302
마르크스 246, 248~251, 254, 255
마르크스주의자 288
마야 135
마음-두뇌mind-brain의 상호 작용 196
마하야나 135
만주스리 145
말레비치 305~306

말브랑슈 313, 315~316
말콤 X 35
매케인 35
매클린 88
〈멋진 신세계〉 261
〈메멘토〉 34
〈메인 스트리트에서의 악몽〉 89
메피스토펠레스 150
모피어스 111, 124
몽종족 60
무심 141
무아 136
〈무엇을 할 것인가?〉 82
〈무정부, 국가 그리고 유토피아〉 56
〈무지〉 50
문화 산업 283
문화 산업:대중 현혹으로서의 계몽〉 257
문화적 상대주의 300
物物자체 299
물질계 265
물화Reification 284
미니멀 아트 305
미망 135~136, 152
밀 56~58, 275

ㅂ

반성反省 133
반영反影 133
배타주의 163, 165
버클리 313
벙어리들의 대화 296
베크 275
벡 295
벤담 56
변명 30

〈변명〉 29
변증법적 분리 253
변증법적 사유 251
변증법적 여행 252
변증법적 의식 253
병합 316
보드리야르 262~263, 276
보디사트바 144~145
보이티우스 234~235
〈보편적인 자연 역사〉 187
복수 실현 원리 204
본, 루이스 54
본래성 107~110, 113~114
부수현상적 198
〈북북서로 진로를 돌려라〉 288
불교의 三法印 삼법인 138
불신의 자발적 중단 121
붓다 132~133, 137~138, 145, 167
〈브라질〉 116
〈브레인스톰〉 204
블랙홀 293
〈블레어 위치 프로젝트〉 122
〈블레이너 러너〉 194~195, 199
블루스 형제 26
비본래성 107~108, 111, 113~114
비트겐슈타인 221
빅 뱅 291~293

ㅅ

사르트르 98, 103~114, 220
사성제 142
사용자 환상 217
사이버 회의론자 279
사이퍼 273
〈36시간〉 287

삼위일체 150
상식적 심리학 80
상의상대성 137
상징계 284, 298
상품물신주의 254
콜리지 121
생크 128
서양 인식론 151
설 216, 221
세계화 260
〈세미나 XI〉 289~290
셰익스피어 275
〈소년은 울지 않는다〉 34
소쉬르 303~304
소크라테스 25~26, 28~29, 33~34, 37~39
소크라테스식 문답법 27
소타자小他者 294
수질관내핵 212
〈순수 이성 비판〉 172
슈레버 317
스키너 240
〈스타 트렉〉 117
스탈린 287
스티븐 킹 275
스티븐 호킹 현상 293
〈스펙터클의 사회〉 267
슬로터디예크 285
시갈료프 83
시뮬라크라 268
〈시뮬라크르와 시뮬라시옹〉 262
시상視床 212
시어튼 287
시온 150
시크 54
신다원주의 157~160, 162, 166

신의 요청 181
실용주의자 280
실재계 298
실존주의자 98
〈13층〉 117~118

ㅇ

아나트만 136, 138
아니카 137~138
아도르노 318, 321~322
아렌트 81, 283
아리스토텔레스 38, 172, 193, 294, 314
아퀴나스 237
아폴론 31
아힘사 144
〈안녕, 내 사랑〉 288
알렉산더 대왕 232
애디스 214
앨디스 286
야간사夜間死 신드롬 61
양자 물리학 294
양자 진동 293
에드먼슨 89, 95
에딩턴 경 241
〈A. I.〉 80, 199
〈에일리언〉 199
에피쿠로스 241
〈X-파일〉 64, 87~88
〈엑시스텐즈〉 116~118
〈엔젤 하트〉 150
연기사상 137
영-제도 302~303
영-차이 303
오류주의 53
오이디푸스 233

〈오즈의 마법사〉 259
오코너 163
오토스트라세 323
옴팔로스 31
와이어 285
외부 세계 46
외양 299
우상 파괴 284
우인론 313~316
〈우주선〉 286
운명론자 233
웅거 50, 52
워쇼스키 형제 19, 25, 149, 151~152, 154, 188, 262, 283
워홀 260
월리스 156
월턴, 켄들 123, 125
위험 사회 이론 294
윌리엄스 54
유물론 197, 206, 209, 216, 218, 222
유사 과학 296
유연적 축적 261
유토피아 319
유토피아주의 82
유티프로 27
융 심리학 151
음모 이론 297~298
응시gaze 299
의사擬似 칸트 159
이데아 39~40, 265, 280~281
〈이상한 나라의 앨리스〉 124
〈이성, 진실 그리고 역사〉 50, 193
이원론 209~210, 214, 219, 222
〈2001년 스페이스 오디세이〉 199~200
인공 지능 194
인과적 결정론 240, 242

인도주의적 사회주의 82
인식론적 지도 296
일관론자 280
일체개고 138
〈임금 노동과 자본〉 250
입헌군주국 316
잉여 가치 257
잉여 가치 이론 257

ㅈ

〈자르도즈〉 319
〈자본론〉 254
자아 136
〈전쟁게임〉 199
〈제1철학에 관한 성찰〉 46~49, 62, 265
제거적 유물론 209~210, 216, 218~219, 277
제법무아 138
제임슨, 프레드릭 288, 296
제임스, 헨리 296
제행무상 138
젱크스 261
〈존재와 무〉 106
〈존재와 시간〉 98
좀비 26
주이상스 320~321
중부中部 132
지버베르크 288
지상선 175, 178, 187, 284
〈지옥의 묵시록〉 288
지하 생활자 84~85
〈지하 생활자의 수기〉 81~85, 92
진화론 53

ㅊ

챈들러 288
처녀 잉태 149
처칠랜드 214
처칠랜드 221
철학적 경험론 278
체르니스프스키 82
초끈 293
초실재 286
초월적 다원주의 156

ㅋ

카뮈 110~111
카뮈 98
카스파로프 200
카페테리아 다원주의 156~159
칸트 167, 171~172, 175, 177~178, 184, 280, 298, 322
칸트 168, 229
칼데론 64
칼뱅 235~236
코퍼톱 248
코페르니쿠스의 가설 172
콰인 20
쾌락주의 56~57
쿼크 291
크로넨버그 117
크로수스 왕 32~33

ㅌ

타이 213
탈구脫臼 137
탈산업화 260

〈터미네이터〉 80, 93, 199
테일러 233
토크빌 81
〈토탈 리콜〉 116, 193
트로츠키 251
〈트루먼 쇼〉 116, 121, 285~286, 288

ㅍ

〈파르시팔〉 288
〈파이트 클럽〉 116~117
팔정도 143
퍼시 272
퍼트넘 50~52, 193
포스트모더니즘 151, 260~261, 263, 280, 319
〈포스트모더니티의 조건〉 261
포슬 115
폴리스 195
푸리에 82
〈프라브다〉 287
〈프랑켄슈타인〉 92
프랑크푸르트 학파 283~284
프로이트 304, 316
플라즈마 291
플라즈마 상태 291
플라톤 27~28, 36~40, 118, 167, 193, 264, 281, 283
플라톤의 동굴 35~39, 69, 265
플라톤주의 145, 280
플래너건 62
플랜팅어 162, 164
플로렌스 322

ㅎ

〈하버드 대학의 공부벌레들〉 27
하버마스 293
하비 261
하이데거 99~111, 114
합리적 이기주의 82
행동주의 Behaviorism 216
허구의 역설 120
허무주의 81, 84~85, 89, 94
헉슬리 261
헤겔 251, 298, 322
〈현대 철학〉 275
현상 세계 46
〈현상학〉 299
형상 281
형이상학 194
호르크하이머 257, 321~322
〈혹성 탈출〉 194
홀로덱 117
홀로코스트 283
홍콩 무협 영화 151
〈확고한 지혜의 신비로운 기록〉 140
환원적 유물론 208~212, 214~216, 219
회의론 46
흄 219, 278
히치콕 288
히틀러 322~323
힉 160

The Matrix and philosophy
Copyright ⓒ 2002 Carus Publishing Company, United States of Ameria
Korean Translation copyright ⓒ 2003 by Hanmunhwa Multimedia, Seoul
The Korean edition was published by arrangement with Carus Publishing Company,
United States of America through Literary Agency PubHub, Seoul

이 책의 한국어판 출판권은 펍헙 에이전시를 통한 저작권자와의 독점 계약으로
한문화멀티미디어에 있습니다. 저작권법에 따라 한국 내에서 보호받는 저작물이므로
무단 전재와 무단 복제를 금합니다.

매트릭스로 철학하기

지은이 · 슬라보예 지젝 외
옮긴이 · 이운경

1판 1쇄 발행 2003년 6월 24일
1판 18쇄 발행 2025년 4월 25일

펴낸이 · 심남숙
펴낸곳 · (주)한문화멀티미디어
등록 · 1990. 11. 28. 제 21-209호
주소 · 서울시 광진구 능동로 43길 3-5 동인빌딩 3층 (04915)
전화 · 영업부 2016-3500 편집부 2016-3507
http://www.hanmunhwa.com

운영이사 · 이미향 | 편집 · 강정화 최연실 | 기획 홍보 · 진정근
디자인 제작 · 이정희 | 경영 · 강윤정 | 회계 · 김옥희 | 영업 · 이광우

만든 사람들
기획 책임편집 · 김은하 | 편집 · 전남희 박미성 | 디자인 · 이정희 이은경
인쇄 · 천일문화사

ISBN 89-5699-004-0 03100

잘못된 책은 본사나 서점에서 바꾸어 드립니다.
본사의 허락 없이 임의로 내용의 일부를 인용하거나 전재, 복사하는 행위를 금합니다.